本書由香港青松觀資助出版

全真道研究

第十一辑

趙衛東 主編

山東大學儒學高等研究院 主辦

山東大學出版社
SHANDONG UNIVERSITY PRESS
·濟南·

圖書在版編目(CIP)數據

全真道研究. 第十一輯 / 趙衛東主編. 一濟南：山東大學出版社，2022.11
ISBN 978-7-5607-7241-7

Ⅰ. ①全… Ⅱ. ①趙… Ⅲ. ①全真道一文集 Ⅳ. ①B956.3-53

中國國家版本館 CIP 數據核字(2023)第 040482 號

責任編輯　郭凱迪
封面設計　劉羽珂　王秋憶
美術編輯　王秀秀

全真道研究 第十一輯
QUANZHENDAO YANJIU DI SHI YI JI

出版發行　山東大學出版社
社　　址　山東省濟南市山大南路 20 號
郵政編碼　250100
發行熱綫　(0531)88363008
經　　銷　新華書店
印　　刷　濟南華林彩印有限公司
規　　格　720 毫米×1000 毫米　1/16
　　　　　2 插頁　14.75 印張　257 千字
版　　次　2022 年 11 月第 1 版
印　　次　2022 年 11 月第 1 次印刷
定　　價　78.00 元

《全真道研究》編委會

目　録

論全真道老學的詮釋特點

□劉固盛

摘要:全真道老學的詮釋特點主要有三:以真常立宗,將老子之道作爲性命之學的理論根基,把修身與治國結合起來。以真常釋道,堅持和落實了《老子》的基本思想,這是全真道之核心教義與精神傳統。立足於老子之道闡發性命之理,體現了道教的本質,即弘揚生命哲學。修身兼及治國,表明全真道具有應世情懷,對國家、對社會充滿關切之心。總之,全真道士對《老子》的詮釋,不僅反映出全真道的立教精神,而且是道教優良傳統的集中體現。

關鍵詞:全真道　老學　真常　性命

作者簡介:劉固盛,男,1967 年生,華中師範大學道家道教研究中心主任,教授,主要從事老莊學、道家道教文化研究。

王重陽創立全真道,以老子思想爲立教之本,"遵隆太上五千言"[①],因此,全真道教義的一個重要特點是"全老莊之真"[②]。從"全真七子"之一的劉處玄開始,元、明、清各代都有不少全真道士爲《老子》作注,由此形成了全真道老學。由於全真道學者在注解《老子》時不僅僅是對《老子》進行簡單的字句疏解,而是在詮釋過程中發揮己意,往往有著自己的理論創建,故表現出鮮明的詮釋特點。對此,本文試加以簡要論述和總結。

一、以真常立宗

全真道老學的一個重要特點是以真常概念闡釋老子之道,突出了真常的根本性意義。因此,以真常立宗可以視爲全真道老學的標誌。唐末杜光庭在梳理

① (金)王重陽著,白如祥輯校:《王重陽集》,濟南:齊魯書社,2005 年,第 6 頁。

② 參見熊鐵基:《試論王重陽的"全真"思想》,《世界宗教研究》2008 年第 2 期。

歷代解《老》著作時指出，諸家注《老》的内容與宗旨是各有分别的，他説：

> 《道德》尊經，包含衆義，指歸意趣，隨有君宗。河上公、嚴君平皆明理國之道，松靈仙人、魏代孫登、梁朝陶隱居、南齊顧歡皆明理身之道。符[苻]堅時羅什、後趙圖澄、梁武帝、梁道士竇略，皆明事理因果之道。梁朝道士孟智周、臧玄静、陳朝道士諸糅、隋朝道士劉進喜、唐朝道士成玄英、蔡子晃、黄玄賾、李榮、車玄弼、張惠超、黎元興，皆明重玄之道。何晏、鍾會、杜元凱、王輔嗣、張嗣、羊祜[祜]、盧氏、劉仁會，皆明虚極無爲理家理國之道。此明注解之人意不同也。又諸家禀學立宗不同，嚴君平以虚玄爲宗，顧歡以無爲爲宗，孟智周、臧玄静以道德爲宗，梁武帝以非有非無爲宗，孫登以重玄爲宗。宗旨之中，孫氏爲妙矣。[①]

這裏，杜光庭確實指出了老學發展史上一種十分重要的現象，即不同時代、不同學者解《老》，都有自己的見解和宗旨，這實際上是老學發展的一個普遍規律。從内容上看，有理國之道、理身之道、事理因果之道、重玄之道、虚極無爲理家理國之道五類；從宗旨上看，有以玄虚爲宗、以無爲爲宗、以道德爲宗、以非有非無爲宗、以重玄爲宗五類。可見，杜光庭按照内容與宗旨，把諸家《老子》注解各分爲五類。值得注意的是，在杜光庭兩種不同標準的分類中，衹有重玄一類是重複的，由此可見杜光庭對重玄學的重視。如果按照杜光庭的看法，漢唐老學的宗旨可以劃分爲五類的話，那麼全真道老學的以真常爲宗，顯然是超出五類宗旨的第六類了。

以"真常"解釋老子之道，雖自唐代已經出現，宋代亦有所闡釋，但衹有到了全真道老學，纔把真常作爲道論的核心概念加以使用。[②] 李道純是較早運用真常解《老》的全真道士，其曰："夫真常之道，始於無始，名於無名，擬議即乖，開口即錯，設若可道，道是什麽。既不可道，何以見道。可道又不是，不可道又不是，如何即是。"[③]比他略晚的鄧錡[④]在《道德真經三解序》中提出："老氏一書，真常爲主，

---

① (唐)杜光庭：《道德真經廣聖義》，熊鐵基、陳紅星主編：《老子集成》第二卷，北京：宗教文化出版社，2011年，第35頁。

② 具體論述可參見拙文《全真道老學中的"真常"思想》，趙衛東主編：《全真道研究》第八輯，濟南：齊魯書社，2019年，第1～15頁。

③ (元)李道純：《道德會元》，熊鐵基、陳紅星主編：《老子集成》第五卷，北京：宗教文化出版社，2011年，第4頁。

④ 李道純和鄧錡均爲道教南宗實際創始人白玉蟾之二傳弟子，後都加入了全真道。

解者悉與道德混而爲一,不知賓主上下,以致諸儒妄生異議,無區以别矣。今也先述真常三百字,以擬陰符之數,列於序次,庶使後之談道德者不遠迷其復矣。"鄧錡認爲,《老子》書的思想主旨就是"真常"二字。爲了突出這一主旨,鄧錡撰寫了《真常三百字》,以明宗趣:

> 真常之常,常謂之常;常真之真,真謂之真。真常在道,無所不抱;真常在德,無所不則;真常在命,無所不定;真常在性,無所不應;真常在理,無所不紀。……日月相推而明生,寒暑相推而歲成,是以真常無形名。天道無言而告功,地道無成而代終,是以真常不虚空。虚空相襲,天地無實;無虚無實,復歸無極;無極無迹,真常乃寂。真常之寂,窈無所寂;無寂之寂,真常乃息。真常之息,窈無所息,無息之息,了不可得,了不可失,是以真常不虚息。①

鄧錡關於真常思想的闡發,不僅揭示了老子之道在宇宙萬物中的根本性意義及其價值追求,而且從哲學的高度爲社會存在以及個人的性命修煉確立了一個本體依據。鄧錡對真常的闡述,爲全真道老學作出了較大的理論貢獻。

對於真常的具體含義,明代陸西星在《老子道德經玄覽》中有一個具體的解釋:

> 何謂真常?純一不二曰真,恒久不已曰常。佛言不二法門,又云:唯此一乘法,餘二則非真,蓋言此也。然又須知非真則不可常。何者?凡所有相,皆是虚妄,終有變滅,而不能久。故惟真常之道,主張於未始有物之先,而自古及今,以閲衆甫,故生天生地生人生物。……何謂真常之名?如執天地之形而名天地,則天地雖曰至大,會有劫壞,而不可常。惟曰上天之載無聲無臭,以是而名天地,則道不變,天地亦不變,斯得名真常之天地矣。執萬物之形而名萬物,則萬物雖曰無窮,終有生滅,而不可常。惟曰真如之性無所从來,亦無所去,以是而名萬物,則道不變,萬物亦不變,斯得名真常之萬物矣。是知名立乎有,道之委也;道妙於無,有之根也。若是乎有無之相生,而道與器之不相離也。於是乎聖人於有爲名相之中,而教人以歸復真常之道焉。②

---

① (元)鄧錡:《道德真經三解》,《老子集成》第五卷,第425頁。

② (明)陸西星:《老子道德經玄覽》,熊鐵基、陳紅星主編:《老子集成》第六卷,北京:宗教文化出版社,2011年,第571～572頁。

真爲純粹，常乃恒久，真與常不可分離，構成了道的基本性質。從本體來説，爲真常之道；從天地萬物來説，爲真常之名；從人的修養而言，爲真常之性。這樣，道與天地萬物及人的關聯，通過“真常”二字得以完美體現，從中可以看出全真道老學思想的圓融性與超越性。

真常理念由於能够把老子之道的獨特性表達出來，因而成爲全真道老學的標誌性特點，歷代全真道學者解《老》，莫不爲之。如明代全真道士何道全所著《太上老子道德經》釋首章“道可道，非常道”：

> 可道之道者，乃經術之教也。此是道之用，則可以言傳，非真常之道也。真常之道者，乃道之躰，本無言説，可以心授。若執言句，則喪理也。①

注文以體用言道，真常則是道之體，是道最根本性的特點，而學道、體道、修道都要以真常爲宗旨，所謂“太上明開九九章，言言提挈達真常。孛人向此留心意，漸入玄元大道場”②。

清代全真龍門派道士宋常星《道德經講義》同樣以真常爲宗，其曰：

> 真常之道，得之於天地，天地可以常久；得之於人物，人物可以常久。知常之人，果能至此，可與大道同體，可與造物同游矣。③
>
> 大道本是不變不易，真常妙理。不有不無，不色不空，是謂性命之元，是謂萬化之本。④
>
> 真常之道，即天地之心，造化之本。人能知此復命真常之妙，可通天地之微，可了生死之事，可謂明白人也。⑤

宋常星指出，老子之道既是宇宙之本體，又是性命之本原，而道的根本性含義，全在“真常”二字之中。真常之義，涵蓋天人，一切衆生，均有真常之性，而修道之人，當以真常爲本：“若能取身中之金玉，養性命之真常，身外之金玉，視若塵囂，此心自然清净，知止知足，不貪不妄，用之不窮，守之不去矣。”⑥

---

① （明）何道全：《太上老子道德經》，《老子集成》第六卷，第132頁。

② （明）何道全：《太上老子道德經》，《老子集成》第六卷，第209頁。

③ （清）宋常星：《道德經講義》，熊鐵基、陳紅星主編：《老子集成》第九卷，北京：宗教文化出版社，2011年，第156頁。

④ （清）宋常星：《道德經講義》，《老子集成》第九卷，第197頁。

⑤ （清）宋常星：《道德經講義》，《老子集成》第九卷，第155頁。

⑥ （清）宋常星：《道德經講義》，《老子集成》第九卷，第142頁。

二、闡發性命之理

道教把《老子》視爲丹經之祖，實際上是把老子的哲理運用於内丹實踐，這樣，内丹修煉便不僅僅是一種方術，而是有道藴含其中。因此，把老子思想引入内丹修煉，提高了道教修持的終極境界。盧國龍教授曾指出："以内修還丹之'理'解讀《老子》的風習，在晚唐五代時是由重玄學入於内丹的一種轉化，宋以後大盛，可以説代表了宋以後道教《老》學的主流。"①這裏指出了道教老學發展的一條重要綫索。而以丹道解《老》的特點，在全真道老學中尤爲突出。

丹道在本質上看即是一種性命之學，而其根源可以溯及《老子》。李道純《道德會元》説："無欲者，無心作爲自然也。有欲者，有心運用工夫也。無爲則能見無名之妙，全其性也。有爲則能見有名之徼，全其命也。有與無，性與命，同出而異名，同謂之玄，玄之又玄。有無交入，性命雙全也。"②這是全真道士較早用性命工夫解《老》的例子。鄧錡《道德真經三解》主張用丹法解《老》，也突出了"性命兩全，神形俱妙，變變化化，與道合真"③的全真思想。再如陸西星在《老子道德經玄覽序》中説：

> 《老子》者，聖人道德之微言，而性命之極致也。……若夫溯大道之宗，窮性命之隱，完混沌之樸，復真常之道，則孰先《老子》？昔者虞廷精一，爰開道統。孔門一貫，杳絶名言。非以所聞者微，所操者要乎？得一之貞，老聖蓋屢言之。人生而静，天之性也。感物而動，性之欲也。經曰：常無欲以觀其妙，常有欲以觀其徼。無欲則静也，以觀其妙，則無極也。欲則感而動也，以觀其徼，則陰陽也。是故從無而入有，則造化生焉。推情而合性，則聖功出焉。斯之謂性，斯之謂命，斯之謂一，斯之謂道德也。無爲之治也，不争之善也，居下之利也，静正之勝也，言言一旨，皆作是觀。是謂妙徼同玄，聖修之極耳。④

陸西星指出，老子所言道德，其要在於"性命"二字。所闡發的真常之道、性命之

① 盧國龍：《道教哲學》，北京：華夏出版社，1997年，第550頁。
② （元）李道純：《道德會元》，《老子集成》第五卷，第3頁。
③ （元）鄧錡：《道德真經三解》，《老子集成》第五卷，第433頁。
④ （明）陸西星：《老子道德經玄覽序》，《老子集成》第六卷，第568～569頁。

學,是非常精微的内容,需要細心體會,而且對老子所言的虚静守柔、無爲而治之類的思想,也要從性命本元的高度去理解。他又説:“星啓款寡聞,晚遭聖師誨諭,命讀《陰符》《參》《悟》之書,沉潛反覆,泝源窮委,觀其遞相祖述,言近指遠,迥出思議之表,乃知是經根極性命,八十一章的非即事曼衍之談。”[①]陸西星提到,他晚年得遇名師修習丹道,研讀《陰符經》《參同契》《悟真篇》等道教丹經,再往上追溯,纔發現《老子》的大旨“根極性命”,乃丹道的根本。因此,闡述性命之理自然成爲他老學思想中的重要内容:“是疏也,雖未能盡發老聖之藴,然於性命之微,思過半矣。”[②]

清代全真高道劉一明同樣是以性命之學解《老》的代表,他認爲,即使是老子的治國之道,也可以從修身的角度去理解。如他對《老子》八十章的解釋:

> 或言治大國,或言爲天下,或言用甲兵,或言爲士者……乃還元返本之學,立命之功。此章獨言小國,而不及剛强者,是了性之道。……小國者,柔弱之國。用柔弱以保聖胎,一心一意,無思無爲,故曰小國寡民。雖有什伯之器而不用,採取藥物水火烹煉,皆器也。聖胎已結,抱元守一,一切藥物水火之器,無所用矣。使民重死而不遠徙者,心清意静,守死善道,須臾不離也。須臾不離,爲無爲,雖有舟輿行道之脚力,無所乘之;事無事,雖有甲兵敵魔之神將,無所陳之。舟輿所以行有爲之道,甲兵所以用有事之時,聖胎凝結,無爲無事,舟輿甲兵無所用。既無所用,但使意念安於自然,常應常静,過而不留,應而不受,猶如古始結繩之用,不可有一點宿滯也。……雖鄰國相望,而有色在前,不過望之而已,見色不色也。雖雞犬之音相聞,而有聲相近,不過聞之而已,聞聲不聲也。此意念已忘於物矣。忘我忘物,老死不相往來,萬緣俱寂,一粒黍米,現於太虚之中,圓陀陀,光灼灼,净躶躶,赤洒洒的,在釋則謂真空妙相,在儒則謂至誠如神,在道則謂金液大丹。此寶一成,形神俱妙,與道合真,雖天地神明,不可得而測度,何况於人乎?[③]

《老子》“小國寡民”一章的内容,一般被視爲老子的社會政治理想,而劉一明則對其進行了宗教性的詮釋。他認爲,老子所言治國、治天下、用兵之類,實際上就是

① (明)陸西星:《老子道德經玄覽》,《老子集成》第六卷,第571頁。

② (明)陸西星:《老子道德經玄覽序》,《老子集成》第六卷,第569頁。

③ (清)劉一明:《道德經會義》,熊鐵基、陳紅星主編:《老子集成》第十卷,北京:宗教文化出版社,2011年,第191～192頁。

指道教的性命雙修,而"小國寡民",乃爲了性之道,是修煉金丹的訣竅。再看二十八章之注:

> 復歸於嬰兒,無人心也。復歸於無極,有道心也。復歸於樸,人心道心俱化,有無皆不立,天地悉歸空。到此地位,徼中有妙,妙不離徼,徼妙混一,我命由我不由天,處於造化之中,而不爲造化所拘矣。後之群真,以此三復,分爲三乘,又分爲三丹。復歸於嬰兒,即還丹初乘也。復歸於無極,即金丹中乘也。復歸於樸,即神丹上乘也。三乘之功完,而道成矣。因其道成,故爲天下谷,與虛空同一無爲矣。然雖無爲,猶有虛無在,算不得大成。更有最上一乘之道,必至虛無所虛,無無所無,乃至虛虛並無,無無亦無,虛虛盡,無無盡,方是道至於大成。……此章統修道始終工程而言,後世諸家丹經子書,大旨皆不出此。[①]

劉一明認爲《老子》此章是内丹學的總綱,所言"三復"即復歸於嬰兒、復歸於無極、復歸於樸代表了内丹修煉的三個層次:還丹初乘,金丹中乘,神丹上乘。完成了此三乘之修煉,便能够神契始母,真空妙有,兩而合一,復於本來圓明真性,達到真正修道大成的境界。

這裏還要注意潘静觀的《道德經妙門約》與《太乙金華宗旨》兩書。潘静觀即潘易庵[②],爲清代龍門派第五代弟子,不僅著有《道德經妙門約》,而且在常州主持了一個乩壇,造出了内丹學名著《太乙金華宗旨》[③]。《道德經妙門約》與《太乙金華宗旨》的主要作者爲同一個人,這一事實自然讓人聯想到丹道與老子思想的關係,正如《太乙金華宗旨》所言:"老君也患有吾身,傳示谷神人不識。吾今略説尋真路"[④],明確指明該書内丹之"真路"出自老子。該書進而指出:

> 自然曰道,道無名相,一性而已,一元神而已。性命不可見,寄之天光,天光不可見,寄之兩目。古來仙真,口口相傳,傳一得一。自太上見化,東華遞傳某以及南北兩宗,全真可爲極盛,盛者盛其徒衆,衰者衰於心傳,以至今

① (清)劉一明:《道德經會義》,《老子集成》第十卷,第158頁。

② 參見劉固盛:《全三教之真——以全真道老學爲視角的考察》,《探古鑒今:全真道的昨天、今天與明天國際學術研討會論文集》,香港:香港青松觀,2010年1月。該文又載趙衛東主編:《全真道研究》第一輯,濟南:齊魯書社,2011年,第1～20頁。

③ 參見劉固盛、王闖:《全真龍門派在清初的另一種生存境遇——對潘静觀及其〈道德經妙門約〉的考察》,《華中師範大學學報》(人文社會科學版)2014年第6期。

④ 《太乙金華宗旨》第十三章《勸世歌》,《藏外道書》第22册,成都:巴蜀書社,1994年,第615頁。

日，濫泛極矣。[①]

道是内丹學的根基，在修煉中的具體落實則爲性命之學，也即文中所説的“心傳”。全真道在傳承和發展的過程中雖然教團日益擴大，人數不斷增多，但體現性命之道的内丹功法却衰微了，故纔有《太乙金華宗旨》的問世。

老子之道的最重要特質在於自然與無爲，兩者在《太乙金華宗旨》中都有體現。如言：

> 金丹火候，要歸自然。不自然，天地自還天地，萬物各歸萬物。欲强之使合，終不能合。即如天時亢旱，陰陽不和。乾坤本嘗一日不周，然終見得有多少不自然處。我能轉運陰陽，調適自然，一時雲蒸雨降，草木順適，山河流暢。[②]

這裏論及内丹修煉的火候問題，指出其要點在於自然。該書又言：

> 大道之要，不外無爲而爲四字。惟無爲，故不滯方所形象，惟無爲而爲，故不墮頑空死虚。作用不外一中，而樞機全在二目。二目者，斗柄也，斡旋造化，轉運陰陽，其大藥則始終一水中金，即水鄉鉛而已。前言回光，乃指點初機，從外以制内，即輔以得主。此爲中、下之士，修下二關，以透上一關者也。今頭緒漸明，機括漸熟，天不愛道，直泄無上宗旨，諸子秘之秘之，勉之勉之！[③]

“回光”作爲《太乙金華宗旨》中具體的内丹功法，祇是入門的“初機”，至高級的階段則是無爲而爲，這纔是大道之要，是内丹修煉的無上宗旨。

老子之道是虚静的，如《老子》十六章云“致虚極，守静篤”，“歸根曰静”，這一特點在《太乙金華宗旨》中也有體現。如言：“心静炁定爲基，心忘炁凝爲效，炁息心空爲丹成，心炁渾一爲温養，明心見性爲了道。”[④]心静是丹法的起點和基礎。又言：“萬法歸於静，真不可思議，此妙諦也。”[⑤]“宗旨將行之際，預作方便，勿多用心，放教活潑潑地，令氣和心適，然後入静，静時正要得機得竅。”[⑥]個人修煉時也

---

① 《太乙金華宗旨》第一章《天心》，《藏外道書》第22册，第608頁。
② 《太乙金華宗旨》第十二章《周天》，《藏外道書》第22册，第614頁。
③ 《太乙金華宗旨》第八章《逍遥訣》，《藏外道書》第22册，第612頁。
④ 《太乙金華宗旨》第十三章《勸世歌》，《藏外道書》第22册，第615頁。
⑤ 《太乙金華宗旨》第三章《回光守中》，《藏外道書》第22册，第609頁。
⑥ 《太乙金華宗旨》第五章《回光差謬》，《藏外道書》第22册，第611頁。

祇有於虛静時纔能體會到丹道的精微之處。

總之,《太乙金華宗旨》的作者爲全真道士,由此可見全真道内丹學在清代的發展情況。而《太乙金華宗旨》對老子思想的運用,是全真道在丹道修煉中的"全老莊之真"。

三、無爲之德的雙重含義

道之用爲德,無爲則是德的最重要特點。對於無爲的含義,全真道士有自己的認識。如潘静觀《道德經提綱》言:"道出自然,德貴反本。所以經中發揮道字,多在自然上説,如恍惚杳冥希彝寂寥等句是也,而要以谷神不死爲提綱。經中發揮德字,多在反本上説,如守中抱一歸根復命等句是也,而要以爲而無爲爲究竟"[①],認爲老子之德的要義就是"爲而無爲"。上引《太乙金華宗旨》曰"大道之要,不外無爲而爲四字",可知潘静觀的老學與内丹學在根本宗旨上是一致的。而全真道學者詮釋無爲之旨,一般都具有雙重含義:一方面把無爲與内丹修煉聯繫起來,另一方面則遵循傳統的理解,即把無爲解釋爲治國理政的基本原則。在具體解釋時,雖然不同的學者往往各有側重點,但也有一致的地方,即他們的發揮總是和全真教義結合在一起。例如潘静觀側重從内丹修煉的層面解釋無爲:

> 夫身猶國也,一身總持六根,即皆民也。抱一之功,元不離六根門頭,當其收視返聽,似涉有爲功動,而功本無功,依然不動着一毫頭,故曰愛民治國,能無爲,且此不動之體,即心天也。一分爲兩,是爲天門,元氣有動有静,天門便有開有闔。致柔之功,近乎守雌,究竟從一闔一闢中,化盡陰滓,復歸純陽,雖兩而未嘗不一,故曰天門開闔,能無雌。陽德既純,光明透露,表裏洞徹,正如空中樓閣,四通八達。然使尚有一毫能知所知底境界,便通身爲此知見所礙,而不得大自在矣。學人到此,不特滌盡知見,並其滌盡者而亦忘之,無知而知,知而無知,方是萬劫不壞之元神,故曰明白四達,能無知。此六句,將明體達用之學,一齊拈出,然徹始徹終,無過自生自畜,隨時任運,長養聖胎而已。[②]

潘静觀認爲《老子》十章"愛民治國,能無爲乎?天門開闔,能無雌乎?明白四達,

---

① (清)潘静觀:《道德經妙門約》,《老子集成》第九卷,第326頁。

② (清)潘静觀:《道德經妙門約》,《老子集成》第九卷,第332頁。

能無知乎”六句話道出了老子的“明體達用之學”,即内丹學之“長養聖胎”。顯然,他對無爲的解釋是從個人内丹修煉的角度著眼的。所以在潘静觀看來,老子的治國之道就是深根固蒂長生久視之道,是修心養性之道。當然,潘静觀也注意到老子的治國之道,如:

治國者,常憂民之饑,與民之難治矣,豈知民之饑,以其上多取之故,民之難治,以其上有爲之故乎?養生者,常憂其輕死矣,豈知民之輕死,正以其求生之厚之故?蓋求生之厚者,生趣太濃,務必遂其聲色貨利之欲,以致動人死地也。惟無心而任其自然,則是無以生爲者,反賢於貴重其生者也。然則養生治國之道,孰有外於自然者哉?”①

强調養生治國之道同理,都不能刻意有爲,應該自然無爲。

明代全真道士何道全所著《太上老子道德經》對無爲的詮釋同樣是從丹道與治國雙重層面進行的,與潘静觀不同的是,何道全的解釋强調修身治國並重。先看修身層面的闡發,如《老子》二章注:

此一章教人美惡兩忘,絶去六對,無爲安神,惜氣養命,利物而不辭勞苦,濟人而不恃其能,功成身退,不望榮報。去盡一切,忘心自己,真如不去,福德常存。得自然之道,即得身安心泰,神融氣和,豈不是養身之法也?

跳出六對,打破虚空,無事無爲,道德自充。
昨宵江頭新雨霽,滿懷明月共清風。②

所謂六對,指的是有無、難易、長短、高下、音聲、前後六組相對的範疇,修道時如果落入這種對待,心性便難以超越,祇有遵守無爲的原則,纔能打破對待,達到心身自由的境界。又如《老子》十章注:

生死之際,當順而所命,貴在雌静而已。心常明白,不昏不昧,不染不昧,自然四達,無所不通也。雖明白四達,却如無知之人,則用人之知,妙在其中矣。道生萬物,而畜養之不有所取,恩施萬物不望其報,長養萬物而[不]宰割爲用。如是者,乃玄妙之德也。

---

① (清)潘静觀:《道德經妙門約》,《老子集成》第九卷,第363頁。
② (明)何道全:《太上老子道德經》,《老子集成》第六卷,第134頁。

抱一不離魂魄安，無爲無欲自成丹。猛然送出寥天鶻，半夜蟾光透膽寒。①

雌静也即無爲，既是玄妙之德，也是養命之基。一句“無爲無欲自成丹”，點出了無爲在丹道實踐中的關鍵作用。

再看何道全對治國方面的闡釋。如《老子》三章注：

此章謂無爲之化，其民自安也。上不貴辯才諂佞，則民自淳樸而無争也。上棄金於市，則盗不敢取也。我心無欲，人亦忘機，是以聖人治身治家、治國治天下，無思慕計較之心，懷道德守真之志。外則謙和低下，内則精滿骨堅，正己而使民，無知無欲，民雖有智巧者，亦不敢爲也，各各不作，而守自然，得返樸還淳之慶。此者皆上位道德深厚，萬民自安，國祚太平，無有不治矣。

實腹虚心妙最嘉，無爲德化更堪誇。身知不在機謀上，且把身心伴落霞。②

注文强調無爲而治的要義是在上位者不要懷有機謀之心。又如《老子》十七章注：

此章教人淳樸自然，不須智治也。君無爲而民淳樸，是以不知君之德，俱各無心也。且舵正船不歪，基平屋不側，信不虚矣。次後其德可見，恩惠可稱，是以親愛而譽之，便不自然。事生而始設刑法以治之，不公者令人畏懼。以後禁多令煩，遂欺侮也。因上有爲，誠信不足於下，下則應之以不志誠，而欺上也。上古之君，舉事貴重於言，不輕諾寡信，是以功成事遂，天下太平，百姓不知君上之德淳厚，而致民安國泰，反以自當然也。③

無爲是不用機謀之心治民，有爲則指政令繁多，破壞民心，遂失自然。何道全又在《老子》三十二章注中總結説：

此章謂聖德巍巍，不治而自化也。道能隱能顯，能陰能陽，能柔能剛，能

① (明)何道全：《太上老子道德經》，《老子集成》第六卷，第140頁。
② (明)何道全：《太上老子道德經》，《老子集成》第六卷，第134～135頁。
③ (明)何道全：《太上老子道德經》，《老子集成》第六卷，第146頁。

短能長，仰之高更高，鑽之深更深，遠在八荒之外，近在眉睫之間，莫可度量，難以稱説，無常定之名也。道樸微妙，雖小不可視聽，天下不敢有臣使道者。侯王若能守道，習無爲，躰清静，萬物自然賓伏也。侯王抱道，與天地相合，天即降甘露祥瑞也。天降祥瑞，則萬民莫知教令者，皆自均平也。[①]

道無所不在，無所不能，君主侯王若能體道，推行無爲之治，不僅百姓安寧，上天也會降祥瑞甘露，以助人君。

何道全解《老》，更多的是强調身國兼治。如言："見道無爲，而萬物自化成，以此知無爲有益於萬物也"，"體道不言，師之於心"，"以無爲治身，則有益神氣，以無爲治國，則有益萬民"。[②] 又如《老子》二十九章注：

此章謂無爲妙理，不治而化也。有心爲天下主者，而爲之即錯，我見其不得天道人心已明矣。天下神器好安静，不可有爲治也。若以有爲治之，則敗其質樸之性。强執教法之人，則失却情實，反生詐僞也。上行下必隨之，上不可以妄動，則恐生事端。有温必有寒，有爲必有變，有所强大必有羸弱。人壯必老，花盛必凋，有安必有危，理之常也。此乃謂治國不可有爲，有爲則民不安而國不泰。治身不[有]爲，則精不凝而神不定。甚者，造爲之過分。奢者，服飾之過分也。泰者，情欲之過分也。聖人去其過分而已。[③]

注文指出，無論治身還是治國，都要避免有爲之害。何道全又言：

太上言：我何以知天下之然哉？以此今日所見而知。若人主防禁，令煩則姦愈生，禁多下愈詐，使民貧矣。民多權謀，利用心機愈盛。上下不親，故國家憎[增]其昏亂，奇物滋起，下則化上，飾金鏤玉，文綉雜彩，日以滋甚。法度禁令滋生彰著，則農事廢，饑寒並生，故盗賊多有。聖人言：我修道體天無爲，而民自化成也。我體安静，不言不教，民皆自忠正也。我無差税徵召，民安其業，人自富也。我常無欲愛之心，民亦淳樸而不欲也。清庵云：無爲無事，無欲好静，皆正也。以此治國，則海晏河清。以此行道，則道泰時亨。以此修身，則氣固神凝。一人正，萬民皆正。一心正，萬化皆正。一身正，萬事皆正。正之義大矣哉。著意修身墮境風，無心無事又沉空。爭如兩邊都

---

① (明)何道全：《太上老子道德經》，《老子集成》第六卷，第161～162頁。

② (明)何道全：《太上老子道德經》，《老子集成》第六卷，第173頁。

③ (明)何道全：《太上老子道德經》，《老子集成》第六卷，第158頁。

打破，巍巍獨占妙高峰。[1]

令煩禁多等有爲的措施，衹會造成社會的混亂和民心的多變，修身治國，無爲纔是正道。注中引用了李道純對無爲之正的闡釋，以表明這是全真道老學一以貫之的宗旨。最後，何道全總結説：

聖人之道，無爲而無不爲，而未嘗自恃其有。故不與物争，而天下莫能與之争。一經之意，大抵以無爲不争爲主，故亦[以]此語結之。

言在信實不在美，博李多知妨道紀。清静無爲豈有争，自然得合真如理。若合太極未分前，有何生兮有何死。[2]

何道全指出，《老子》五千言的大意就是無爲不争，修身治國莫不如此："道德兩卷五千言，治國修身最是尊。能解悟參行此理，便入長生衆妙門。"[3]

結　語

從《老子》的道論、修身、治國三大主題，可以看出全真道老學的詮釋特點與價值。以真常釋道，堅持和落實了《老子》的基本精神，正如鄧錡所言："先師有云：捉住虛空一點真，萬古千年終不朽。"[4]鄧錡明確指出，在虛無變幻中抓住一個東西——真，這是師傅的法門，也即全真道之核心教義與精神傳統。立足於老子之道闡發性命之理，體現了道教的本質，即弘揚生命哲學，這也是道教有别於其他宗教的關鍵之所在。修身兼及治國，表明道教是與時俱進的。由此可見，全真道並不是衹顧個人的清修和解脱，而是有著應世情懷，對國家、對社會充滿關切之心。

總之，全真道士對《老子》的詮釋，不僅反映出全真道的立教精神，而且集中體現了道教的優良傳統。

（責任編輯：趙衛東）

---

① （明）何道全：《太上老子道德經》，《老子集成》第六卷，第186～187頁。

② （明）何道全：《太上老子道德經》，《老子集成》第六卷，第208頁。

③ （明）何道全：《太上老子道德經》，《老子集成》第六卷，第209頁。

④ （元）鄧錡：《道德真經三解》，《老子集成》第五卷，第452頁。

“七真時代”全真掌教問題考辨

□韓占剛

摘要:“四子説”與“七子説”均源於王重陽,並且影響到全真掌教的繼承。馬鈺是在譚處端等人的擁立之下擔任掌教的,其後譚處端並未真正掌教,而是劉處玄在負責相關事宜。可能迫於王處一在山東的影響力,譚處端仙逝之後近 5 年,劉處玄纔繼任掌教。王處一多次被金廷宣見,承安年間還曾奉敕掌教。晚年,其弟子更是占三分天下之二。劉處玄仙逝後,近 15 年間,丘處機與王處一分庭抗禮。在此期間,丘處機的弟子宣揚“祖師遺命四子掌教”之説。直到王處一仙逝後,丘處機纔真正掌教。金元時期的全真祖師傳記,多爲丘處機一系的弟子編撰,可能出於有意避諱,所以幾乎不提王處一掌教之事。丘處機西行後全真教各宗逐漸融合,在掌教的領導下,各宗仍有自己的宗主。另外,《蒲察大使索海市詩》很可能是馬鈺的作品,非丘處機所作。

關鍵詞:全真掌教　全真七子　《蒲察大使索海市詩》　丘處機　王處一

作者簡介:韓占剛,男,1989 年生,河北邯鄲人,文學博士,現爲河北工程大學文法學院講師,研究方向爲中國道教文學與叙事文化。

以往均認爲在王重陽仙逝之後,馬鈺、譚處端、劉處玄、丘處機“四子”相繼擔任全真掌教。比如,《七真仙傳·重陽真君王祖師傳》稱:“馬鈺嗣其教,與譚、劉、丘者繼其宗盟。”[①]李道謙的《七真年譜》(1271),也分别以王重陽、馬鈺、譚處端、劉處玄、丘處機爲綱,記述王重陽與全真七子的事迹。對於全真七子時代的全真掌教問題,今人也幾乎没有提出過什麼異議,但事實上並非四子相繼擔任掌教那麼簡單。譚處端仙逝之後,時隔近 5 年劉處玄纔正式繼任掌教。劉處玄仙逝之後,更是有近 15 年的王處一、丘處機分庭抗禮階段。丘處機真正掌教是在 1217 年王處一仙逝之後。這種有違常理的掌教繼承,應該與王處一對“四子”的抗衡

① (金)張邦直等:《七真仙傳》,臺灣大學圖書館藏抄本。

有關。據國俌《玉虛觀記》(1214)的記載,被譚處端等人視作"異派"的王處一,晚年"門人居天下者三之二"[①]。相信對"七真時代"全真掌教問題的系統梳理與考辨,將促進早期全真道的研究更上一層樓。

一、源於王重陽的四子説、七子説

丘、劉、譚、馬的掌教問題與"四子説""七子説"密切相關。而"四子説"與"七子説"的抗衡雖然是在王重陽仙逝之後,但這兩種説法却均源於王重陽。丘處機曾在一首《度世吟》的注釋中提到王重陽給王處一"投傘賜號"的事:"墮傘陽公庵前,柄内紾陽子道號往賜之焉。"[②]秦志安在《玉陽王真人》中又進一步解釋道:"字作七人,表金蓮七朵之數。"[③]秦志安的解釋並非無中生有,因爲王重陽可能確曾有過"七子"的想法。比如,《仙鑒續編·王處一傳》道:"此字祖師撰之也,暨有七人之名,師在馬譚劉丘之次。故祖師有云:'傘竹通爲七箇人。'以應金蓮之七數也。"[④]雖然《仙鑒續編》提到的王重陽詩句"傘竹通爲七箇人",在其傳世的詩詞中已不可見,但應該不是虚構,因爲王重陽所造之字確實是七個"人"字疊加在一起。另外,王重陽還曾在《西江月·贈友修煉》詞中説道:"七子便鋪金簟,九門各看銀蟾。"[⑤]又,《全金詩》還收有一首王重陽的《煙霞洞》詩道:"天開玉樹三清府,池湧青蓮七子家。"[⑥]所以,"七子説"應該是王重陽在山東時的最初想法。馬頌仁(Pierre Marsone)還曾從七真的字號進行推測,認爲王重陽最初可能選定了兩個繼承人(馬丹陽、王玉陽)。[⑦] 這種推測不無道理,畢竟七真當中唯有馬丹陽、王玉陽與王重陽相同,字號裏都帶有一個"陽"字。由此可見,至少王重陽當初是很看重王處一的。但是出於孝母的原因,王處一最終没有追隨王重陽離鄉雲遊,這也爲後來嫡傳正宗的"四子説"與"七子説"之争埋下了伏筆。

王重陽早期的"七子"想法在西行之後發生了變化,改爲了"四子"(包括重陽

① 陳垣編纂,陳智超、曾慶瑛校補:《道家金石略》,北京:文物出版社,1988年,第442頁。

② (金)丘處機:《磻溪集》卷三,趙衛東輯校:《丘處機集》,濟南:齊魯書社,2005年,第39頁。

③ (元)林間羽客樗櫟道人編:《金蓮正宗記》卷五,《道藏》第3册,北京:文物出版社、上海:上海書店、天津:天津古籍出版社,1988年,第362頁。

④ (元)趙道一編修:《歷世真仙體道通鑒續編》卷三,《道藏》第5册,第430頁。

⑤ (金)王嚞:《重陽全真集》卷八,白如祥輯校:《王重陽集》,濟南:齊魯書社,2005年,第122頁。

⑥ (清)郭元釪輯:《全金詩》卷六〇,清康熙五十年(1711)刻本。

⑦ 參見[法]馬頌仁:《全真教的創立:仙傳與歷史》,張廣保編:《多重視野下的西方全真教研究》,宋學立譯,濟南:齊魯書社,2012年,第65頁。

則爲五子)。在《結物外親》[①]詩中,王重陽將"丘劉譚馬"視爲"物外真親眷",視馬鈺爲弟,視譚處端爲侄,視劉處玄、丘處機爲兒。與王重陽晚年將四子作爲"物外真親眷"類似,馬鈺、譚處端、劉處玄在詩詞當中也經常將丘、劉、譚、馬並稱。值得注意的是,譚處端還在一首《滿庭芳》詞中提到"王郝"二人:"重陽立教,東海闡良緣。唯度丘劉譚馬,分異派,王郝先傳。"[②]譚處端雖然提到"王郝",承認他們是王重陽的親傳弟子,但又明顯將其與四子相區別,稱他們爲所分出之"異派"。

在這一點上,丘處機與馬、譚、劉基本保持一致,但又稍有不同。比如,丘處機在《度世吟》中自注道:"時余法眷衾陽子王公隱於東海隅之查山。"[③]可見,與王重陽稱"物外真親眷"類似,丘處機也稱王處一是他的"法眷"。而丘處機對於"四子"以及"法眷"的看法在前期與後期有過一個較大的變化。比如《玄風慶會録》記載丘處機在 1222 年覲見成吉思汗時説道:"同時學道四人,曰丘,曰劉,曰譚,曰馬,彼三人功滿道成,今已昇化。"[④]與丘處機不同,1197 年王處一在被金章宗宣見時明確提倡"七子説"。他在一首《三宣到都住持天長觀復敕修新道院乃作》詞中道:"我師玄化,譚馬加恩。七朵金蓮顯異,清朝喜、優渥惟新。"[⑤]需要説明的是,王處一所提倡的"七子説",很可能與王重陽早年的"七子説"一致,即將王重陽也包含在内,但不包含孫不二。趙衛東先生對"七真"的形成過程有過考察,並指出丘處機與王處一曾分别主張"四子説"與"七子説",這種對峙一直持續到丘處機仙逝之後纔出現轉機,至尹志平、李志常、張志敬掌教期間,"七子"或"七真"的説法纔逐漸確定了下來。[⑥]

二、馬鈺憑實力掌教

王重陽攜四子西行之後,在臨化前對他們進行了痛教。1170 年正月初四,王重陽在開封仙逝。《七真仙傳·重陽真君王祖師傳》(約 1237～1263)記載王重陽仙逝時的場景道:

師將殁,三子立於床下。師曰:"丹陽已得道,長真已知道,吾無慮矣。

① (金)王嚞:《重陽全真集》卷一,白如祥輯校:《王重陽集》,第 3 頁。
② (金)譚處端:《水雲集》卷下,《道藏》第 25 册,第 864 頁。
③ (金)丘處機:《磻溪集》卷三,趙衛東輯校:《丘處機集》,第 39 頁。
④ (元)移剌楚才編録:《玄風慶會録》,《道藏》第 3 册,第 388 頁。
⑤ (金)王處一:《雲光集》卷四,《道藏》第 25 册,第 681 頁。
⑥ 詳見趙衛東:《金元全真道教史論》,濟南:齊魯書社,2010 年,第 264～270 頁。

處機所學,一聽丹陽。處玄,長真當管領之。"……且戒勿哭,言訖日而蜕。衆皆號慟。師忽開目曰:"何至於此?"囑馬鈺以後事:"若達關西,化我鄉人。"仍付之密語,勿輕傳之。鈺再拜而受。又謂譚處端等曰:"汝輩前程,皆在馬公手。"[1]

秦志安的《重陽王真人》也記載王重陽臨化時曾傳馬鈺秘語,並言道:"汝等性命,皆在丹陽手中矣。"[2]與這些記載相呼應,馬鈺曾在一首《滿庭芳·赴萊州黄籙大醮作》詞中明確全真道的傳承譜系道:"口口相傳,真真相濟,悟來意解心通。玄中妙趣,明月應清風。師祖鍾離傳吕,吕公得、傳授王公。王公了,秘傳馬鈺,真行助真功。"[3]

從王重陽將馬鈺比作弟,將譚處端等人比作侄與兒,以及王重陽在臨化之時傳給馬鈺修行秘語和對馬鈺、譚處端的評價來看,在四子當中,馬鈺的地位可以説是無可比擬的。趙道一《仙鑒續編·馬鈺傳》還記載道:"師與諸公雖同出於重陽之門,以祖師嘗有'一弟一姪'之語,特稱師爲師叔。"[4]此事在馬鈺、譚處端的詩詞當中也有所反映。根據相關的詩詞來看,在王重陽仙逝之後,譚處端等人曾想擁立馬鈺爲師。而馬鈺在《爇心香·示衆師兄》一詞中推辭道:"未至丹陽,怎敢爲師。"[5]此外,馬鈺在一首《巫山一段雲》詞中又道:"休要呼師叔,相看若弟兄。"[6]這表明,在馬鈺推辭之後,他們可能又想擁立馬鈺爲師叔。對於譚處端等人的"擁立",馬鈺明確表示拒絶,並堅持要以兄弟相稱。馬鈺還有一首名爲《搗煉子·勸衆師兄訪道》的詞道:

馬風子,未通玄。性昏識昧不翛然。倚仗予,枉了賢。　聽予勸,莫推延。速當離我便參禪。就有道,而正焉。[7]

在這首詞中,馬鈺很謙虚地説自己"性昏識昧不翛然",尚未通玄了道,勸衆師兄弟離開自己去訪道,即所謂"就有道,而正焉"。從詞的内容來看,針對的應該是這次"擁立"事件。此事很可能發生在他們爲王重陽守喪期間或剛結束之後。與

① (金)張邦直等:《七真仙傳》,臺灣大學圖書館藏抄本。
② (元)林间羽客樗櫟道人編:《金蓮正宗記》卷二,《道藏》第3册,第349頁。
③ (金)馬丹陽:《洞玄金玉集》卷一〇,趙衛東輯校:《馬鈺集》,濟南:齊魯書社,2005年,第147頁。
④ (元)趙道一編修:《歷世真仙體道通鑒續編》卷一,《道藏》第5册,第420頁。
⑤ (金)馬丹陽:《洞玄金玉集》卷七,趙衛東輯校:《馬鈺集》,第100頁。
⑥ (金)馬丹陽:《漸悟集》卷下,趙衛東輯校:《馬鈺集》,第195頁。
⑦ (金)馬丹陽:《洞玄金玉集》卷八,趙衛東輯校:《馬鈺集》,第110頁。

馬鈺的詞相呼應,譚處端在一首《雲霧斂》詞中道:"認正丹陽師父語。了了惺惺,功滿歸蓬路。"[①]此外,譚處端還有多首稱馬鈺爲"師叔"的詩詞,比如其《贈雲陽程仙》詩道:"學取終南師叔馬,赤窮窮地堵環中。"[②]又其《藏頭拆字》其一道:"姪處名師叔鈺,蓮四朵步雲歸。"[③]

在馬鈺、譚處端、丘處機三人當中,劉處玄常常提到馬鈺,並且表現出對馬鈺的無比崇敬之情。比如,劉處玄在一首《惜黄花》詞中道:"行就訪蓬山,功了離塵所。蜕凡形,禮丹陽父。"[④]又在一首《青杏兒》詞中道:"三十年、總敬丹陽。"[⑤]劉處玄享年 57 歲,除去二十幾年的成長時間,剩下的也就 30 年左右,所以他説"三十年、總敬丹陽",也就幾乎等於説是一生都敬丹陽。這從其尊稱馬鈺爲"父"也可見一斑。至於丘處機,就更不必説了,王重陽仙逝之後丘處機是由馬鈺負責教導的。除了譚處端、劉處玄、丘處機之外,王處一在詩詞當中亦表現出對馬鈺的崇敬之情,在馬鈺仙逝後,還爲其守墳百日。孫不二、郝大通幾乎没有留下什麽詩詞作品,但孫不二是馬鈺在俗之時的妻子。在王重陽仙逝之後,馬鈺無疑是全真道公認的領袖。在譚處端等人的擁立之後,馬鈺更是憑實力擔任掌教,而且應該得到了全真諸子的一致認同。隨著全真道的初步發展,此時也確實需要一個掌教來主持大局。

三、譚處端、劉處玄相繼掌教的問題

1183 年十二月二十二日,馬鈺仙逝於萊陽。《七真仙傳・劉處玄傳》記載,馬鈺仙逝之後,身在山東的劉處玄、王處一共同主持了喪事,並爲馬鈺守墳百日。在此期間,劉處玄命門人張順真等"持書詣洛,請長真主教"。譚處端雖然繼任了全真掌教,但把諸事都託付給了劉處玄。1185 年四月初一,譚處端在洛陽仙逝。值得注意的是,《七真仙傳・劉處玄傳》明確記載道:"二十九年,師嗣長真主教。"由此可見,雖然在馬鈺仙逝之後,劉處玄已經是實際上的掌教,但是在譚處端仙逝後,他並没有馬上正式接任掌教,而是在將近 5 年之後,纔正式繼譚處端之後掌教。劉處玄曾由譚處端負責教導,即便他在譚處端仙逝後爲其守喪,也絶不會

① (金)譚處端:《水雲集》卷中,《道藏》第 25 册,第 857 頁。
② (金)譚處端:《水雲集》卷上,《道藏》第 25 册,第 846 頁。
③ (金)譚處端:《水雲集》卷上,《道藏》第 25 册,第 848 頁。
④ (金)劉處玄:《仙樂集》卷四,《道藏》第 25 册,第 446 頁。
⑤ (金)劉處玄:《仙樂集》卷四,《道藏》第 25 册,第 446 頁。

超過三年，因爲四子爲王重陽守喪也不過三年而已。所以，從 1185 年到 1189 年的全真掌教問題是有待詳細考察的。

譚處端仙逝後劉處玄没有馬上正式接任掌教，很可能與王處一有關。王處一曾與劉處玄一起爲馬鈺守墳百日，又比劉處玄年長 5 歲（當時他們二人分别爲 39 歲、44 歲，可以説都正當壯年），但是劉處玄 1182 年纔返回山東，而王處一已在山東傳道多年，可以説當時劉處玄在山東道衆當中的威望肯定不及王處一。可能正是這一原因，劉處玄纔遲遲没有繼任掌教，而這一推遲就是將近五年。比較有意思的是，劉處玄繼任掌教之後的第二年（1190），曾隨王處一在鐵查山一同修行的郝大通從河北返回山東寧海（今煙臺）；緊接著，1191 年，丘處機也從關中返回山東。除去金章宗繼位之初的嚴厲宗教政策外，郝大通、丘處機先後返回山東，有可能與掌教的"競争"有關。尤其是在郝大通返回山東後，號稱嫡傳正宗的"四子"衹有劉處玄一人在山東，他此時擔任掌教想必有些"吃緊"，所以丘處機安排完關中的事務之後，很快也返回了山東。隨著丘處機的東歸，雙方再次達成了一種微妙的平衡。

四、王處一"奉敕掌教"與丘處機"奉祖師遺命掌教"

馬鈺東歸後，曾委婉地責備過王處一多年來韜光養晦，對光大教門的工作做得不够。但不久之後，王處一的道醫之名日盛。在全真七子當中，王處一是最早受金朝統治者宣見也是宣見次數最多的人，他的許多詩詞詳細記載了受金世宗、金章宗召見的經過。1187 年十一月十三日，王處一第一次被宣。1188 年八月，王處一辭還故山。1188 年臘月，王處一第二次被宣。此時金世宗病重，王處一快馬加鞭於 1189 年正月初三到達燕京，但金世宗却於正月初二駕崩。金章宗即位，宣使不敢奏見，王處一便返回了山東。1197 年，王處一第三次被宣。金章宗問"全真門户"之事，王處一對以"七朵金蓮"之説（概指王重陽與全真六子）。此次召見，王處一還獲賜紫衣與"體玄大師"之號。1201 年，王處一第四次被宣。1203 年，王處一第五次被宣。1201 年、1203 年這兩次被宣都是奉命去亳州太清宫作普天大醮。

經過金廷的多次宣見，王處一的威望日盛。王處一尚在世之時，國俌的《玉虚觀記》（1214）就記載道："門人居天下者三之二。"[①]趙九淵的《終南山靈虚觀冲

① 陳垣編纂，陳智超、曾慶瑛校補：《道家金石略》，第 442 頁。

虛大師吕君墓志》更是記載,承安年間(1196～1200)"玉陽真人奉勑主掌教事"[1]。此時掌教劉處玄尚在世,所以王處一在這一時期的掌教恐有名無實,在全真道内部就更是如此。1203年劉處玄仙逝後,按照"慣例"應該是"四子"當中的丘處機繼任掌教,但王處一有非同尋常的影響力,且有金章宗的詔命。趙衛東先生曾推論道:"假若説王處一與丘處機之間的關係有了問題,很可能就是從劉處玄仙逝後開始,兩個人爲了掌教的問題,開始暗暗較勁,而這又使丘處機在'七真'問題上堅持寸步不讓。"[2]此推論是有可能的。因爲王處一在當時的聲名以及對教門的貢獻是絲毫不讓於丘處機的,從某種程度上來説,甚至已經超過了丘處機。面對如此情勢,丘處機很有可能重新强調代表著全真正宗嫡傳的"四子説",以此提高自己在教内外的聲望。

丘處機與王處一分庭抗禮的結果是,從劉處玄仙逝(1203)至王處一仙逝(1217)近15年間的全真掌教問題在文獻中都没有被明確提及。這一現象是極不正常的,值得我們注意。在此期間,金章宗泰和七年(1207),元妃賜《道藏》經,還特意將一部送到丘處機居住的棲霞太虚觀,一部送到王處一居住的聖水玉虚觀。[3] 這一時期,其實也是"四子説"與"七子説"争鋒的階段。目前來看,最早提到"四子"掌教問題的,是金源璹的《長真子譚真人仙迹碑銘》(約1205～1231)。該碑記載道:"真人至汴,遺訓命四子主掌教門。"[4]遺憾的是,該碑没有明確的寫作時間,衹是記載道:"先生馭鸞之後,數十年居仙塋之側。王生主棲霞觀事,與董生始終醮祭無惰。擬行改葬,因李公都運先生,暨四大道師李公志源、于公善慶、王公志淵、陳公無染,以碑銘見囑於老夫,敬喜而筆之。"[5]由此可知,該碑作於譚處端改葬之時,距離譚處端仙逝已經有"數十年"。譚處端仙逝於1185年,所以該碑大約作於1205年。又《金史・哀宗紀》記載金源璹的生平道:"辛卯,大寒如冬。密國公璹薨。"[6]所以,該碑最晚不會晚於1231年。值得思考的是,該碑所記載的王重陽遺命四子掌教的説法,正好出現在丘處機與王處一分庭抗禮期間。

金源璹在《終南山神仙重陽真人全真教祖碑》(1225)中稱:"殷勤求記於玉陽子友人樗軒居士,居士援筆爲之銘。"其中,"樗軒居士"是金源璹的號。由此可

① (元)李道謙集:《甘水仙源録》卷五,《道藏》第19册,第760頁。
② 趙衛東:《金元全真道教史論》,第263～264頁。
③ 詳見趙道一编修《歷世真仙體道通鑒續編》之《丘處機傳》《王處一傳》。
④ (元)李道謙集:《甘水仙源録》卷一,《道藏》第19册,第732頁。
⑤ (元)李道謙集:《甘水仙源録》卷一,《道藏》第19册,第732頁。
⑥ (元)脱脱等:《金史》卷一七,北京:中華書局,1975年,第387頁。

見,金源璹是王處一的友人。在《長春子譚真人仙迹碑銘》中,金源璹衹提到了丘、劉、譚、馬四子,而在《終南山神仙重陽真人全真教祖碑》中,金源璹則道:"四子爲誰?丘劉譚馬。德其亞者,王郝與孫。共成七賢,贊我真人。玉陽長春,大啓其門。遭遇聖朝,爲王之賓。"可見,在金源璹的贊中,王處一與丘處機是並列的。丘、劉、譚、馬主張"四子説",王處一主張"七子説",作爲王處一的友人,金源璹在《教祖碑》中以"德其亞者"作了一種比較符合實際的折中處理。

另外,金源璹還在《譚真人仙迹碑銘》與《教祖碑》中明確記載了請他撰寫碑銘之人的身份。其中,《譚真人仙迹碑銘》是李志源、于善慶、王志淵、陳無染請他所作,《教祖碑》是真常子李志源、洞真子于善慶請他所作。于善慶(1166～1250),又名志道,號洞真子,是馬鈺的弟子,馬鈺仙逝後又師從丘處機,此外還曾參學過譚處端、劉處玄、王處一。[①] 李志源,號真常子,是丘處機的弟子,參學過劉處玄、王處一、郝大通。[②] 王志淵,號煉真子,師從丁靈陽。[③] 丁靈陽的師承不詳。陳無染,師承不詳。從他們幾人的師承來看,請金源璹撰寫《譚真人仙迹碑銘》與《教祖碑》的人基本上都是丘處機的弟子。儘管金源璹没有明確提到撰寫兩通碑銘的依據,但依據常識與慣例,應該是據于善慶、李志源所提供的行狀寫就。因爲金源璹不可能對王重陽、譚處端的事迹了如指掌,所以《譚真人仙迹碑銘》中提出的祖師遺命四子掌教之説,應該源於丘處機的弟子。更進一步來説,這應該體現了丘處機的意願。

因爲從1203年劉處玄仙逝到1217年王處一仙逝近15年間的全真掌教問題在文獻中都没有明確記載,所以以往均認爲王處一未曾掌教。但根據一些材料來看,這一時期王處一可能有過掌教,但丘處機並不認同他的掌教之位。比如,《真仙直指語録》當中記有尹志平的話:"玉陽大師主教,有人參口訣,大師曰:'齊修萬行真口訣,聚神一氣撞三關。'到長春真人掌教更别,但人要傳道,只要外積陰德,内固精神,更待説甚麽。"[④]可見,在金廷的干預之下,王處一曾經掌教(可能實際上主要掌管本宗的事務)。尹志平雖然是丘處機的弟子,但也曾師從劉處玄,此外還參學過王處一、郝大通,他掌教之後亦主張"七子説"。除了因爲尹志

---

① 詳見(元)楊奂:《終南山重陽萬壽宫洞真于真人道行碑》,陳垣編纂,陳智超、曾慶瑛校補:《道家金石略》,第508～509頁。

② 詳見(金)張邦直:《真常子李真人碑銘》,陳垣編纂,陳智超、曾慶瑛校補:《道家金石略》,第468頁。

③ 詳見(元)彭志祖:《練真子王志淵墓志銘》,王宗昱編:《金元全真教石刻新編》,北京:北京大學出版社,2005年,第218頁。

④ (元)玄全子編集:《真仙直指语録》卷下,《道藏》第32册,第440頁。

平曾師從、參學過全真諸子之外，大概還因爲他想强化各宗的宗教認同，構建統一的全真教團。至於金元時期的相關文獻幾乎不提王處一掌教之事，則很可能是出於丘處機一系弟子的有意避諱。

待丘處機率衆萬里西行之後，全真教門隨之大開，這時丘處機就已意識到撰作全真道歷史文獻的迫切性。對此，《長春真人西遊記》曾記載道：

> (丘處機)嘗夜話謂門弟子曰："古之得道人，見于書傳者，略而不博，失其傳者可勝言哉。余屢對汝衆舉近世得道之士，皆耳目所親接者，其行事甚詳，其談道甚明。暇日當集全真大傳，以貽後人。"師既没，雖嘗口傳其概，而後之學者，尚未見其成書，惜哉。①

對於編集"全真大傳"之事，丘處機雖然没來得及完成，但還是做了一些安排。其後，丘處機的弟子宋德方主持編修《玄都寶藏》。至於《七真仙傳》《金蓮正宗記》《七真年譜》《甘水仙源録》等重要的全真祖師史傳文獻，也全都出自丘處機一系的弟子。這些文獻雖然認可"七真"的説法，但是對七子的地位有所分别，這也是對"四子"与"七子"之争的一個折中解决方案。

五、《蒲察大使索海市詩》的作者辨析與丘處機的掌教

嵩山崇福宫《寇天師傳》碑(1306 年立石)的碑陰刻有一首《蒲察大使索海市詩》道：

> 應天以實不以文，人間世事徒紛紛。一自元豐感靈應，百年異代殊無聞。山東安撫心好道，一過蓬萊問芝草。深期恍惚通仙靈，不見嘉祥慘懷抱。是時巨海風濤息，萬里涵空襯天碧。天邊和氣生紫煙，海上群山削青壁。層城異木當頭現，甲馬神兵隨後變。雲幢煙蓋出山尖，寶閣瓊樓浮水面。參差有若蓬萊宫，乍移三山出海東。鶴駕逍遥近西岸，來向清時振道風。②

該詩末署"丘立"二字，並在"立"字上加蓋"玄門演道大宗師之印"。許多研究者

① (元)李志常述：《長春真人西遊記》卷下，《道藏》第 34 册，第 499 頁。

② (清)葉封：《嵩陽石刻集記》卷下，《石刻史料新編》第 2 輯第 14 册，臺北：新文豐出版公司，1979 年，第 10236 頁。

都將這首詩歸在丘處機名下，如趙衛東輯校的《丘處機集》、郭武的《丘處機學案》、馬曉林的《碑刻所見蒙元時期全真掌教印章及相關史事研究》等。事實上，僅通過“丘立”二字就判定《蒲察大使索海市詩》是丘處機所作未免有些武斷。因爲丘處機的詩詞與傳記當中並没有提到過海市，而馬鈺的詩詞中却有不少“海市與焚漁網”詩詞，並且這些詩詞集中出現在《洞玄金玉集》卷四與卷九。通過馬鈺的海市詩詞可知，1182 年臘八，文登出現了海市勝景。馬鈺借蘇軾的海市詩韻，多次寫詩詞詳記此事。1183 年四月至六月間，馬鈺在福山、黄縣一帶行化時，也多次寫作海市詩，並不厭其煩地向道衆宣揚文登海市的情景。在這一年的六七月，黄縣的西高村也發生了一次海市，且持續時間很長，有 3 天左右。馬鈺利用這次海市積極宣教傳道。這兩次海市發生之時，丘處機尚未東歸。如果丘處機東歸之後又發生了海市，那麽丘處機、劉處玄、王處一、郝大通不可能全都没有詩詞提及。所以，嵩山崇福宫的《蒲察大使索海市詩》很有可能是馬鈺的詩，詩末所署“丘立”二字衹能説明該詩碑是丘處機掌教期間所立，並不能説明該詩就是丘處機所作。

對於詩中提到的“蒲察大使”，郭武先生推測道：“蒲察大使者，蓋爲丘處機弟子蒲察道淵。”①但此説遭到了馬曉林的否定，他辨析道：“（丘處機）1191 年歸登萊，1220 年赴成吉思汗之召西行，此後再未踏足山東。因此這首海市詩應當寫於 1191～1220 年之間。在此期間擔任山東安撫使的，史料中衹記載了一位僕散安貞，1214～1215 年任職，率軍至登州萊州平定楊安兒之亂。”②陳時可的《長春真人本行碑》也記載道：“貞祐甲戌之秋，山東亂，駙馬都尉僕散公將兵討之，時登及寧海未服，公請師撫諭，所至皆投戈拜命，二州遂定。”③可見，丘處機確曾幫助僕散安貞平定山東的叛亂。但嵩山崇福宫詩刻明明説索要海市詩的人是“蒲察大使”，而僕散安貞並不姓“蒲察”。正因如此，馬曉林也指出，“僕散與蒲察皆爲女真姓氏，但判然有别，因此目前尚難確定蒲察大使其人爲誰”④。

另外，嵩山崇福宫詩刻並没有明確的紀年，大概與碑陽的《寇天師傳》同在 1306 年所立。《大元嵩山崇福宫創建三清殿記》記載道：“重陽王真君，挺生間出，

① 郭武：《丘處機學案》，濟南：齊魯書社，2011 年，第 411 頁。

② 馬曉林：《碑刻所見蒙元時期全真掌教印章及相關史事研究》，《西北師大學報》（社會科學版）2017 年第 4 期。

③ 陳垣編纂，陳智超、曾慶瑛校補：《道家金石略》，第 457 頁。

④ 馬曉林：《碑刻所見蒙元時期全真掌教印章及相關史事研究》，《西北師大學報》（社會科學版）2017 年第 4 期。

别爲全真一派,教行風靡,海内仰之,猶景星祥鳳,争先睹之爲快。其高弟若長春全德明應丘真君、□□□□□□棲雲虚静妙淵喬真人,際會昌辰,恢弘玄道,欽奉璽書,相續而宗主是宫。"[①]通過該碑的記載可知,丘處機到過嵩山,並主持過崇福宫。丘處機的詩詞也可以印證他確實到過嵩山,比如其《再題牢山》詩小序道:"大安己巳,膠西醮罷,道衆相邀再遊鼇山,復留題二十首。"這 20 首詩中,題於嶗山上清宫、太清宫的各有 10 首。其中,題於上清宫的第十首詩道:"五嶽曾經四嶽遊,群山未必可相儔。只因海角天涯背,不得高名貫九州。"[②]通過詩與小序可知,大安己巳(1209),丘處機曾在膠西(今山東高密)作醮,其後應道友相邀,再次遊覽嶗山。從其中一首嶗山詩,以及當時南北隔絶的形勢可知,除了没有去過南嶽衡山之外,其他的五嶽丘處機都曾遊覽過。所以,丘處機無疑在 1209 年之前就去過嵩山,至於其是否主持過嵩山崇福宫就不得而知了。

馬曉林推測道:"1220 年前的某個時間,丘處機撰《海市詩》並刻石,因此詩末署'丘立',圖文並茂,利於宣教。當時喬志高大概留存紙本一件。喬志高去世後,崇福宫住持再傳至羅道全。大德十年(1306),羅道全將喬志高舊藏丘處機《海市詩》與《寇天師傳》《劉真人傳》同時刻碑。"[③]馬曉林的推測忽略了一個關鍵問題,即嵩山崇福宫詩刻上加蓋的"玄門演道大宗師之印"。在王處一仙逝的 1217 年之前,並没有任何資料顯示丘處機已經掌教,該詩若是丘處機在 1220 年前的某個時間所寫,不可能加蓋"玄門演道大宗師之印",除非該詩刻的製作時間能够精確到 1217 年到 1220 年之間。因爲在與王處一分庭抗禮期間,丘處機使用大宗師印章的可能性並不大。該印章的使用,更可能發生在丘處機西行獲得成吉思汗的認可之後。

1208 年金章宗駕崩,1212 年臘月郝大通仙逝,1217 年四月王處一仙逝,至此,持續 10 餘年的丘處機、王處一分庭抗禮階段徹底結束。此後,丘處機纔成爲真正的全真掌教。1220 年正月,在成吉思汗的徵召之下,丘處機率領 18 位弟子西行。丘處機的弟子李志常作有《長春真人西遊記》,詳細記述了丘處機西行覲見成吉思汗的始末,以及丘處機西行歸來之後在燕京的一些事迹。從《長春真人西遊記》《玄風慶會録》的記載,以及成吉思汗的聖旨、丘處機歸來之後的情景來

---

① 陳垣編纂,陳智超、曾慶瑛校補:《道家金石略》,第 802 頁。

② (金)丘處機:《磻溪集》卷二,趙衛東輯校:《丘處機集》,第 32、34 頁。按:今嶗山太清宫、上清宫分别刻有其中 10 首。

③ 馬曉林:《碑刻所見蒙元時期全真掌教印章及相關史事研究》,《西北師大學報》(社會科學版)2017 年第 4 期。

看,丘處機的西行是十分成功的。比如,1223年九月,成吉思汗在給丘處機的聖旨中道:"丘神仙奏知来底公事是也,瞰好。我前時已有聖旨文字與你来,教你天下應有底出家善人都管著者。好底歹底,丘神仙你就便理會,只你識者,奉到如此。癸未年九月二十四日。"[①]又,成吉思汗1223年十一月的聖旨道:"丘神仙,你春月行程,别来至夏日。路上炎熱艱難來,沿路好底鋪馬得騎來麽?路裏飲食廣多不少来麽?你到宣德州等處,官員好覷你来麽?下頭百姓得来麽?你身起心裹好麽?我這裏常思量著神仙你,我不曾忘了你,你休忘了我者。癸未年十一月十五日。"[②]《長春真人西遊記》還記載,1224年二月二十五日"喝剌至自行宫傳旨:神仙至漢地以清净道化人,每日與朕誦經祝壽,甚好。教神仙好田地内愛住處住。道與阿里鮮,神仙壽高,善爲護持。神仙無忘朕舊言"[③]。又,"季夏望日,宣差相公劄八傳旨:自神仙去,朕未嘗一日忘神仙,神仙無忘朕。朕所有之地,愛願處即住,門人恒爲朕誦經祝壽則嘉"[④]。通過這些材料可知,西行之後丘處機不僅是全真掌教,而且獲得了掌管天下道教的權力(即"天下應有底出家善人都管著")。此外,成吉思汗尊稱丘處機爲"神仙",對丘處機嘘寒問暖。可是,丘處機的萬里西行爲全真道獲得了極大的發展空間,此後全真道門大盛,李志常也記載丘處機西行歸來之後的情景道:"自師之復来,諸方道侣雲集,邪説日寢。京人翕然歸慕,若户曉家諭,教門四闢,百倍往昔。"[⑤]

丘處機西行之後,也是全真道各宗相互融合的重要階段。至尹志平、李志常、張志敬掌教期間,折中後的"七真説"成爲主流,即"七真"的排序爲馬鈺、譚處端、劉處玄、丘處機、王處一、郝大通、孫不二。至此,王、郝、孫也被正式納入"七真"行列,但是地位却比馬、譚、劉、丘稍次,屬於四哲之亞。《金蓮正宗記》及《七真仙傳》,元世祖的加封制詞,乃至《甘水仙源録》所收相關碑銘皆按此排序。所以,這應該是全真道各宗弟子達成的共識。

另外,丘處機西行後雖然各宗歸一,有共同的掌教,但各宗應該還分别有自己的宗主。比如,徐琰所撰的《廣寧通玄太古真人郝宗師道行碑》(1286)記載:"至元二十三年,詔賜棲雲弟子洞陽徐志根之號曰崇玄誠德洞陽真人,旌有德也。

① (元)李志常述:《長春真人西遊記》卷下,《道藏》第34册,第500頁。
② (元)李志常述:《長春真人西遊記》卷下,《道藏》第34册,第500頁。
③ (元)李志常述:《長春真人西遊記》卷下,《道藏》第34册,第496頁。
④ (元)李志常述:《長春真人西遊記》卷下,《道藏》第34册,第496頁。
⑤ (元)李志常述:《長春真人西遊記》卷下,《道藏》第34册,第496頁。

是年三月,予將赴官湖南,道出汴梁,時洞陽掌本宗教,住朝元宫,率其屬來見。"[①]由此可見,在全真掌教制度成熟之後,郝大通的徒孫洞陽子徐志根依舊掌管本宗的教務。王之綱撰寫的《玉清觀碑》更加清晰地記述王志謹的弟子煙霞子楚志雲主管玉清觀之後,"未幾引退,狀請於朝元本宗掌教崇玄誠德洞陽真人"[②],還記載郝大通一系在王志謹之後的掌教傳承情况道:"初傳而得姬知常,再傳而至李通和,今吾洞陽,凡三主教矣。"[③]對於郝大通弟子的掌教情况,有學者做過考察,並總結道:"王志謹執掌朝元萬壽宫以後,朝元本宗的傳承情况爲王志謹—姬志真—李志居—徐志根—孫履道。孫履道之後的情况不明,衹知道第八代掌教爲王德衡,號天均,贈號'通玄文德虚逸真人'。"[④]由此可以推測,在丘處機、王處一分庭抗禮期間,他們所掌管的可能衹是本宗。張廣保先生甚至認爲:"全真教内部各種大小宗派並立,自王重陽仙逝,七真分門授徒之時,就一直存在,並貫穿於全真教發展的始終。"[⑤]大約在明初,全真道還逐漸演化出以七真爲祖師的各個宗派,這也表明在統一的全真掌教之下,各宗内部其實均有自己的傳承。

(責任編輯:趙衛東)

① (元)李道謙集:《甘水仙源録》卷二,《道藏》第19册,第738頁。
② 陳垣編纂,陳智超、曾慶瑛校補:《道家金石略》,第654頁。
③ 陳垣編纂,陳智超、曾慶瑛校補:《道家金石略》,第655頁。
④ 趙衛東、王光福:《王志謹學案》,濟南:齊魯書社,2015年,第144頁。
⑤ 張廣保:《全真教的創立與歷史傳承》,北京:中華書局,2015年,第409頁。

金元時期全真道的教職體系

——以石刻材料爲中心

□王智堯

摘要：全真道在金元時期由創立逐漸走向鼎盛。在此期間，它模仿古制、因事設職，建立起以宫觀爲中心的宫觀内執事體系，如提點、提舉、提領、監院、化主、知庫等，以有效管理宫觀，發展教團。蒙古統治者爲了管控、利用教團爲統治服務，也模仿前代，建立起一整套包含中央和地方的道官體系，如掌教、道正、道録、威儀等，並以任命全真宗師擔任道官的方式實現這種目的。宫觀内執事體系和控制全真道的道官體系一同構成了金元時期全真道的教職體系，這直接體現在全真道衆多的石刻以及相關的文獻記載中。

關鍵詞：全真道　教職體系　金元時期　石刻材料

作者簡介：王智堯，山東大學尼山學堂第九期學生。

引　言

全真道是金元北方三大新道派之一，由王嚞創建於金朝大定年間(1161～1189)。王嚞死後，由"七真"接續領導的全真道在北方繼續發展，金廷於明昌元年(1190)十一月"以惑衆亂民，禁罷全真及五行毗盧"[①]，試圖禁絶全真道，但並未起效。之後，金廷轉换做法，從禁絶走向因勢利導。章宗召見王處一、劉處玄，承認全真道的合法地位，並利用向全真道鬻賣度牒、師德號、觀院名額等方式補充財政。[②]當蒙古在北方興起時，丘處機接受成吉思汗的邀請前往興都庫什南部山區的行宫覲見，此後全真道開始與蒙古國及之後的元朝展開積極合作，並作爲一支占據主導地位的教團蓬勃發展長達幾十載。雖然在蒙哥、忽必烈時全真道受到了朝廷的全

① (元)脱脱等:《金史》卷九，北京：中華書局，1975年，第261頁。

② 參見李洪權:《全真教與金元北方社會》，博士學位論文，吉林大學，2008年，第66～71頁。

面打壓,但其小型共同體所結成的龐大而緊密的網絡依然支撐著北方城市和鄉村社會中全真道的發展,以至其最終成爲與正一道南北對峙的强大教團。①

12 世紀,强大的道教運動催生了一系列新教派,這些新教派在當時受到佛教的推動和影響,基本上完成了持續多個世紀的道教進化。陶奇夫(Евге́ний Алексе́евич То́рчинов)先生認爲,制度化和有組織整體化過程的深入是道教進化總體方向的一個重要方面。道教組織制度逐漸清晰的過程,以模仿佛教形式所形成的《道藏》为開端,以道教宫觀及其規章制度和職位等級的形成爲結束。但在陶奇夫先生看來,這種發展並不完全,教派的總首領並没有出現,全真道所屬的道觀互不統屬,道觀是職位等級制度的唯一載體。② 可見,金元時期所形成的全真道教職體系不僅是全真道發展的结果,而且是道教自身發展中制度化和有組織整體化過程的產物,因而對這一制度的探討具有超越全真道研究本身的重要價值。

由陶奇夫先生的觀點出發,與西方的宗教相比,道教的制度化確實是不完全的。作爲新教派代表的全真道,在道教本身的制度化層面衹產生出一個由教徒共同推舉的首領,即掌教,以及道教宫觀中的相關執事職位和等級制度,至於從中央到地方的一系列道官職位,則是中央政府爲了管控道教,借鑒前代經驗而建立起來的,其產生與道教本身的制度化並無關系。隨著"掌教"這一職位的制度化,道教徒推舉的人選與政府中意的人選的合一,掌教也從道教制度化的產物轉變爲道官體系的一部分。由此可見,對於金元時期全真道教職體系的探討應該從兩個方面入手:一是宫觀内執事體系,這是全真道自發產生的;二是道官體系,這是政府管控道教的產物。兩者合而爲一,便成爲法國學者高萬桑所謂的"雙重管理體系"。

對於全真道教職體系的研究現狀,高萬桑(Vincent Goossaert)在他的《教團的創建:十三世紀全真教的集體認同》一文註中引氏著《近代道教的建立——全真教》言:"全真教的内部等級制度和國家任命的宗教官僚體系截然不同。不過,當前學界經常會把這兩套體系混爲一談。原因在於,許多全真宗師既在教内擔任要職又在國家任命的宗教官僚體系中任職。目前,我們尚未發現全面介紹這種雙重管理體系的論著。"③考察國内的研究狀况,如卿希泰先生主編的《中國道

① 參見[法]高萬桑:《教團的創建:十三世紀全真教的集體認同》,張廣保編:《多重視野下的西方全真教研究》,宋學立譯,濟南:齊魯書社,2013 年,第 9～54 頁。

② 參見[俄]陶奇夫:《道教——歷史宗教的試述》,邱鳳俠譯,濟南:齊魯書社,2011 年,第 318～321、325～338 頁。

③ [法]高萬桑:《教團的創建:十三世紀全真教的集體認同》,張廣保編:《多重視野下的西方全真教研究》,第 45 頁。

教史》和陳垣先生的《南宋初河北新道教考》[①],对于道教制度都语焉不详。至于近年出現的若干論文,如祝賀《金代宗教管理研究》[②],對於金代宗教管理制度作了全面的探討,其對金代道教管理制度的探討使筆者可以梳理出道官體系由宋至元的發展歷程,但對宫觀内執事體系的探討並不充分。至於元代全真道的教職體系,則少有論文關注。在這些著作中,能够打通金元二朝,並對於這一體系作較全面探討的是程越的《金元時期全真道宫觀研究》[③]。程越使用《道家金石略》《甘水仙源録》等材料,簡要地对這一體系進行了説明,並且有意識地將全真道宫觀内執事體系和元朝政府設立的道官體系分開,這一點可謂回應了高萬桑關於學者們經常把兩者混爲一談的問題;但此書對於該體系著墨不多,所引材料也顯不足,並在許多具體教職的論述上存在不到位之處。

高萬桑有言:"要想比較全面而系統地闡述這兩套管理體系,必須借助收録在碑銘材料中的、數以千計的全真教領袖的頭銜。"[④]本文正是通過石刻材料中的全真宗師之頭銜,闡述這兩套教職體系。如今,全真道的石刻彙編主要有陳垣先生的《道家金石略》和王宗昱的《金元全真教石刻新編》。[⑤] 陳垣先生所編《道家金石略》之材料來源於幾種重要的金石志、藝風堂等特藏拓片以及金元之際文人的作品集[⑥],因而其收録的全真道碑刻相當全面,以後的相關資料彙編衹是在它的基礎上做有限的增補,王宗昱的《金元全真教石刻新編》就是如此。本文依據的就是這兩本書中的全真道石刻材料以及《道藏》中的相關記載。

《道家金石略》中出現的道士尊號數量龐大,在對這些尊號進行對比後可以發現,它們一般具有以下組成部分:法服、師號、道官職銜、宫觀執事,如"宣授保和觀妙開玄大師、陝西五路西蜀四川道教提點、兼領重陽萬壽宫事孫德彧"[⑦]中的"宣授保和觀妙開玄大師"是師號,"陝西五路西蜀四川道教提點"則是道官職銜,"兼領重陽萬壽宫事"就是宫觀執事。而"法賜金襴紫服、清真宏教淳德大師、三

---

① 卿希泰:《中國道教史》,成都:四川人民出版社,1996年;陳垣:《南宋初河北新道教考》,北京:中華書局,1962年。

② 祝賀:《金代宗教管理研究》,博士學位論文,吉林大學,2019年。

③ 程越:《金元時期全真道宫觀研究》,濟南:齊魯書社,2012年。

④ [法]高萬桑:《教團的創建:十三世紀全真教的集體認同》,張廣保編:《多重視野下的西方全真教研究》,第45頁。

⑤ 陳垣編纂,陳智超、曾慶瑛校補:《道家金石略》,北京:文物出版社,1988年;王宗昱編:《金元全真教石刻新編》,北京:北京大學出版社,2005年。

⑥ 王宗昱編:《金元全真教石刻新編》,第1頁。

⑦ 陳垣編纂,陳智超、曾慶瑛校補:《道家金石略》,第429頁。

宫提點劉志和"[①]中的"法賜金襴紫服"是法服,"清真宏教淳德大師"則是師號,"三宫提點"就是宫觀執事。法服和師號作爲對於道士的恩賜,並不像道官職銜和宫觀執事那樣有系統性。

下面擬在前賢研究基礎上,對全真道宫觀内執事體系和元朝政府設立的道官體系的源頭及其中教職的設置情況加以考釋。

一、全真道宫觀内執事體系

王重陽卒後,全真道逐漸分出許多支系,其中人數最多、勢力最大、掌教時間最久的是丘處機一系。丘處機及其後繼者秉持著"無爲即有爲"的既入世又出世的觀念,改變了全真道"遠引高蹈,滅景山林,如標枝野鹿,漠然不與世接"[②]的形象,積極結交權貴,並將建設宫觀、發展教團即"打塵勞"作爲道徒必修的外功之一。[③] 這樣,全真道所屬的宫觀得到了很大的發展,有了建立系統的宫觀内執事體系的客觀需求。隨著全真道宫觀網絡的逐漸建立,一個有著不同等級的組織嚴密的宫觀内執事體系形成了。

(一)宫觀主首與宫觀高級管理人員

全真道宫觀内執事體系相當複雜。就宫觀主首與宫觀高級管理人員的教職而言,見於《道家金石略》的就有住持、宫門提點、提點、副提點、宫門提舉、提舉、宫門提領、提領、知宫、副宫、知觀等。《道家金石略》收録的《純陽萬壽宫提點下院田地常住户記》由於記載了祖庭純陽萬壽宫下屬各級道院的名稱及其主首的教職,因此可以反映上述宫觀主首教職中的大部分以及不同教職之間的地位。此碑羅列的重要題名如下:

> 法賜金襴紫服清真宏教淳德大師三宫提點劉志和
>
> 宣授安仁體静玄德大師三宫提點李志全
>
> 法賜金襴紫服希真弘道通妙大師三宫提點郭志進
>
> 法賜金襴紫服棲遠明德崇真大師三宫提點陳道永
>
> 保和冲妙崇真大師宫門提點丁道融
>
> ……

① 陳垣編纂,陳智超、曾慶瑛校補:《道家金石略》,第792～793頁。

② 陳垣編纂,陳智超、曾慶瑛校補:《道家金石略》,第565頁。

③ 參見唐代劍:《宋代道教管理制度研究》,北京:綫裝書局,2003年,第371～377頁。

法賜金襴紫服弘道夷然保和大師九峰河瀆兩宫提點張道宥

宫門提舉純素崇真大師趙道充 提舉張道堅

……

宫門提領常静大師郎道堅 純德大師提領石道柔

……

宫門知宫玄正大師暢道怡 知宫凝光大師景道和

……

宫門知宫永真大師楊道安 提領左道安 知宫楊道彬

宫門副宫弘妙大師姚道春 張道聰 魯道昌 張道榮

河瀆靈源宫提點崇真明素大師陳道簡 提舉許道謹

……

宫門提點洞照大師竹道殷 歸真澄淵大師□□□道静

提點寧真大師衛道安 提點崇静大師尹道成

……

主腦溝長春觀一所:提領李道常 知觀謝明

華州渭南縣楊郭村道院一所:提領屈志順 知觀張道祥

道靖觀道院一所:孫谷玄逸觀清逸大師提點王道祐

重真觀一所:尊宿曹志明

焦山玄真觀提舉蔡道榮①

從以上引文可以看到,作爲祖庭的純陽萬壽宫,規格高、規模大,其宫觀首領教職體系是較爲完整且具有代表性的。由於此碑中的題名是按照教職的高低進行安排的,所以對於其中出現的教職我們可以從高到低如此羅列:宫門提點、提點、宫門提舉、提舉、宫門提領、提領、宫門知宫、知宫、宫門副宫。下文將對這些教職逐一進行考辨。

1.提點

《道家金石略》所收全真道徒任提點的最早案例出現在乃馬真后四年(1245)。此職源於宋代,汪聖鐸先生《關於宋代祠禄制度的幾個問題》言:"同狹義祠禄制度聯繫的宫觀使、提舉、管勾(主管)及監嶽廟,除個别時期外,它們形成了從高到低有序的系列(北宋還有'提點',它在一段時間内是介於提舉、管勾之

① 陳垣編纂,陳智超、曾慶瑛校補:《道家金石略》,第792～793頁。

間的一個等階)。”[①]汪先生文中的狹義祠禄官指的是專職的但無實際執掌的宫觀官。這些官職被授予俗官,以示宋代皇帝的優禮,但“提點”一職作爲祠禄官一個等階的時間並不長,據汪先生考證,它衹存在了七年。宋代還有一種名爲“提點”的官職,這就是在中太一宫、建隆觀等御前宫觀中設立的提點所長官,提點所“掌殿宇、齋宫器用、儀物,陳設錢幣之事”[②],其中的提點、提舉等職由内侍兼任,除了行法念經以外,提點、提舉主持宫觀一切事務。[③] 可見,金元時期的“提點”應該有上述兩個來源,但鑒於作爲祠禄官一個等階的“提點”持續時間很短,加之這一官職並不實際管理宫觀,金元時期作爲宫觀主首的“提點”一職更有可能來源於宋代御前宫觀的主首職銜。在金元時期,這一職位成爲道士的專屬,不再由俗人擔任。“提點”一職作爲宫觀主首,其教職一般由官方任命,與此相關的記載如:

正大中,被旨提點亳州太清宫,賜號紫虚大師。(《紫虚大師于公墓碑》)[④]

後□家以禮徵召,屢辭不能,令提點太一、清微等宫,寵賜頤真之號。(《天壇尊師周仙靈異之碑》)[⑤]

辛丑,清和真人至終南,以師宿德望重,起爲棲霞提點,兼領披雲玄都寶藏八卦局。(《頤真冲虚真人毛尊師蜕化銘》)[⑥]

由以上引文中的“被旨”“徵召”“起爲”等詞可見,“提點”一職作爲宫觀主首的教職,其任命或由帝王,或由掌教大宗師,事實上都是經官方任命的。明代朱權編纂的《天皇至道太清玉册》中的記載亦可作爲旁證:

國朝品級:……從六品:道録司左右演法,宫觀提點。[⑦]

由此可見,“宫觀提點”這一教職是受到官方認可並被授予品級的,其由官方任命的性質雖未被提及,但是可以想見的。與此同時,“宫觀提點”一職也有非官方任命的情況,如《重修天壇碑銘》載:

① 汪聖鐸:《關於宋代祠禄制度的幾個問題》,《中國史研究》1998年第4期。
② (元)馬端臨:《文獻通考》卷五六《職官考十・鴻臚卿・司儀署》,北京:中華書局,2011年,第1652頁。
③ 參見唐代劍:《宋代道教管理制度研究》,第179～180頁。
④ 陳垣編纂,陳智超、曾慶瑛校補:《道家金石略》,第463頁。
⑤ 陳垣編纂,陳智超、曾慶瑛校補:《道家金石略》,第488頁。
⑥ 陳垣編纂,陳智超、曾慶瑛校補:《道家金石略》,第535頁。
⑦ 《道藏》第36册,北京:文物出版社、上海:上海書店、天津:天津古籍出版社,1988年,第385頁。

有知宫李志昭等，與法屬公議，謹齎本郡衆官文疏，踵門禮請□□東萊披雲宋真人主持院事。……遂委用門下劉志簡充本宫提點事……①

由以上的引文可以看出，劉志簡得到這一任命，並不是宋德方授予，衹是因爲他是宋德方的門徒，至於他是否受官方重視，材料並未提及。可見"提點"一職是官方認可的宫觀主首教職，一般由官方任命，但也有受祖師任命的情況，其執掌的是殿宇、齋宫、器用、儀物、陳設、錢幣等有關宫觀運行的一切事務。

從《純陽萬壽宫提點下院田地常住户記》的記載可以看出，"提點"一職不僅有一人一職的情況，亦有一人擔任多宫觀提點的情況。僅此碑中就有多例，如三宫提點劉志和、三宫提點李志全、九峰河瀆兩宫提點張道宥等，《道家金石略》所收其他石刻中亦有類似記載，如：

三宫提點淵静大師劉若水。(《冲和真人潘公神道之碑》)②

清真宏教淳德大師三宫提點劉志和。(《永樂宫聖旨碑》)③

河中府河瀆靈源宫、九峰純陽上宫、純陽萬壽宫制授三宫提點張道宥。(《純陽萬壽宫劄付碑》)④

希真微妙大師賜紫講經兼大化通玄兩宫提點楊聰。(《復建十方重陽延壽宫碑銘并序》)⑤

□□大師會仙修真兩宫提點前般陽路道録王道久。(《提點王志道道行之記》)⑥

由以上引文可知，一人擔任多宫觀提點的情況並不罕見。上引碑記中的劉志和、張道宥亦出現在《純陽萬壽宫提點下院田地常住户記》中，從張道宥自兩宫提點變爲三宫提點，增加了純陽萬壽宫可知，這裏的兩宫提點管理的是純陽萬壽宫下屬的九峰純陽宫和河瀆靈源宫兩個宫觀，而後或是由於張道宥的能力、資歷漸長，他的兩宫提點一職被增加了純陽萬壽宫提點，於是就有了三宫提點的教職。

---

① 陳垣編纂，陳智超、曾慶瑛校補：《道家金石略》，第505頁。
② 陳垣編纂，陳智超、曾慶瑛校補：《道家金石略》，第556頁。
③ 陳垣編纂，陳智超、曾慶瑛校補：《道家金石略》，第727頁。
④ 陳垣編纂，陳智超、曾慶瑛校補：《道家金石略》，第791頁。
⑤ 陳垣編纂，陳智超、曾慶瑛校補：《道家金石略》，第511頁。
⑥ 陳垣編纂，陳智超、曾慶瑛校補：《道家金石略》，第741頁。

當然,這一點並不意味著他會親自管理這三個宫觀的一切事務,從上引《純陽萬壽宫提點下院田地常住户記》來看,純陽萬壽宫共有四位"三宫提點",很明顯,這一職位的擁有者不可能是宫觀的實際管理者。

九峰純陽上宫、河瀆靈源宫、純陽萬壽宫之所以存在一人擔任多宫觀提點的情況,是因爲前兩所宫觀都從屬祖庭純陽萬壽宫,而以上引文中出現的其他三宫提點、兩宫提點亦當爲同一宗派或同一地域之内宫觀聯合的産物。[1]

2.提舉

"提舉"一職作爲由全真道徒擔任的宫觀高級管理人員在石刻材料中的最早案例是在元太宗九年(1237)。這一職位出現在宋代,是位在宫觀使下的祠禄官。《宋會要》對這一官職的任職要求記載如下:"(熙寧)五年十月十七日,詔:'自來提舉、提點在京宫觀寺院,文武官未有定制,應武臣横行使并兩省押班已上,並充提舉,餘官充提點。'(熙寧)六年四月,詔:'應宫觀差遣係大卿監及職司并本州知州自來管勾者,並充提舉,餘官管勾。'""(政和三年八月)二十四日,中書省言:'檢會《大觀重修中書省令》,諸宫觀差遣,中散大夫以上及職司資序並充提舉,餘官充管勾。……今參酌添立下條:諸宫觀差遣,中散大夫以上及職司資序充提舉,朝奉郎以上或曾任職事官監察御史以上,若曾帶貼職,充提點;餘官充管勾。'"[2]可見,這裏的"提舉"一職在宋代是地位高於提點的祠禄官,所任之人爲俗人。與"提點"一職一樣,"提舉"在金元時期也經歷了一次"教職化"的過程,並在這一過程中成了地位低於提點的宫觀高級管理人員的教職,這一點在上引《純陽萬壽宫提點下院田地常住户記》題名中就有所體現。

從《純陽萬壽宫提點下院田地常住户記》可以看到,"提舉"一職亦有作爲宫觀主首的情況,如"焦山玄真觀提舉蔡道榮"。這一點亦見於其他道教文獻,如《武當紀勝集》之《提舉知宫位》:

規模上界統群仙,小樣鈞衡領衆賢。坐定老君高玉局,主持天下洞中天。[3]

羅霆震將提舉比作統領諸仙的老君,將提舉之位比作老君高玉局,最關鍵之處在於他認爲提舉在人間的職責是"領衆賢"和"主持天下洞中天",可見提舉兼具道

---

① 參見程越:《金元時期全真道宫觀研究》,第82～83頁。

② (清)徐松輯,劉琳等校點:《宋會要輯稿·職官五四》,上海:上海古籍出版社,2014年,第4468、4483頁。

③ (元)羅霆震:《武當紀勝集》,《道藏》第19册,第671頁。

衆首領和宫觀主首雙重身份。這一點亦可在《玄都萬壽宫碑》中找到參證：

二人既歿，提舉史志静、道正郝志迪繼掌宫事。①

引文中的"道正"爲道教地方組織機構官員，在此不論。史志静之所以能以提舉的身份掌管宫觀，主持宫觀事務，是因爲有官方背景的提點和道人去世。蔡道榮以提舉的身份擔任宫觀主首，或者就是出於以上的原因，亦有可能因爲宫觀規模較小而不設提點，僅設提舉作爲宫觀主首。兩者之間究竟何者爲是，由於資料不足而無法得到證明，但提舉亦可爲宫觀主首這一點應無疑問。

3.提領

"提領"一職在石刻材料中的最早出處是在元定宗元年(1246)。"提領"一詞雖在《宋史》中已有用例，但是都作爲動詞，以"提領"爲名的正式官職出現在元代。從《元史・百官志》來看，它在元代被廣泛設置於户部、工部、宣徽院、徽政院等所屬各衙，是主管某一專門事務的長官，秩自正五品至正九品。從這一職位的最早用例和同名官職在元代的職守來看，提領作爲宫觀高級管理人員教職的源頭，應是在宋代作爲動詞意爲提調、統領的提領，而不是元朝制度。

從所舉之《純陽萬壽宫提點下院田地常住户記》來看，提領是地位低於提舉而高於知宫的宫觀高級管理人員，與提舉一樣，應該也是大型宫觀中宫觀主首的副手。同時，他也能成爲一些規模不大、地位不高的宫觀的主首，比如主腦溝長春觀和楊郭村道院的首領教職均爲提領。這 點在《道家金石略》中亦有一些用例可爲參證，如：

歲次壬子三月十七日重陽成道宫提領□□子王志瑞知宫王茂遠副宫□志元立石。(《活死人墓》)②

遇仙觀尊宿楊志素、提領蘇道常。(《清平子趙先生道行碑》)③

從上引内容來看，重陽成道宫、遇仙觀首領的教職均爲提領，因此以上推論有一定合理性。

4.知宫

"知宫"一職在石刻中的最早用例出現在元定宗元年。這一職位源於宋代，

① 陳垣編纂，陳智超、曾慶瑛校補：《道家金石略》，第656頁。
② 陳垣編纂，陳智超、曾慶瑛校補：《道家金石略》，第514頁。
③ 陳垣編纂，陳智超、曾慶瑛校補：《道家金石略》，第649頁。

最初是作爲"宫"的主首的稱呼,當時還有稱"宫主"者,至徽宗政和三年(1113)因避諱而詔改"主"字,之後便將宫的主首稱爲"知宫事",簡稱"知宫""知事",南宋有相關記載,如:"論知事則米鹽任責"[①],可見知宫在宋代是一個掌管生活事務的教職。[②]

《純陽萬壽宫提點下院田地常住户記》中出現的知宫是地位次於提領而高於副宫的教職。在純陽萬壽宫這樣級别高、規模大的宫觀,"知宫"僅是中級管理人員,這在《樓觀大宗聖宫重修説經臺記》中有所體現:

> 提點□□□、董道弘、王志泰
> 提舉楊志春
> 提領袁道春、李道園、羅道淳
> 知宫劉德冲
> 副宫劉道常、牛道遠、葛德昌、趙道希[③]

可見,樓觀宗聖宫作爲全真道中級别高、規模大的宫觀,同樣具有"副宫—知宫—提領—提舉—提點"這樣的教職體系。從所引實例來看,一個宫觀的高級管理人員常非一員,存在位在知宫以上的、由朝廷任命的多名宫觀提點、宫觀提舉和提領,很難想象作爲知宫的他們能在宫觀的日常管理中發揮多大的作用。因此,在級别高、規模大的宫觀中,即使存在"知宫",大概衹是作爲中層管理人員。

除去少數大規模、高級别的宫觀以外,全真道的大多數宫觀規模較小,級别不高。在這些宫觀中,擔任宫觀首領的道士所擁有的職銜也逐漸降低。正如前文所述,在一些規模較小的宫觀,擔任宫觀主首的就不一定是提點,而是地位較低的提舉、提領,且以"知宫"爲宫觀首領的情况應該説更爲普遍。如:

> 知宫甘志堅李道隆尊宿葆光大師安志順清虚大師王志洪。(《圓明朗照真人功行之碑》)[④]
>
> 清虚明玄寂照真人陳德平 知宫王道昭。(《重建昊天宫碑》)[⑤]

---

① (宋)楊至質:《勿齋集》,《景印文淵閣四庫全書》第1183册,臺北:臺灣商務印書館,1986年,第483d頁。

② 參見唐代劍:《宋代道教管理制度研究》,第157~158頁。

③ 陳垣編纂,陳智超、曾慶瑛校補:《道家金石略》,第644頁。

④ 陳垣編纂,陳智超、曾慶瑛校補:《道家金石略》,第626頁。

⑤ 陳垣編纂,陳智超、曾慶瑛校補:《道家金石略》,第665頁。

“知宫”在規模較小的道宫中可以擔任宫觀主首，應無疑問，但由於宫觀規模、級别的差異，“知宫”的職守和地位會有所改變。因此，對於“知宫”這一教職的地位、職守需要結合實際情況進行具體考辨。

5.副宫

“副宫”一職在石刻材料中的最早用例出現在元定宗四年(1249)，據《大滌洞天記》的記載，其出現時間亦不會晚於宋咸淳年間(1265～1274)，相關記載如：

碧壺庵，在李塢石玉山下，宋咸淳間副宫李元綱建。[①]

“副宫”一職起源應較早，《天皇至道太清玉册》所載宫觀道士之職中就有此教職。朱權如此記載當有所本，因此這一教職起源較早當無異議。

至於“副宫”一職的執掌，從字面來看，它應該是“知宫”的副職。由於石刻中的“副宫”均爲題名，没有關於具體職掌的記載，因此不足爲據。但其他道教文獻中有與此教職相關的記載，如《武當紀勝集》之《知副宫位》：

爲保爲師道體同，聖真均賴亮天工。心心協濟周公事，此是靈壇一召公。[②]

羅霆震將副宫比作輔佐周公的召公，其中暗含的意義應是知宫一職相當於周公。周公爲人稱道的事迹是輔佐兩位周王，並在成王年幼時攝政稱王。由此可見，羅霆震之所以在這裏引周公之典，是因爲在他看來，知宫一職爲輔助宫觀主首之教職，或更進一步，便是在宫觀主首缺位的情況下行首領之職。後者無法確證，但第一種認識應當可信，而且這一點與上文的推論相符。羅霆震將副宫比作“召公”，很顯然是將副宫視爲輔佐知宫的教職。這裏雖未提到副宫的具體職掌，但其輔佐知宫的職責應是可以想見的。

6.宫門

在《純陽萬壽宫提點下院田地常住户記》中，上述五個教職均有位次高於原教職而低於上級教職的帶有“宫門”銜的職位。從石刻材料來看，帶有“宫門”銜的教職的用例最早出現在元太宗時。“宫門”一詞的出現时间相對較早，宋代的道經中即有此詞，在之後的用例中，它的意義大概有“天之九宫門”中的宫門、帝王宫殿門、

---

① (宋)鄧牧：《大滌洞天記》卷上，《道藏》第18册，第145頁。

② (元)羅霆震：《武當紀勝集》，《道藏》第19册，第671頁。

宫觀之門以及宫觀、道教之代稱四種。有關“宫門”這四種含義的例證如:

謙之虔心作禮,見闕五宫門,臺殿岌然。太上坐白銀華林下,勑仙伯王方平引謙之前立。①

蒙道君首肯而退,即策騎回奏,及行次宫門,癡雲漸散。②

其西即宫門,蔬果園、芡池、蓮沼,分置上下。③

殿前有柏一株,乃昔日祖師手植者,其榮悴常兆宫門之盛衰,剪以煎湯,無疾不瘵。④

本文所討論的“宫門”,是加於一般教職前的職銜,與其意義最接近的義項應當爲宫觀、道教之代稱。但普通的宫觀主首和宫觀高級管理人員的職責,事實上就包含著對宫觀本身和宫觀中道衆的管理,可見帶有“宫門”一銜的道官職權範圍應大於管理宫觀和道衆。在筆者看來,應當分開解釋作爲職銜的“宫門”,其意爲宫觀和宗門。石刻材料中多有“宗門提點”“本宗提點”一類的教職,如:

清虚弘道真人門下宗門提點賜紫錦復崇明真通玄大師陳道□立石。(《輝州重修玉虚觀碑》)⑤

宗門提點徐志道。(《玉清觀碑》)⑥

逮至元丙寅□,同塵將厭代,遺教嗣主本宗法席。(《終南山宗聖宫主石公道行記》)⑦

冲虚安静大師重陽萬壽宫提點兼本宗事賜紫門人蘇志和等立石。(《玄門弘教白雲真人綦公本行碑》)⑧

由以上引文可見,全真道宫觀内執事體系中存在著宗派和宫觀兩套制度,因此纔會出現繼承本宗法席的情況,同時亦有兼管宫觀事務與宗派事務者,比如引文提及的蘇志和。筆者認爲,加“宫門”職銜的教職之所以能在宫觀中獲得比教職本

① (元)趙道一編修:《歷世真仙體道通鑒》卷二九,《道藏》第5册,第266頁。
② (宋)甯全真:《靈寶領教濟度金書嗣教録》,《道藏》第7册,第17～18頁。
③ (元)劉道明:《武當福地總真集》卷上,《道藏》第19册,第650頁。
④ (宋)施岑:《西山許真君八十五化録》卷中,《道藏》第6册,第830頁。
⑤ 陳垣編纂,陳智超、曾慶瑛校補:《道家金石略》,第575頁。
⑥ 陳垣編纂,陳智超、曾慶瑛校補:《道家金石略》,第654頁。
⑦ 陳垣編纂,陳智超、曾慶瑛校補:《道家金石略》,第637頁。
⑧ 陳垣編纂,陳智超、曾慶瑛校補:《道家金石略》,第662頁。

身更高的地位，正是因爲這個職位兼具宫觀和宗派的管理權力（至少在名義上）。並且，在一些大型宫觀（比如純陽萬壽宫）中，提點、提舉、提領等職位並非僅設一員，在管理宫觀事務中或許會出現相争不下的情況，將權力集於一人之手，或明確一個人的超越性權力，是一種客觀需求，“宫門”一銜代表超越其他一般道官的教權也有其客觀原因。

7.尊宿

在《純陽萬壽宫提點下院田地常住户記》中，除了以上列舉的六種宫觀主首和高級管理人員教職，還有一種特殊情況，即“重真觀一所：尊宿曹志明”，這一條記載顯示出重真觀主首的頭銜是尊宿。

“尊宿”又稱“耆宿”，是對年長、貢獻多的道士的一種尊稱，地位很高，在石刻资料中排位往往高於宫觀的主首。此尊稱源於佛教，唐代善導《觀無量壽佛經疏》記載：“德高曰尊，耆年曰宿。”[①]可見佛教中之“耆宿”與道教中的“尊宿”含義是相似的。在唐代以後的佛教典籍中，“尊宿”是一種較爲常見的稱謂，如：

> 一見睦州陳尊宿，大達宗旨。[②]
>
> 遇一尊宿請益，令參柏樹子話。[③]

在這些記載中，“尊宿”一般指代年高德劭的和尚，更像是一種泛稱。在全真道中，除了字面意思，“尊宿”還意味著這個職位的擁有者曾是一位道官，對教會有貢獻。如《輝州重修玉虚觀碑》記載：

> 先師老尊宿提點前輝州道正通玄弘教大師張道燦。[④]

“尊宿”地位雖高，一般不掌握實權，有時也會兼任“提點”“住持”等教職，主持宫觀事務，如：

> 門下諸弟共推尊宿□□通元大師提點孫志玄代掌觀門事。（《重修天壇靈都萬壽宫碑》）[⑤]

---

① （唐）善導集記：《觀無量壽佛經疏》，《大正藏》第 37 册，第 253 頁。
② （宋）契嵩編：《傳法正宗記》卷八，《大正藏》第 51 册，第 757 頁。
③ （清）通醉輯：《錦江禪燈》，《續藏經》第 85 册，第 198 頁。
④ 陳垣編纂，陳智超、曾慶瑛校補：《道家金石略》，第 576 頁。
⑤ 陳垣編纂，陳智超、曾慶瑛校補：《道家金石略》，第 584 頁。

本宫尊宿提點張志隱。(《通仙萬壽宫碑》)①

但"重真觀一所:尊宿曹志明"中的曹志明並未兼任其他教職,可見這也是一種特殊情況,即當時重真觀中並不存在地位比尊宿高或者有教職的人,因此"尊宿"纔行宫事。"尊宿"事實上是一種尊稱,並非特定教職,擁有此稱的大都是年高德劭且有擔任道官經歷的年老道士,他們在宫觀中的地位較高,有時也會承擔宫觀的管理工作。

8.住持②

"住持"一職源於佛教,宋代已有將"住持"作爲宫觀主首教職的情況③。在全真道中,"住持"亦爲宫觀主首的教職④,《道家金石略》中有許多這樣的用例,如:

重顯子其自號也,姓陳,諱志益,單州琴臺人。嘗住持葛公山清虚宫(《淵静觀記》)⑤

我輩何人,□今蒙總帥司公屢以疏請,使爲住持,若不允之,更何地棲遲?古人云當仁不讓。遂允來請,主斯院。(《天壇尊師周仙靈異之碑》)⑥

洎大元革命戊戌秋,洞真得旨住持終南重陽宫,主領陝右教事。(《通微真人蒲察尊師傳》)⑦

從以上例證可見,"住持"一詞確有宫觀主首之意。全真道中之"住持"一詞並不單一,因此石刻中也出現了"住持""提點"兩種宫觀主首教職合一的情況,例如:

徒弟住持玉虚觀提點陳道盈。(《輝州重修玉虚觀碑》)⑧

住持太清宫提點李志秘。(《應緣扶教崇道張尊師道行碑》)⑨

---

① 陳垣編纂,陳智超、曾慶瑛校補:《道家金石略》,第752頁。

② 《純陽萬壽宫提點下院田地常住户記》雖然記載了一定數量的宫觀主首和高級管理人員的教職,但還有一些教職没在其中體現,以下將論述此碑未提到之教職。

③ 參見唐代劍:《宋代道教管理制度研究》,第157頁。

④ 碑刻文獻中的住持有二意:一爲宫觀主首教職,一爲在某一宫觀常住並修持。如"玉陽又買額爲靈虚觀,凡住持者,始受度爲道士,以奉香火"(《終南山重陽祖師仙迹記》,陳垣編纂,陳智超、曾慶瑛校補:《道家金石略》,第461頁),"公之同母弟秦志永,本觀修行住持亦以久矣,蒙掌教誠明真人法旨,令承襲乃兄道正之職"(《晋州五嶽觀碑》,陳垣編纂,陳智超、曾慶瑛校補:《道家金石略》,第558頁)。兩處之"住持"皆爲"某一宫觀常住並修持"意,非"宫觀主首"意。

⑤ 陳垣編纂,陳智超、曾慶瑛校補:《道家金石略》,第438頁。

⑥ 陳垣編纂,陳智超、曾慶瑛校補:《道家金石略》,第489頁。

⑦ 陳垣編纂,陳智超、曾慶瑛校補:《道家金石略》,第627頁。

⑧ 陳垣編纂,陳智超、曾慶瑛校補:《道家金石略》,第576頁。

⑨ 陳垣編纂,陳智超、曾慶瑛校補:《道家金石略》,第603頁。

可見,“住持提點”一職應該就是調和“住持”“提點”兩種教職的產物,有主持宮觀事務並長居此宮觀的含義。

9.觀主、庵主、知觀、副知觀

不同等級與規模的宮觀具有對應的宮觀主首的教職,比如道觀對應的觀主以及道庵對應的庵主,宋代即有這種情況。[①] “觀主”“庵主”從字面上看還有一種財産所屬意,因此需要結合語境對其進行判斷。從《道家金石略》列舉的石刻材料來看,這些教職相當常見,例如:

> 終南山祖庭靈虚觀主吕道安。(《如夢令》)[②]
>
> 觀主静和子靈臺盧志清。(《重修□□長春觀記》)[③]
>
> 庵主厲志元。(《創建清真庵記》)[④]

事實上,道觀主首的教職並不一定僅限於觀主以及上文提到的提舉和提領,石刻中亦記載了道觀主首教職爲提點的情況,如:

> 汴京嘉祥觀提點真常子李志源。(《全真教祖碑》)[⑤]

宫、觀這兩類不同級别的道宫均有以“提點”作爲宫觀主首的情況,此外,由全真道控制的宫觀還有一種特殊情況——“廟”,“廟”的主首亦稱“提點”。在道觀主首觀主之下,還有與道宫中的“知宫”職位類似的知觀、副知觀,他們作爲宫觀高級管理人員輔佐主首,例如:

> 觀主張志寬、張志德、鄭志淵,知觀解志通,副知觀侯志□。(《修建長春觀記》)[⑥]

與上文有關知宫、副宫的論述比較,我們可以得出“知觀”“副知觀”應爲低於道觀首領“觀主”的宫觀高級管理人員,其職司當與知宫、副宫類似。

---

① 參見唐代劍:《宋代道教管理制度研究》,第 157 頁。

② 陳垣編纂,陳智超、曾慶瑛校補:《道家金石略》,第 439 頁。

③ 陳垣編纂,陳智超、曾慶瑛校補:《道家金石略》,第 502 頁。

④ 陳垣編纂,陳智超、曾慶瑛校補:《道家金石略》,第 605 頁。

⑤ 陳垣編纂,陳智超、曾慶瑛校補:《道家金石略》,第 452 頁。

⑥ 陳垣編纂,陳智超、曾慶瑛校補:《道家金石略》,第 567 頁。

10.副提點

一些大宫觀因道衆多而事繁，遂設副提點以爲輔佐[①]，與之相仿，觀、庵主首之佐貳則稱爲副觀、副庵主。這一點在《道家金石略》中有所體現，例如：

副提點范道和。（《全真開教秘語之碑》）[②]

清虚大師副知觀門事賜紫韓道温。（《玉虚觀記》）[③]

庵主厲志元立石，副庵主張德淵同立石。（《創建清真庵記》）[④]

有頃，保充五華宫清和宫提點之副。（《玄靖達觀大師劉公墓志銘》）[⑤]

11.山主

在一系列相互對應的全真道宫觀主首教職中，還有一個特殊的職銜值得關注，就是“山主”。《道家金石略》中提及山主的記載如：

山主王志深。（《真静崔先生傳》）[⑥]

五峰山主倪然子王志深。（《戊申歲紀海衆信士姓氏之圖》）[⑦]

山主李道元。（《丹陽真人歸葬記》）[⑧]

主山曹志□□。（《重建玉泉觀記》）[⑨]

《金元全真教石刻新編》中有關山主的記載如：

主是山者李道元。（《大東華宫紫府洞記》）[⑩]

山主殷志和，提點韓道微、董道安。（《東華宫玉皇閣記》）[⑪]

從兩書中有關“山主”這一教職的記載來看，可以形成對照的人物有二，即王志深和李道元。但有關王志深的記載僅爲題名，没有與這個教職相關的事迹。至於

① 參見程越：《金元時期全真道宫觀研究》，第 83 頁。
② 陳垣編纂，陳智超、曾慶瑛校補：《道家金石略》，第 429 頁。
③ 陳垣編纂，陳智超、曾慶瑛校補：《道家金石略》，第 443 頁。
④ 陳垣編纂，陳智超、曾慶瑛校補：《道家金石略》，第 605 頁。
⑤ 陳垣編纂，陳智超、曾慶瑛校補：《道家金石略》，第 661 頁。
⑥ 陳垣編纂，陳智超、曾慶瑛校補：《道家金石略》，第 496 頁。
⑦ 陳垣編纂，陳智超、曾慶瑛校補：《道家金石略》，第 500 頁。
⑧ 陳垣編纂，陳智超、曾慶瑛校補：《道家金石略》，第 740 頁。
⑨ 陳垣編纂，陳智超、曾慶瑛校補：《道家金石略》，第 810 頁。
⑩ 王宗昱編：《金元全真教石刻新編》，第 44 頁。
⑪ 王宗昱編：《金元全真教石刻新編》，第 60 頁。

李道元，稍早的一條記載是《大東華宫紫府洞記》中的引文，其中顯示他在大德八年(1304)已經擔任“主是山者”，並且曾以這一職位主持修建五祖七真像；而第二條記載則是一條提名，其中他的教職是“山主”，出現時間是至大四年(1311)。兩條記載涉及的時間相差不大，可見這兩個李道元當爲一人。從這裏我們就可以發現，“山主”一詞亦可寫作“主是山者”，那麽《重建玉泉觀記》中的“主山”也應是“山主”這一教職的另一種表述方式，並且李道元能够以“山主”的名義主持修造宫觀，可見“山主”這一教職在宫觀中的地位並不低。與此同時，《丹陽真人歸葬記》與《東華宫玉皇閣記》提及的“山主”一職在題名中與提點並列，可知這個職位應該相當於一種特殊的宫觀主首。在《東華宫玉皇閣記》中，由於山主殷志和直接參與了玉皇閣的修築工作，因此他的名字出現在正文之中：

> 乃去宫之北東華洞之上，一石屹然峭兀，高約數十尺。旁有萬松鎖翠，百世騰春，尤爲鍾秀。謀爲其上，且平且寬，可建石閣爲玉皇之閣。……繼有山主殷志和，提點韓道微、董道安，虔心輸力，纘志承修。[①]

此處雖未提及山主殷志和究竟管領何山，但以他爲首接續前人的遺志修建位於紫金峰北東華洞之上的玉皇閣，可以猜測山主殷志和或爲東華宫之主首，或爲東華洞之山的主首。上文中提到有關東華宫首領的記載是“本宫提點耿道清”，很明顯，若是當時的殷志和已爲東華宫主首，那他的稱謂應該爲“本宫提點殷志和”，而此處他的名字和教職與“提點韓道微”並立，所以殷志和更有可能是東華洞之山的主首。從這裏我們可以得出一個猜想，即“山主”職銜適用於名山洞府附近一些不那麽重要的山上的宫觀，其主首的職銜與普通宫觀的提點級别相似，但比名山洞府之提點職位低。

12.監觀

由石刻材料出發，還可以發現一種名爲“監觀”的宫觀高級管理人員教職，例如：

> 西河管内前監觀郭道希立石。(《創建長春觀碑銘》)[②]
>
> 大元國至元十二年歲次乙亥九月戊辰朔十五日壬午覃懷道教提點張志微，宫門提點李志昂，知宫梁志通、監觀梁志久、鄭志遠等。(《重建太清萬壽

---

① 王宗昱編:《金元全真教石刻新編》，第60頁。

② 王宗昱編:《金元全真教石刻新編》，第131頁。

宫碑銘并序》)[1]

監觀馮志通、吕志真。(《棲元真人門衆碑》)[2]

“監觀”多出現在題名處,因此不能依靠這些記載還原它的職守。

“監觀”這一職位源於宋代,宋代在設立祠禄官的宫觀中還長期設有監宫觀官,掌管齋醮、檢查本宫觀事務,是一種俗官,而非教職。[3] 唐代劍先生在論述宋代宫觀的道官時,也提到“監觀”一職,但未對它的職守作考訂,也未探討它的道俗屬性。[4] 無論如何,至金元時期,“監觀”也如上述“提點”“提舉”一樣教職化了,最終成爲由道士擔任的掌管齋醮、檢查本宫觀事務的宫觀執事教職。

由以上的論述可見,全真道宫觀有一套系統的主首和高級管理人員的教職體系,此處以表格的形式羅列明晰。

全真道宫觀	教職		起源	職守
道宫	住持		佛教、宋代	主持宫觀事務
	提點	宫門提點	元代	主持宫觀事務,作爲衆提點中之首腦,亦兼任宗門提點之職務,掌握宗派權力
		提點	宋代	主持宫觀事務,亦可擔任地位較低的宫觀首領
		副提點	金元	輔佐提點處理宫觀事務
	提舉	宫門提舉	元代	輔佐提點主持宫觀事務,作爲衆提舉中之首腦
		提舉	宋代	輔佐提點主持宫觀事務,亦可擔任地位較低的宫觀的首領
	提領	宫門提領	元代	輔佐提點主持宫觀事務,作爲衆提領之首腦
		提領	元代	輔佐提點主持宫觀事務,亦可擔任地位較低的宫觀之首領
	知宫	宫門知宫	元代	在大型宫觀中輔佐提點、提舉、提領的中級管理人員
		知宫	宋代	在大型宫觀中輔佐提點、提舉、提領的中級管理人員,小型宫觀中的高級管理人員或首領
	副宫	宫門副宫	元代	大型宫觀中作爲知宫輔佐的教職
		副宫	—	輔佐知宫管理宫觀事務

① 王宗昱編:《金元全真教石刻新編》,第 71 頁。
② 王宗昱編:《金元全真教石刻新編》,第 173 頁。
③ 參見唐代劍:《宋代道教管理制度研究》,第 181～182 頁。
④ 參見唐代劍:《宋代道教管理制度研究》,第 157～158 頁。

續表

全真道宮觀	教職	起源	職守
道觀	觀主	宋代	道觀之首領
	知觀	宋代	輔佐觀主的道觀高級管理人員
	副知觀	—	輔佐知觀的道觀管理人員
	監觀	元代	位次低於知觀,總管宮觀内外一切事務的管理人員
道庵	庵主	宋代	道庵的首領
名山	山主	—	名山附近一些不够重要的山嶽住持
其他	尊宿(尊號)	佛教	年高德劭且有擔任道官經歷的老年道士的尊稱,亦可擔任宮觀之首領

(二)全真道宮觀的專門職事

隨著全真道的發展,其所屬宮觀承擔的社會工作也相應增加了,由此形成了一系列專門的執事職務。

1.管理宮觀經濟的專門職事

由於全真道信徒與金元統治階層的捐贈,全真道的宮觀經濟獲得了長足發展,出於管理宮觀經濟的客觀需求,全真道宮觀出現了專門管理財産、出納的教職。

程越在《金元時期全真道宮觀研究》一書中認爲,掌籍是醮壇教職[①],事實上這一教職執掌的是宮觀之經濟。全真道石刻中關於"掌籍"一職的記載如:

> 玄逸大師長春宮寶籙院掌籍賜紫張志仙。(《重修真常宮碑》)[②]
>
> 純陽宮掌籍龐志徽。(《玉京觀碑》)[③]
>
> 靈寶縣威儀太初宮提點楊道信,知宮王道平,掌籍張道弘、宮門知宮徐道通、提領劉道源、副宮尹道進、元道貞等立石。(《重修太初宮碑》)[④]

就以上記載而言,長春宮寶籙院的掌籍是賜紫道士張志仙,而靈寶縣太初宮的"掌籍"在題名上次於提點與知宮,可見,"掌籍"一職在宮觀内的地位不低。《道

① 程越:《金元時期全真道宮觀研究》,第 85 頁。
② 陳垣編纂,陳智超、曾慶瑛校補:《道家金石略》,第 573 頁。
③ 陳垣編纂,陳智超、曾慶瑛校補:《道家金石略》,第 633 頁。
④ 陳垣編纂,陳智超、曾慶瑛校補:《道家金石略》,第 705 頁。

教大辭典》中雖無“掌籍”條目,却有“司籍”條目[①],“司”“掌”均有“掌管”義,“掌籍”應當就是“司籍”的另一種表述,道教中人借“司籍”作爲宫觀執事稱謂,指掌管宫觀内錢糧簿籍者。因此,“司籍”或云“掌籍”並非進行齋醮法事時的專門執事,而是掌管宫觀經濟的重要教職。

掌管宫觀經濟的教職除了掌籍外,還有一種叫“知庫”的教職,如《重修嶽雲宫碑》載:

> □静大師宫門知庫王德升。[②]

程越將知庫看作是管理宫觀常住物業的職事,但此定義失於寬泛。“知庫”是宫觀執事的稱謂,負責管理宫觀産業,其具體職務有二:一爲“修補漏爛,整築墻籬,潔净道路,肅清壇宇,蓄籙山林,使神明有所依栖,四衆亦獲安逸”[③];二爲管理一切齋糧果品、香燭、油、鹽、紙約、銀錢零星等件。[④]“知庫”既有掌管常住物業的職事,也負責打掃宫觀、蓄籙山林,可見其是一個職守多方的綜合性教職。雖然石刻材料中關於“知庫”的記載僅有一條,無法判斷它在當時是否執掌以上兩種職事,但應該不會相差太多。

除了上述兩種管理宫觀經濟的教職以外,石刻材料中出現的此類職位還有“知殿”,如《終南山大重陽萬壽宫真元會題名記》:

> □陽殿知殿安静大師□道寧。[⑤]

“知殿”一職在《金元全真教石刻新編》中僅出現一次,且出現在題名之中,因此很難通過石刻材料的互證確知這一教職的職守。筆者認爲,這裏的“知殿”與“值殿”應當是相似的。值殿是宫觀執事稱謂,負責管理宫觀殿宇。明朱權《天皇至道太清玉册》卷四稱:“直殿,管殿宇廊廡一應房屋。”[⑥]引文中“知殿”出現在題名中,而題名的最後是“重陽萬壽宫”,如果這確實是重陽萬壽宫内參與真元會的道衆的題名,那麽從重陽萬壽宫十方宫觀的性質來看,“知殿”一職應該就是對應著“直殿”一職,它的執掌也應當與“直殿”類似,爲管理宫觀殿宇。

---

① 吉宏忠主編:《道教大辭典》,上海:上海辭書出版社,2020年,第326頁。
② 陳垣編纂,陳智超、曾慶瑛校補:《道家金石略》,第798頁。
③ (明)張宇初:《道門十規》,《道藏》第32册,第152頁。
④ 吉宏忠主編:《道教大辭典》,第326頁。
⑤ 王宗昱編:《金元全真教石刻新編》,第73頁。
⑥ (明)朱權:《天皇至道太清玉册》卷四,《道藏》第36册,第393頁。

除了經營宮觀所屬田地,發展宮觀經濟以外,全真道宮觀還有一項收入來源,即化緣。對於化緣,全真道宮觀也設置了相關的教職,例如:

浚州淇門鎮全真庵化緣門人石道涓立石。①

全真庵化緣門人路周仙。(《四仙碑》)②

副宮王志堅、化主薛□□。(《重修天壇碑銘》)③

從字面意思來看,"化主"是掌管宮觀化緣事務的專門教職。這一教職在宋代已經存在,職掌化緣事務,並且至今仍未改變。④ 至於《四仙碑》中提及的"化緣門人",它有可能是負責具體化緣事務的低階教職,也有可能僅指立《四仙碑》的款項是這兩位門人化緣而來。由於道教文獻中無此職的相關記載,因此"化緣門人"的具體執掌存疑。

2.負責齋醮法事的專門職事

全真道宮觀的一項重要活動就是齋醮法事,由此產生了一系列臨時性執事,例如:

主壇刑守政、長壇王德善、居士王德全、歌生宋德謹……管勾劉進成……

延州延津縣固牆上庵壇生等 主壇王志道 長壇王居善……獨吉奉善呂守通 馮乘雲。(《創建悟真庵記》)⑤

公受玄壇提舉劄付祖洛州路速賓千户下。(《創建法籙堂記》)⑥

玄壇提點楊道榮。(《永樂宮聖旨碑》)⑦

歲甲寅,掌教真常真人奉旨於大長春宮修普天大醮,召赴京,委充東平路道士提領及玄壇侍經,衆咸服其稱職。(《純正昭慧冲和真人高君道行碑》)⑧

---

① 陳垣編纂,陳智超、曾慶瑛校補:《道家金石略》,第430頁。
② 陳垣編纂,陳智超、曾慶瑛校補:《道家金石略》,第431頁。
③ 陳垣編纂,陳智超、曾慶瑛校補:《道家金石略》,第506頁。
④ 參見唐代劍:《宋代道教管理制度研究》,第158頁。
⑤ 陳垣編纂,陳智超、曾慶瑛校補:《道家金石略》,第544頁。
⑥ 陳垣編纂,陳智超、曾慶瑛校補:《道家金石略》,第659頁。
⑦ 陳垣編纂,陳智超、曾慶瑛校補:《道家金石略》,第728頁。
⑧ 王宗昱編:《金元全真教石刻新編》,第38頁。"玄壇"原作"元壇",原書得此碑於道光方志中,"玄"避清諱改爲"元",今徑改。

從以上引文可知，主持齋醮法事的許多執事已經形成。程越認爲，玄壇提點應爲主持齋醮法事的人[①]，由此我們也可以作一個合理推測，即《創建法籙堂記》中出現的"玄壇提舉"或爲齋醮法事主持人的别稱，或爲玄壇提點的副職。而據《純正昭慧冲和真人高君道行碑》，高道宣受李志常之召前往大長春宫修普天大醮，至京以後所受之職亦當爲齋醮法事上的臨時性執事，因此"侍經"應該是參與齋醮的一種執事。"侍經"是醮壇職司名，亦稱"右輔教"，由參加齋儀的道士擔任，職責是管理醮壇上的經書，使其清潔整齊，爲誦經做好定音、調音和儀表的準備工作。[②] 可見，高道宣所受之"侍經"教職確爲醮壇上的職事之名，因此也屬於舉行齋醮法事時的專門執事之一。

上引《創建悟真庵記》中"主壇""長壇""歌生"一類執事，應爲一些臨時委派的執事人員，比如"歌生"大概就是在齋醮法事中負責吟唱道教音樂的；而"延州延津縣固牆上庵壇生等"，按照石刻題名的一般規律，"壇生等"應爲"主壇""長壇""歌生"這一類臨時執事的總稱，這裏使用"生"字就可説明"壇生"在齋醮法事中地位較低。就金元時期全真道石刻中的記載而言，宫觀舉行齋醮法事時的臨時性執事有玄壇提點、玄壇提領、侍經、主壇、長壇、歌生等。

出現在石刻材料中的負責齋醮法事的專門職事還有"監齋"，但相關記載較少，例如：

> 清和大宗師曾委監齋(下闕)。(《三老同宫碑》)[③]
>
> 君委以監齋之職，日聆謦欬，於道大有所悟。(《終南山宗聖宫主石公道行記》)[④]

"監齋"是法師專名之一，同高功、都講合稱"三法師"，亦稱"左輔教"，地位次於高功[⑤]，早期道教齋儀中未有此稱。唐《金籙大齋補職説戒儀》認爲監齋的職守，一是監督齋儀的過程，要"總握憲章，典領科禁，糾正壇職，振肅朝綱"；二是要"周密察非，從容授簡，有嚴有翼，毋濫毋隳"。[⑥] "監齋秉執科憲，繩糾愆違。務在無私，共引典法。若有虧犯，務須授簡。告之受罰之人，亦須甘心伏罪。

---

① 程越:《金元時期全真道宫觀研究》，第 85 頁。
② 參見吉宏忠主編:《道教大辭典》同名詞條，第 327 頁。
③ 陳垣編纂，陳智超、曾慶瑛校補:《道家金石略》，第 560 頁。
④ 陳垣編纂，陳智超、曾慶瑛校補:《道家金石略》，第 637 頁。
⑤ 參見吉宏忠主編:《道教大辭典》同名詞條，第 328 頁。
⑥ 《金籙大齋補職説戒儀》，《道藏》第 9 册，第 74 頁。

所冀外能合禮，以全濟濟之儀；内不欺心，免抱忡忡之恨。”[①]可見，“監齋”是齋醮法事時的執事，職責在於監督齋醮法事時齋儀的過程，以及無私心地執行戒律懲罰違背之人。上引第二段引文叙述了石志堅悟道的一大助力，即被玄通真人任命爲“監齋”，於是每天都能聽到玄通真人的教訓。這説明，相對而言，“監齋”是更能接觸宫觀首領的一種教職。由此可以推論，“監齋”之所以能够頻繁接觸到宫觀主首，並且能够聽到宫觀主首對道教經典的講解，是因爲其能够參與宫觀的重要活動，即齋醮法事或講經活動，但《終南山宗聖宫主石公道行記》並無更多有關石志堅擔任這一職位後具體職掌的記載，那麽其執掌應該以道教文獻中的記載爲準。

3.其他職事

出現在石刻材料中的教職名稱還有“尚座”“文侍”等，相關記載如：

> 衆妙文侍劉德珍篆。（《重陽萬壽宫下院甘谷口遇仙觀碑》）[②]
>
> 誠明棄世後數年，提點冉志誠，文侍李志恒等，一日會坐堂上。（《創建真常觀記》）[③]
>
> □陽殿知殿安静大師□道寧……尚座寧真大師劉志海。
>
> 衆妙堂文侍佐玄弘道大師□德□。（《終南山大重陽萬壽宫真元會題名記》）[④]

由以上引文可知，“文侍”事實上是一種在宫觀中較有影響力的教職。首先，擁有這一教職的人能够被邀請爲石刻篆額，就足以體現這一教職並非一般的道官。其次，一所宫觀的創建要由作爲宫觀主首的“提點”與“文侍”商量决定，此亦可以看出“文侍”作爲道官地位頗高。最後，上引石刻材料中兩處提及“衆妙文侍”這一職位，且擁有這一職位的人不同，可見“衆妙文侍”一職並非特設的臨時性教職，而是主管大重陽宫衆妙堂的常設教職。而“尚座”亦爲“上座”，含講經之義，因此是宫觀中講經師的教職。

---

① （唐）杜光庭：《太上黄籙齋儀》卷五三，《道藏》第 9 册，第 347 頁。
② 陳垣編纂，陳智超、曾慶瑛校補：《道家金石略》，第 544 頁。
③ 陳垣編纂，陳智超、曾慶瑛校補：《道家金石略》，第 615 頁。
④ 王宗昱編：《金元全真教石刻新編》，第 76 頁。

二、元朝政府設立的道官體系

（一）中央道官系統

全真道之所以能够廣泛傳布，與其内部嚴密的組織制度不無關係。而元朝政府參考金朝的制度，以册封教派領袖爲“掌教大宗師”、任命全真道徒爲北方地方層面的各級道官的方式，將全真道納入自己的統治。以下筆者將以石刻材料爲基礎，對程越書中關於道官系統的論述進行材料補充與訂正。

1.全真道的宗教首領

掌教是全真道的行政首腦，是各宗派的宗主，主管全真道的一切事務。[①] 此職在金朝便已存在，但直至元朝，官方纔以册封掌教宗師的方式將它納入道官系統。有關“掌教”的石刻材料多出現於元朝，例如：

> 扎忽兒學士阿憐博兒赤、提點王志坦，乘傳持密旨來燕京大長春宫，特命掌教真常至德又玄真人李志常主醮。（《敕建普天黄籙大醮碑》）[②]
>
> 玄門正派嗣法演教宗師特授光先體道誠明真人張志敬建。（《玄門掌教清和妙道廣化真人尹宗師碑銘并序》）[③]
>
> 嗣法掌教純真真人王志坦立石。（《玄門嗣法掌教宗師誠明真人道行碑銘并序》）[④]
>
> 玄門掌教宗師管領諸路道教洞明真人祁志誠。（《重修東嶽蒿里山神祠記》）[⑤]
>
> 掌教玄逸真人與其進署宗門提點。（《真常觀記》）[⑥]
>
> 明年，嗣玄門掌教真人，仍錫璽書衛其教。……春二月，移書集賢院，舉道教提點張志仙自代。……大元大德三年三月望日玄門演道大宗師嗣教輔元履道玄逸真人掌管諸路道教事張志仙立石。（《玄門掌教大宗師存神應化洞明真人祁公道行之碑》）[⑦]

---

① 程越：《金元時期全真道宫觀研究》，第115頁。
② 陳垣編纂，陳智超、曾慶瑛校補：《道家金石略》，第516頁。
③ 陳垣編纂，陳智超、曾慶瑛校補：《道家金石略》，第569頁。
④ 陳垣編纂，陳智超、曾慶瑛校補：《道家金石略》，第601頁。
⑤ 陳垣編纂，陳智超、曾慶瑛校補：《道家金石略》，第648頁。
⑥ 陳垣編纂，陳智超、曾慶瑛校補：《道家金石略》，第695頁。
⑦ 陳垣編纂，陳智超、曾慶瑛校補：《道家金石略》，第700～701頁。

宣授玄門掌教大宗師□元履道玄逸真人管領□路道教所同知集賢院道教事張。(《重修太初宫碑》)①

特授神仙演道大宗師玄門掌教真人、管領諸路道教所、知集賢院道教事、輔道體仁文粹開言真人孫德彧根底。(《盩厔重陽萬壽宫聖旨碑》)②

大元主教特進神仙玄門演教大宗師凝和持正明素忠純大真人管領諸路教所知集賢院道教事苗。(《大元重修聚仙觀碑》)③

爲此取覆過奉掌教大宗師真人師父法旨前來。(《太平崇聖宫公據》)④

承特進神仙凝和苗真君金章法旨,召詣天京,授諸路道教所幕官,納爲弟子。(《皇元制授諸路道教都提點洞陽顯道忠貞真人井公道行之碑》)⑤

元貞二年清明日,明真弘道大師諸路玄學提舉兼道教所詳議事任志潤記。(《女煉師奥敦君道行碑》)⑥

大都大長春宫三洞講經師諸路道教詳議提點清遠明逸弘真大師西山老人周德洽撰。(《重修東嶽岱山廟碑》)⑦

奉掌教大真人法旨,充益都路道門諸提點。至正四年春,奉特進神仙法旨,充大都大長春宫詣諸路道教所詳議提點事。(《雲岩觀記(略)》)⑧

可見,“掌教”這一教職在石刻中有多種表述,比如“特命掌教”“玄門正派嗣法演教宗師”“玄門掌教宗師管領諸路道教”“特授神仙演道大宗師玄門掌教真人”,從這些稱謂的構成來看,“掌教”與“大宗師”是其核心,元代全真道首腦皆有此稱。“大宗師”典出《莊子·大宗師》,而“特授神仙”這一稱號則出自成吉思汗授予丘處機的詔書,由此可見歷代全真道掌教的稱謂有繼承道教傳統和受元代皇帝任命的特徵。除去“掌教”“大宗師”等職務,元代全真道掌教還具有如“管領諸路道教所”和“知集賢院道教事”等職務。“管領諸路道教所”一職源自成吉思汗給丘處機的詔命,即“掌管天下道門事務,以聽神仙處置,他人勿得干預”⑨。而“知集賢院道教事”一職出現的時間似乎較晚,從以上引文來看,最早是作爲張志仙的

---

① 陳垣編纂,陳智超、曾慶瑛校補:《道家金石略》,第 705 頁。
② 陳垣編纂,陳智超、曾慶瑛校補:《道家金石略》,第 742 頁。
③ 王宗昱編:《金元全真教石刻新編》,第 203 頁。“玄”原作“元”,避清諱,今徑改。
④ 陳垣編纂,陳智超、曾慶瑛校補:《道家金石略》,第 513 頁。
⑤ 王宗昱編:《金元全真教石刻新編》,第 93 頁。
⑥ 陳垣編纂,陳智超、曾慶瑛校補:《道家金石略》,第 687 頁。
⑦ 陳垣編纂,陳智超、曾慶瑛校補:《道家金石略》,第 807 頁。
⑧ 王宗昱編:《金元全真教石刻新編》,第 115 頁。
⑨ 陳垣編纂,陳智超、曾慶瑛校補:《道家金石略》,第 450 頁。

稱號,其後的孫德彧、苗道一均有此職,可見最遲至張志仙時全真道的掌教真人已經兼任"知集賢院道教事"。

掌教真人作爲全真道的首領,在教内擁有至高的權力,掌握著十方宫觀主首的任命權,是全真道各派共同的宗主,亦有任命各宗宗主的權力。全真道掌教真人的稱號之一是"管領諸路道教所",事實上,全國道教宫觀被統一在全真道掌教真人手下的時間很短,之後歷代的全真道掌教真人僅保有管理全真道宫觀的權力。從前引《皇元制授諸路道教都提點洞陽顯道忠貞真人井公道行之碑》來看,諸路道教所還有自己任命幕府屬官的權力,而井德用是被當時的掌教真人苗道一任命的,可見全真道掌教擁有並行使著諸路道教所的幕府屬官任命權。據程越的研究,諸路道教所是解决道士之間訴訟問題的機構[1],而由上引石刻文獻可知,此機構屬官教職稱"詳議",應是取議論事務之義,而就上引井德用的經歷而言,諸路道教所由於具有設立"幕府"的權力,因此其屬官有泛稱,是爲"幕官"之稱。至於掌教真人的繼承問題,嗣位掌教往往是通過上一任掌教推薦,經政府認可並頒下制書这一程式完成交接的。[2] 從上引石刻材料來看,祁志誠與張志仙的權力交接就是這種繼承制度的體現。

依附於"掌教"一職的職位有"權教"。"權教"一職並非元朝政府創建中央道官制度時就存在的,從"權"字即可看出,這是一個臨時性職位。"權教"的産生緣於掌教真人尹志平"本樂幽棲,不交涉世務",常年在山西、陝西等地傳教,因此李志常擔任"權教"承擔本應由掌教承擔的道俗事務。[3] 有關"權教"一職的石刻材料如:

> 戊申,真常大宗師依恩例賜金襴紫服,遷充教門都道録、權教門事,仍賜以今號,蓋嘉之也。(《佐玄寂照大師馮公道行碑銘》)[4]
>
> 戊申,權教門事。(《重玄廣德弘道真人孟公碑銘》)[5]

可見,馮志亨、孟志源都擔任過"權教"一職。這一點在程越的書中也有所體現,他在書中引用《辯僞録》中的材料,認爲李志常門人張志敬也擔任過"權教"一職。[6] 但是,就見諸石刻者而言,擔任過"權教"的道士有馮、孟二人,而其他道教文獻中對這

① 參見程越:《金元時期全真道宫觀研究》,第 119 頁。
② 參見程越:《金元時期全真道宫觀研究》,第 116 頁。
③ 參見程越:《金元時期全真道宫觀研究》,第 116～117 頁。
④ 陳垣編纂,陳智超、曾慶瑛校補:《道家金石略》,第 521 頁。
⑤ 陳垣編纂,陳智超、曾慶瑛校補:《道家金石略》,第 554 頁。
⑥ 程越:《金元時期全真道宫觀研究》,第 117 頁。

一職位的記載也僅提及張志敬一人,可見這一職位存在時間較短,且集中於尹志平、李志常掌教時全真道的全盛時代。由此可以推論,“權教”這一職位的設立緣於尹志平忙於傳教,無力分心掌管全真道的道俗事務。但李志常掌教時却出現了馮、孟二人同爲權教的情況,可以説“權教”已經由一種臨時性職位向常設道官轉變,進而可以説,在全真道全盛期,一人管領道俗事務已經力不從心,需要“權教”一職進行分擔。之後的石刻中之所以没有出現“權教”一職,或是自憲宗崇佛排道之後,全真道的發展受到抑制,已没有設置“權教”一職分擔道俗事務的必要。

“權教”的全稱是“權教門事”,從字面來看,其職事與“掌教”相當。從石刻文獻中的記載看,李志常曾説過“教門事無大小,我悉□(主)之”[①],可見以上論斷大致無誤。

2.負責管理地方事務的中央道官

“諸路道教都提點”亦稱“道教提點”“教門提點”,負責全真道的地方事務[②],存續時間直至元末。相關的石刻記載如:

> 誠明真人張公嗣教,以公玄門大老之故,己又在制,遂授以教門都提點印,俾攝其事。(《重玄廣德弘道真人孟公碑銘》)[③]
>
> 八年,授諸路道教都提點。明年,嗣玄門掌教真人,仍錫璽書衛其教。(《玄門掌教大宗師存神應化洞明真人祁公道行之碑》)[④]

從以上引文可見,被授予“道教都提點”一職的有“玄門大老”,即擁有很高名望和貢獻的老年道官,“道教都提點”對於他們而言相當於一種功勞獎賞;而被授予此職的還有掌教真人的繼承人,比如以上引文提及的祁志誠在被任命爲諸路道教都提點後第二年就繼承了掌教真人的職位,可見,道教都提點對於嗣教之人是一種過渡性的教職。從程越羅列的歷代道教都提點來看,13 人中有 4 人後來擔任了掌教真人,可見這一職位有過渡職位的性質。

與諸路道教都提點相關的掌管地方道教組織的還有“諸路道教都提舉”一職,有關石刻記載如:

① 陳垣編纂,陳智超、曾慶瑛校補:《道家金石略》,第 574 頁。
② 程越:《金元時期全真道宫觀研究》,第 118 頁。
③ 陳垣編纂,陳智超、曾慶瑛校補:《道家金石略》,第 554 頁。
④ 陳垣編纂,陳智超、曾慶瑛校補:《道家金石略》,第 700 頁。

壬寅署師諸路道教都提舉,仍兼本路道録。(《冲和真人潘公神道之碑》)[①]

燕京大長春宫教門都提舉高志樸撰。(《萊州朱橋重建太微觀記》)[②]

在一座大型宫觀中,宫觀主首存在“提點、提舉、提領”的上下級關係,而主管宫觀的中央道官系列中的提點、提舉和提領似乎可以與之參證。從上引《萊州朱橋重建太微觀記》可以看出,“教門都提舉”一職住地應該在大長春宫,那麽這個教職有可能就是道門都提點的副職。據程越的考證,成宗朝以後就没有人再擔任此職了[③],可能是在至元十八年(1281)焚經以後取消了。結合上文所述“權教”職位的消亡,推測這個職位被取消也許是因爲全真道遭到很大打擊,於是没有設立都提舉作爲都提點佐貳的意義了。

與上述之“道門都提點”“道門都提舉”相似的職位還有“都道録”。這一職位源於宋代,宋英宗在左街道録之上增設左右街道録、左右街副道録,之後此二職改稱都道録、副都道録。[④] 至金元時期,各路道教首領稱道録,朝廷設都道録以總其事。與此相關的記載如:

戊申,真常大宗師依恩例賜金襴紫服,遷充教門都道録、權教門事,仍賜以今號,蓋嘉之也。(《佐玄寂照大師馮公道行碑銘》)[⑤]

丁亥秋七月,師既仙去,清和嗣教,以公爲都道録兼領長春宫事。(《玄門掌教大宗師真常真人道行碑銘》)[⑥]

燕京大長春宫宣差總教天下都道録佐玄寂照大師馮志亨撰。(《創建重陽觀記》)[⑦]

石刻材料中僅見李志常、馮志亨兩人任過此職,而程越的研究顯示,自馮志亨以後就没人再擔任過這一職位,這一職位應該在世祖以後就未再設置了。[⑧]

3.玄學教育及相關教職

玄門庠序(時稱玄學)最初設立於元憲宗二年(1252),但全真道的神學教育

---

① 陳垣編纂,陳智超、曾慶瑛校補:《道家金石略》,第555頁。
② 王宗昱編:《金元全真教石刻新編》,第23頁。
③ 程越:《金元時期全真道宫觀研究》,第118頁。
④ 參見唐代劍:《宋代道教管理制度研究》,第151頁。
⑤ 陳垣編纂,陳智超、曾慶瑛校補:《道家金石略》,第521頁。
⑥ 陳垣編纂,陳智超、曾慶瑛校補:《道家金石略》,第579頁。
⑦ 王宗昱編:《金元全真教石刻新編》,第124頁。
⑧ 程越:《金元時期全真道宫觀研究》,第118頁。

並不起於此時。在全真玄庠正式設立以前,即宋學立先生所謂"前玄學"時代,已有全真高道、文人精英的講道活動。[①] 至李志常在大長春宮建立玄庠,全真教育進入了制度化、體制化的"玄學"時代,並產生了負責玄庠管理的官員以及負責教學的講經師兩類教職。筆者將在宋學立先生的基礎上繼續論述這兩類教職及其下的刻經事業中的教職情況。有關玄學的石刻材料如:

玄學提舉三洞講經純成大師賜紫李志全撰。(《清和演道玄德真人仙迹之碑》)[②]

葆真大師長春宮玄學講經賜紫彭志祖書□。(《重修真常宮碑》)[③]

教主真常宗師奉恩例,賜公純成大師、提舉燕京玄學。(《大朝故講師李君墓志銘》)[④]

大長春宮玄學講經提舉金泉彭志祖撰並書。(《通真觀碑》)[⑤]

元貞二年清明日,明真弘道大師諸路玄學提舉兼道教所詳議事任志潤記。

凝常淵照大師道祖太清宮玄學提舉馬道逸書丹並篆額。(《女煉師奥敦君道行碑》)[⑥]

崇政大師河南府路玄學講師陝州道正高從謙書。(《重修太初宮碑》)[⑦]

歲辛酉,蒙益都路都道録司准嶧州道衆詞,保充本州道教經學教諭,不妨本職。(《嶧州玄都觀碑記》)[⑧]

由以上引文可見,中央一級的玄學官員爲諸路玄學提舉,地方一級也有自己的玄學官員,如"提舉燕京玄學"。

玄學講經師包括河南府路玄學講師、州道教經學教諭等。教諭是元代在縣中設立的主管儒家經典教育的官員,上引石刻材料專門强調了"道教經學",可見這一名稱也是一種借用,用以代表州一級的玄學講經師。宫觀中亦設立了講經師一職,專門講解道經,引文中的"長春宮玄學講經"和"道祖太清宮玄學提舉"就

---

① 宋學立:《金元全真教傳戒論略》,趙衛東主編:《全真道研究》第十輯,濟南:山東大學出版社,2021年,第37～52頁。

② 陳垣編纂,陳智超、曾慶瑛校補:《道家金石略》,第538頁。

③ 陳垣編纂,陳智超、曾慶瑛校補:《道家金石略》,第573頁。

④ 陳垣編纂,陳智超、曾慶瑛校補:《道家金石略》,第581頁。

⑤ 陳垣編纂,陳智超、曾慶瑛校補:《道家金石略》,第602頁。

⑥ 陳垣編纂,陳智超、曾慶瑛校補:《道家金石略》,第687頁.

⑦ 陳垣編纂,陳智超、曾慶瑛校補:《道家金石略》,第704頁。

⑧ 王宗昱編:《金元全真教石刻新編》,第37頁。

是代表。

玄學的設立離不開道教經典的刊刻。致力於道教經典刊刻並推廣講經制度的功臣是宋德方，他主持纂修《大元玄都寶藏》並立通經之士宣講《寶藏》經義，由此催生了一類出類拔萃的講經師，他們"庶使一一就博學詳説之中，得反説約之妙，得悟同然之理"[①]，貫通洞真、洞神、洞玄三洞經書，被稱作"三洞講經師"。"講經師"是授予玄學教師中飽學之士的教職。

刊刻、校勘道經非少數人所能完成，從宋德方領導刊刻道經開始，就有一批助其校勘、保存道經的執事，如：

> 後五年，加掌教真人，尋受陝西諸局藏經提點。（《興平縣重修仙林宫記》）[②]
>
> 今年春，門人藏經提點李志烈、楊志素、太原玄都宫提點宋志勤三人（《玄都至道披雲真人宋天師祠堂碑銘并引》）[③]
>
> 時披雲宋天師化衆鏤道藏經板，行緣關右。公爲之羽翼。因任以校經提點之職。（《靈臺觀碑》）[④]

由以上引文可見，爲了答謝隨從化緣雕刻經板的人，宋德方設立"校經提點"一職，而爲了保存道經，他又在分藏道經的各個宫觀設立了"藏經提點"一職。

（二）地方道官系統

1.行省級道官

元代設立的行省級道官主要是陝西五路西蜀四川道教提點，這並不存在於金朝。有關此職位的記載甚多，相對具有代表性的記載如：

> 宣授保和觀妙開玄大師陝西五路西蜀四川道教提點兼領重陽萬壽宫事孫德彧（《全真開教秘語之碑》）[⑤]
>
> 大德己亥，成宗加璽書，授陝西五路西蜀四川道教提點，領重陽宫事。（《皇元特授神仙演道大宗師玄門掌教輔道體仁文粹開玄真人管領諸路道教

---

① 陳垣編纂，陳智超、曾慶瑛校補：《道家金石略》，第 547 頁。
② 陳垣編纂，陳智超、曾慶瑛校補：《道家金石略》，第 499 頁。
③ 陳垣編纂，陳智超、曾慶瑛校補：《道家金石略》，第 548 頁。
④ 王宗昱編：《金元全真教石刻新編》，第 244～245 頁。
⑤ 陳垣編纂，陳智超、曾慶瑛校補：《道家金石略》，第 429 頁。

所知集賢院道教事孫公道行之碑》)[①]

設立陝西五路西蜀四川道教提點一職,與重陽萬壽宮位於陝西應該有所關聯。"陝西五路西蜀四川道教提點"還兼著重陽萬壽宫的宫觀主首一職,因此其轄下也有一些宫觀内部的教職——這在前文已有論及——比較特殊的就是"通議官"。有關這一教職的記述如:

擢公通議官。壬辰,提舉大重陽萬壽宫……遂由通議官升副提點。(《皇元特授神仙演道大宗師玄門掌教輔道體仁文粹開玄真人管領諸路道教所知集賢院道教事孫公道行之碑》)[②]

從孫德彧的履歷來看,"通議官"一職地位高於京兆路道録,低於重陽萬壽宫的副提點;就其官名來看,他所管理的應該是溝通上下一類職事,但由於缺乏相關材料,這一結論僅是一種猜想。

2.地方道司

爲了管理道教,金朝模仿宋制在地方設立了多級道司,道官已有都道録、都道録判官、道録、都道正、道正、威儀等職。[③] 但據記載,金朝似無全真道徒任上述道官者。元承金制,於世祖時在路設道録司,州設道正司,縣設威儀司,任期一般爲三年,也有許多因爲連任超過三年者。這時,中國北方許多地區的道官已由全真道徒擔任。

"道録司"也稱"都道録所",程越認爲其職官依次爲提點、道録、道判、提領等。[④] 與其相關的實例如:

據河東南北兩路提點潘德冲……可賜號冲和微妙真人。(《純陽宫令旨碑及請潘公住持疏》)[⑤]

居一歲,聞丘長春奉詔南下,詣謁於燕山,大蒙印可,俾充河間真定等路道門提點。(《普照真人玄通子范公墓志銘》)[⑥]

終南上清太平宫知宫事冲虚大師賜紫李志明,並判京兆路道司事清微

① 陳垣編纂,陳智超、曾慶瑛校補:《道家金石略》,第787頁。
② 陳垣編纂,陳智超、曾慶瑛校補:《道家金石略》,第787頁。
③ 參見祝賀:《金代宗教管理研究》,第40～41頁。
④ 程越:《金元時期全真道宫觀研究》,第123頁。
⑤ 陳垣編纂,陳智超、曾慶瑛校補:《道家金石略》,第491頁。
⑥ 陳垣編纂,陳智超、曾慶瑛校補:《道家金石略》,第503頁。

大師賜紫楊志純亦預選教。……復委提舉大名路教門。(《重修終南山上清太平宮記》)①

壬寅署師諸路道教都提舉,仍兼本路道録。……乃署師爲河東南北兩路道教都提點,命往營之。(《冲和真人潘公神道之碑》)②

己酉,真常真人以師踐履之實,洋溢遠邇,遷河東南北兩路道教副提點。(《棲真子李尊師墓碑》)③

崇真明道圓融大師東平府路道教都提點兼東嶽廟監修官張志偉。(《會仙觀記》)④

據以上引文,程越書中的州道録司職官應該於提點與道録之間增加"副提點"一職,同時一些都提點還兼任數路的道録司,可見都提點一職如宫觀主首一樣,存在一人多職的情況。當然,其中一些都道録是因一些重要的修建工作而臨時設置的,比如張志偉主持修築東嶽廟而擔任東平府路道教都提點,潘德冲因營建宫觀之事而被任命爲河東南北兩路提點。

州設道正司,此職源於宋代,宋代有管内道正司、山門道正司。其中,管内道正司設於州、府、軍、監,附於宫觀,而山門道正司則設在洞天名山的神御觀。金元時期的道正作爲州一級的道官名稱,其源頭正是宋代的管内道正司,其下職官爲提點、道正、道判、提舉,例如:

有司聞之,特加崇真明道圓融大師之號,兼提點泰安州教門事。(《泰安阜上張氏先塋記》)⑤

懷孟州道門提□魏志樸 懷孟州道正江道源道判高志明。(《重修天壇碑銘》)⑥

縣設威儀司,職官爲威儀和道門提領。與之相關的記載如:

益都等縣威儀韓道□。(《重建昊天宫碑》)⑦

---

① 陳垣編纂,陳智超、曾慶瑛校補:《道家金石略》,第 519 頁。
② 陳垣編纂,陳智超、曾慶瑛校補:《道家金石略》,第 555 頁。
③ 陳垣編纂,陳智超、曾慶瑛校補:《道家金石略》,第 582～583 頁。
④ 陳垣編纂,陳智超、曾慶瑛校補:《道家金石略》,第 591 頁。
⑤ 陳垣編纂,陳智超、曾慶瑛校補:《道家金石略》,第 497 頁。
⑥ 陳垣編纂,陳智超、曾慶瑛校補:《道家金石略》,第 506 頁。
⑦ 陳垣編纂,陳智超、曾慶瑛校補:《道家金石略》,第 665 頁。

靈寶縣威儀大初宫提點楊道信。(《重修太初宫碑》)[①]

登封縣威儀本宫提點羅道全。(《唐嵩嶽太一觀蟬蜕劉真人傳》)[②]

由此可見,"威儀"是統領一縣的道官,也存在一人兼任多縣威儀的情況。但是,"威儀"並不一定僅是縣級道教官員的名稱,如《彰德路湯陰縣鹿樓村創修隆興觀碑銘》中出現了"步落村棲霞觀威儀李道榮、胡累村玉泉觀威儀吕道和"的字樣,此處的"威儀"指的可能是步落村、胡累村的道官名稱,也可能是主持棲霞觀和玉泉觀的道官名稱。雖然由於資料缺乏無法判斷這裏的"威儀"掌管的究竟是一村之道士,還是一觀之道士,但總之不會是一縣之威儀。與此同時,《嶧州玄都觀碑記》載曰:"從職本州威儀四十餘載",《浚州重修神霄宫碑》中亦有"公之高弟本州威儀劉志尚"這樣的記載,可見州一級的道官亦可稱爲"威儀"。至於這個"威儀"是確實存在的道官職位,還是借用了古代道官的稱呼,由於材料過少,已不可能深究了。

可見,元朝政府有一套嚴密的道官體系,其教職名稱與職權可用表格方式羅列如下:

<table>
<tr><th>体系</th><th>教職名稱</th><th>性質與職權</th></tr>
<tr><td rowspan="9">中央道官</td><td>掌教</td><td rowspan="4">全真道的行政首領,各宗派的宗主,有權任命十方宫觀的首領和各宗派的首領,任命諸路道教所的屬官。諸路道教所有解决道士之間糾紛的功能</td></tr>
<tr><td>大宗師</td></tr>
<tr><td>知集賢院道教事</td></tr>
<tr><td>管領諸路道教所</td></tr>
<tr><td>權教</td><td>全真道全盛時期出現的輔佐掌教的教職,職權與掌教相同,憲宗後廢</td></tr>
<tr><td>諸路道教所詳議</td><td>諸路道教所的屬官,亦有"幕官"之稱</td></tr>
<tr><td>諸路道教都提點</td><td>掌管全真道地方事務的中央教職,被授予此職的或是有極高名望和貢獻的老年道官,或是掌教的繼承人</td></tr>
<tr><td>諸路道教都提舉</td><td>或爲輔佐諸路道教都提點的教職,成宗後無人擔任過此職</td></tr>
<tr><td>教門都道録</td><td>或爲輔佐諸路道教都提點的教職,世祖後無人擔任過此職</td></tr>
</table>

① 陳垣編纂,陳智超、曾慶瑛校補:《道家金石略》,第705頁。

② 陳垣編纂,陳智超、曾慶瑛校補:《道家金石略》,第717頁。

續表

<table>
<tr><th colspan="2">体系</th><th colspan="2">教職名稱</th><th>性質與職權</th></tr>
<tr><td colspan="2" rowspan="8">玄學官員、玄學講經師及刊刻、保存道藏之教職</td><td colspan="2">諸路玄學提舉</td><td>掌管全國玄學,講經師的首領</td></tr>
<tr><td colspan="2">燕京玄學提舉</td><td>掌管燕京地區的玄學</td></tr>
<tr><td colspan="2">路玄學講師</td><td>負責路一級的玄學講經師</td></tr>
<tr><td colspan="2">州道教經學教諭</td><td>負責州一級的玄學講經師</td></tr>
<tr><td colspan="2">宫觀玄學講經(或講師)</td><td>負責宫觀一級的講經師</td></tr>
<tr><td colspan="2">三洞講經師</td><td>飽學位尊的講經師</td></tr>
<tr><td colspan="2">校經提點</td><td>負責校讎道經(或爲臨時性職位)</td></tr>
<tr><td colspan="2">藏經提點</td><td>負責保存道經</td></tr>
<tr><td rowspan="13">地方道官</td><td rowspan="2">行省級道官</td><td colspan="2">陝西五路西蜀四川道教提點</td><td>掌管祖庭及陝西、四川等地道教事務的行省級道官</td></tr>
<tr><td colspan="2">通議官</td><td>或爲地位在重陽萬壽宫副提點之下掌溝通上下的職事</td></tr>
<tr><td rowspan="5">路</td><td rowspan="5">道録司(都道録所)</td><td>提點</td><td rowspan="5">提點掌一路之全真道事務,其餘爲輔佐提點之教職</td></tr>
<tr><td>副提點</td></tr>
<tr><td>道録</td></tr>
<tr><td>道判</td></tr>
<tr><td>提領</td></tr>
<tr><td rowspan="5">州</td><td rowspan="5">道正司</td><td>提點</td><td rowspan="5">提點掌一州之全真道事務,其餘爲輔佐提點之教職,少數情況下亦有威儀作爲州一級道官</td></tr>
<tr><td>威儀</td></tr>
<tr><td>道正</td></tr>
<tr><td>道判</td></tr>
<tr><td>提舉</td></tr>
<tr><td>縣</td><td>威儀司</td><td>威儀</td><td>掌一縣之全真道事務</td></tr>
</table>

餘　論

全真道在宋代道教的基礎上,在制度化和有組織的整體化過程中有了更大的進步。它以“宫—觀—庵”爲基本框架的等級分明的宫觀體系,加上以“廟”爲名、由全真道掌握的地方神靈信仰場域,共同構成了全真道的宫觀網絡,而且宫觀之内形成了嚴密的宫觀内執事體系。至於中央到地方,則存在著政府用以管控全真道的道官體系。兩者合一,就是金元時期全真道的教職體系。

全真道之所以建立起嚴密且等級分明的教職體系,有以下兩方面原因:一是全真道招收弟子不拘一格,爲了保證教團的奇魅(charisma)不被一些弟子的不端行爲消解,這種教職體系可以保證教團首領對普通教徒的監督和制約,從而保證了教徒的修道素質和品行。二是從中央到地方以及宫觀内部嚴密的教職體系,可以提升教團本身的凝聚力,進而有效保證了支撑教團發展、求仙體道的各種信念和信仰,不至於使教團分裂爲衆多小型的、窘迫的、相對獨立的地方性宗派。[①]

全真道嚴密的教職體系源於全真道教團本身規模的擴大與教團組織的複雜化,同時這種嚴密的組織制度也促進了全真道的快速發展。通過對全真道教職體系的探討,我們可以看到全真道發展的内在理路和動因,同時也可以看出中國道教所具有的内在强大生命力及其在道教本身制度化過程中的體現。

(責任編輯:秦國帥)

① 參見[法]高萬桑:《教團的創建:十三世紀全真教的集體認同》,張廣保編:《多重視野下的西方全真教研究》,第51～52頁。

論李道純的性命雙全思想

□張 維

摘要:李道純的性命理論以天易、聖易、心易的"三易"思想爲基礎,主要包含性命一體的形體、性命之用的性情、性命之道的神氣三方面。正是立足於這種思維邏輯,他闡明了全真道性命修煉的主要概念——藥物、火候、鼎器、玄關的區别和聯繫,爲揭示性命雙全的不同工夫路徑奠定了基礎。李道純的性命雙全思想包括了命、了性、性命全三層修行工夫,體現爲先了性後了命、先了命後了性、性命雙了三種形式。李道純的性命雙全思想對元明清内丹學的發展產生了很大的影響。

關鍵詞:全真道　李道純　性命一理　性命雙全

作者簡介:張維,女,1989 年生,陝西富平人,鄭州大學哲學學院講師,主要從事道教與中國傳統文化研究。

全真道南北宗皆主張通過性命雙修來實現長生成仙的宗教理想,但在具體的理論路徑和修行實踐上却有許多差異。元代,江南地區出現了全真道南北宗互相融合的趨勢。李道純,師從南宗白玉蟾的再傳弟子王金蟬,是元代南宗最先融合北宗的道教學者。關於李道純自發加入全真道北宗的原因,他曾自述在接觸了幾次北宗學者之後,被他們的思想和行爲深深吸引,稱贊他們是"深造玄理者"[①]。此處所説的"深造玄理"主要是從性命雙修角度而言的,他認爲北宗學者無論是從思想上還是修行實踐上,都把握到了性命雙修之玄理。那麽,在李道純看來,北宗的性命雙修之玄理到底指的是什麽呢?它與南宗的性命雙修思想有什麽區别呢?通過對李道純建立在性命理論基礎上的性命雙全思想的研究,我們可以明白李道純自發加入全真道北宗的原因,也可以在此基礎上,把握全真道

① 參見(元)李道純撰,蔡志頤編:《中和集》卷四,《道藏》第 4 册,北京:文物出版社、上海:上海書店、天津:天津古籍出版社,1988 年,第 506 頁。

南北宗性命雙修思想的差異，瞭解李道純對於全真道性命雙修思想的融合與發展。

一、性命一理

李道純非常推崇儒家的易學思想，注解了周敦頤的《太極圖説》，詳細闡釋了具有易學特色的性、命内涵及其關係。他先從未生與已生之不同方面闡釋了性與命的關係："譬如此身未生之前，如如不動，即太極未分之時。因有此身，立性立命，即太極生兩儀也。"[①]太極本於無極，未動之前是真陰真陽一體。太極動而有陰陽之分，兩儀即是太極、陰陽之變易。太極有一個不斷變化、生成萬物的過程，但太極本身常存萬物之中而不變。對應於人來説，太極在人身爲誠性、天性，這是周敦頤提出的。但在李道純看來，此觀點忽視了命而僅言性，實際上太極在人身應該爲真性真命一體。李道純將太極、金丹都稱爲真性，這種思想本身已經包含著性命一理的思維邏輯了。正是在此基礎上，人身未生之前性命一體、出生之後性命兩分的易學言説方式纔是合理的。不過，太極是因爲動静之極變而有陰陽之分，人身之性命爲什麽在出生之後會分立呢？

李道純從精炁神的動静之極變闡釋了性命分立的原因，這也爲以精炁神的修煉來返還性命一體的性命雙全思想奠定了基礎："有神則有感，神感動而生炁，即動而生陽也。炁聚而生精，即動極而静，静而生陰也。精化而有形，即静極而復動也。精炁相生，性命立，身心判矣。炁運乎心，天道所以行也。精主乎身，地道所以立也。是知身心即兩儀也。"[②]神感動而生炁，對應於太極動而生陽；炁動極而静，凝聚而生精，對應於太極静而生陰；精炁在一動一静之變中生化，互爲其根，人的性命由此分立，身心因此而有了生化之道，所以身心爲兩儀，對應於易學的天地、乾坤爲兩儀。事實上，李道純認爲太極、兩儀、陰陽都是從易學角度而言的，但也有體用上的差别："陰陽者，乾坤也。乾坤出於太極，太極判而兩儀立焉。兩儀，天地也。不言天地，而言乾坤者，貴其用不貴其體也……以太極言之，則曰天地；以易言之，則曰乾坤；以道言之，則曰陰陽。若以人身言之，天地，形體也；乾坤，性情也；陰陽，神氣也。"[③]這段話主要是李道純爲弟子闡釋"一陰一陽之謂道"的内涵，太極變而爲陰陽，兩儀代表了天地的變化之道，這主要是就伏羲畫卦

---

① (元)李道純撰，蔡志頤編：《中和集》卷四，《道藏》第 4 册，第 503 頁。

② (元)李道純：《全真集玄秘要》，《道藏》第 4 册，第 530 頁。

③ (元)李道純撰，蔡志頤編：《中和集》卷三，《道藏》第 4 册，第 494 頁。

之前而言的，是從常易之體層面言説的。自從伏羲畫卦之後，乾坤二卦變而爲八卦，八卦變而爲六十四卦，兩儀指代的是乾坤的變化之道，這是從變易之用的層面言説的。從易道而言，兩儀則爲一陰一陽。從人自身的太極變化而言，身心爲兩儀，有體用之不同。從體而言，形體爲兩儀，對應於太極易理之天地；從用而言，性情爲兩儀，對應於易卦之乾坤；從道而言，神氣爲兩儀，對應於易道之陰陽。

李道純從太極、易卦、易道三個層面闡釋兩儀的内涵，實際上立足於他所宣導的"三易"思想："三易者，一曰天易，二曰聖易，三曰心易。天易者，易之理也。聖易者，易之象也。心易者，易之道也。"[①]天易側重於體的層面，反映的是自然之易理。聖易側重於用的層面，反映的是卦爻之易象，象主要是從動静而言的，動静包含了易、氣、卦、物、身等的動静。心易側重於道的層面，反映的是陰陽之易道，此處的陰陽並不僅是以氣來言説，而更加側重陰陽之神妙莫測的一面。李道純認爲，易道在於行，心易是"三易"的核心，主張以心易會通聖易、天易。在此基礎上，從人身太極而言，性命理論以身心爲兩儀，就包含著形體、性情、神氣等三個方面。形體是從易理而言的性命，性情是從易用或易象而言的性命，神氣是從易道而言的性命："以身言之：乾爲首，坤爲腹，天地定位也。離爲目，坎爲耳，水火不相射也。震爲足，巽爲手，雷風相薄也。艮爲鼻，兑爲口，山澤通炁也。此形體之八卦也。若以性情言之：乾坤，身心也；坎離，精神也；震兑，魂魄也；艮巽，意炁也。八卦成列，神行乎其中矣。"[②]李道純從形體和性情兩個方面闡釋了性命的體用關係，"形體八卦"從易理方面闡釋了形體各個部分之間的關係。從性命之用而言，"性情八卦"從易用方面闡釋了性情所包含的主要内容。而神是貫通八卦之體用、性命之體用的核心，這也再一次向我們説明了性命體用貫通的核心在於神氣。

在"性命論"之中，李道純明確以精氣神爲核心，闡明了性命、身心、精神之間的密切關係，提出了"性命一理"的思想："夫性者，先天至神一靈之謂也。命者，先天至精一氣之謂也。精與神，性命之根也。性之造化系乎心，命之造化系乎身。見解智識，出於心也。思慮念想，心役性也。舉動應酬，出於身也。語默視聽，身累命也。命有身累，則有生有死。性受心役，則有往有來。是知身心兩字，精神之舍也，精神乃性命之本也。性無命不立，命無性不存，其名雖二，其理一

---

① （元）李道純撰，蔡志頤編：《中和集》卷一，《道藏》第 4 册，第 486 頁。

② （元）李道純：《全真集玄秘要》，《道藏》第 4 册，第 531 頁。

也。”[1]性是指先天一靈之神，命是指先天精一之氣，精與神，是先天性命之根本，這就决定了性命的修煉需要以精氣神爲藥物。此處李道純爲什麽會以精神而不是神氣作爲性命之根本呢？這裏，他更加强調氣之精的一面，也即是氣動極而静的一面。後天性命以身心爲宅舍而存於其中，就會受到身心變化的影響。心生神識幻妄而役性，身被情欲擾動而累命，神不靈而氣不精，性命之體用是分立互損的狀態。那麽如何改變性命這種相互損害分立的狀態呢？李道純認爲，要實現性命寂然而通、無爲而成的體用互融狀態，就要以“三易”思想爲基礎，以心易爲核心來踐行易道，把握易理和易象，貫通聖易與天易。

由以上對李道純性命内涵及其關係的闡釋，我們可以瞭解到性命一理論的基礎是“三易”思想，它主要包含性命之體的形體、性命之用的性情、性命之道的神氣三方面。正是立足於這種思維邏輯，李道純闡明了全真道性命雙修的主要概念——藥物、鼎器、火候、玄關的區别和聯繫，爲揭示性命雙全的不同工夫路徑奠定思想基礎。

關於性命雙修的藥物、鼎器、火候，全真道在發展過程中並没有進行細緻的區分和闡釋，反而更加喜歡將藥物、鼎器、火候同化爲一。如南宗白玉蟾在《大道歌》中就曾言：“身心兩箇字，是火也是藥。”[2]用身心來指代火候和藥物。李道純則以陰陽、龍虎概念爲核心，闡釋了藥物、鼎器、火候之間的差異：“龍虎者，陰陽之異名也。陰陽運化，神妙莫測，故象之以龍虎。《易·繫》云：一陰一陽之謂道，陰陽莫測之謂神。丹書云：偏陰偏陽之謂疾。陰陽者，太極之動静也。……以上異名，皆龍虎之妙用也。以其靈感，故曰藥物。以其成物，故曰鼎爐。以其變化，故曰火候。”[3]龍虎是陰陽運化莫測之象，從陰陽可以靈感而言，也即神氣相感，稱爲藥物；從陰陽可以成體而生物言，也即形體爲一，稱爲鼎爐；從陰陽可以變化而言，也即性情互用，稱爲火候。雖然藥物、鼎爐、火候有所差别，但都是從人身性命一理的角度而言的，都是立足於身心爲兩儀的不同體用關係來闡釋的。正是從這個層面而言，身心是藥物、鼎爐、火候的總稱。正如李道純所指出：“身心爲鼎爐。丹書云：先把乾坤爲鼎器，次摶烏兔藥來烹。乾，心也；坤，身也。”[4]身心即是乾坤，鼎爐立而以火烹藥，都在一體之内。李道純還以金丹來闡釋性、藥物、鼎

① “精與性，命之根也”這句話，在許孟仁刻本中爲“精與神，性命之根也”，《道藏》本闕“神”字，語義不通。參見北京大學圖書館藏《清庵先生中和集》許孟仁刻本。

② （宋）白玉蟾：《上清集》，《道藏》第4册，第785頁。

③ （元）李道純撰，蔡志頤編：《中和集》卷四，《道藏》第4册，第508～509頁。

④ （元）李道純撰，蔡志頤編：《中和集》卷三，《道藏》第4册，第500頁。

器的體用之區别:"金丹者,如金之堅,如丹之圓,愈鍊愈明,故喻性爲金丹也。丹,爐鼎也,藥物也。"[①]修煉性命所獲得金丹,言性是從其體而言,言丹是從其命之用而言,是則爲爐鼎、藥物。

性命雙修的主要概念包括藥物、鼎器、火候等,此外,玄關也是非常重要的概念。從神氣爲性命之道的角度來説,此處的神氣主要是指神氣穴,内丹學者也稱爲玄關,如張伯端在《金丹四百字》中以玄關爲神氣穴:"此竅非凡物,乾坤共合成。名爲神氣穴,内有坎離精。"[②]玄關與乾坤、坎離、神氣有著密切的關係。南宋周無所住繼承和發展了白玉蟾的觀點,認爲玄關是指人的念頭起滅處:"其實玄關一竅、玄牝之門,皆謂人念頭起滅處。老子云:玄牝之門,是謂天地根。紫清白真人云:念頭動處是玄牝,倘能親識得起滅處,即知虚無之谷、造化之母,非惟金丹,藥物火候等類,皆從此出,至於諸子百家,一大藏經教,工巧伎藝,盡在其中矣。紫陽張真人云:此一竅亦無邊傍,更無内外。紫清白真人云:玄關一竅,其大無外,其小無内。杏林石真人云:一竅名玄牝,中藏氣與神是也。"[③]老子所説的虚無谷、歸根竅都是在言説玄關,具體而言是指念頭之起滅處,金丹藥物、火候都與玄關有密切聯繫,但南宗學者並没有闡明玄關與藥物、鼎器、火候的異同之處。

李道純在分析了藥物、鼎器、火候關係的基礎上,吸收南宗學者的觀點,闡明了玄關的内涵。他認爲易道具有寂然感通、無爲而成的特點,以性命之道而言,包括順生之人道和逆修之仙道,神氣穴即玄關主要是從逆修之仙道而言的,是對性命之體與性命之用的貫通與實踐:"《易・繫》云:寂然不動,即玄關之體也。感而遂通,即玄關之用也。自見得玄關,一得求得,藥物火候,三元八卦,皆在其中矣。"[④]玄關作爲性命之道,不僅僅是指神氣穴,它自身還有體有用,是實現先後天性命貫通的重要機關。藥物的採取,火候的烹煉,鼎爐的安立,都得依賴玄關。而對性命之道的認識與貫通,也得借助性命之體用。李道純以老子的虚極静篤、歸根復命思想來闡釋玄牝,認爲動静變通之機關即是玄關:"太上云:谷神不死,是謂玄牝。此言虚靈不昧,則動静之機不可揜也。又云:玄牝之門,是謂天地根。即乾陽坤陰,一闔一闢而成變化也。又云:綿綿若存,用之不勤。即往來不窮之謂通也。天根闔闢,猶人之呼吸也。呼則接天根,是謂闢也;吸則接地根,是謂闔也。呼則龍吟雲起,吸則虎嘯風生,是謂變也。風雲際會,龍虎相交,動静相因,

① (元)李道純:《三天易髓》,《道藏》第 4 册,第 525 頁。
② (宋)張平叔撰,黄自如注:《金丹四百字》,《道藏》第 24 册,第 163 頁。
③ (宋)周無所住:《金丹直指》,《道藏》第 24 册,第 92 頁。
④ (元)李道純撰,蔡志頤編:《中和集》卷三,《道藏》第 4 册,第 493 頁。

顯微無間,是謂通也。"[1]他這是借用老子的思想,將玄牝内涵概括爲虚無谷、歸根竅、復命關。虚靈之谷神藴含著動之機,也即静極而動的觀復過程。乾坤闔闢有一動一静之變,也即動極而静的歸根復命過程。動静相因、顯微無間、往來不窮稱爲通。更進一步言,從動静範疇來説,静極而動指的是動機未發,動極而静指的是動機已發、静機未發。因此,李道純從寂然不動、未發爲中的角度,認爲中爲玄關,融合了儒釋道三教中的内涵:"難形筆舌,亦説不得,故曰玄關。所以聖人只書一中字,示人此中字,玄關明矣。所謂中者,非中外之中,亦非四維上下之中,不是在中之中。釋云:不思善,不思惡,正恁麽時,那箇是自己本來面目。此禪家之中也。儒曰:喜怒哀樂未發謂之中,此儒家之中也。道曰:念頭不起處謂之中,此道家之中也。此乃三教所用之中也。《易》曰:寂然不動,中之體也。感而遂通,中之用也。"[2]玄關作爲中之體,有其寂然不動、自然無爲的一面。玄關作爲中之用,有其感而遂通、無爲而成的一面。玄關就是易道在人身造化中的具體體現,是玄關之體用無間、應化無窮的顯現,是人實現逆修成仙的仙道。

李道純以玄關爲中之體,又認爲中是指性之静義,指出中和、有無、性命皆是同出異名的關係,致中和、有無交入、玄之又玄都是爲了闡釋性命雙全思想:"予謂無欲者,无心作爲自然也。有欲者,有心運用工夫也。無爲則能見无名之妙,全其性也。有爲則能見有名之徼,全其命也。有與无,性與命,同出而異名,同謂之玄,玄之又玄。有无交入,性命雙全也。《記》云:喜怒哀樂之未發謂之中。中也者,天下之大本也,即無欲觀妙之義也。發而皆中節謂之和。和也者,大下之達道也,即有欲觀其徼之義也。致中和,天地位,萬物育,即玄之又玄之義也。"[3]無爲無欲是從性之體而言的,有爲有欲是從心之用而言的。以中和範疇而言,中爲性之静體,和爲心之動用。因此,無爲、守中可以全性,也稱爲虚心可以全性。有爲、致和可以全命,也稱爲實腹可以全命。無爲與有爲、虚心與實腹交入玄通,則可以實現性命雙全,這即是守中致和。此處足見性與心所體現出來的體用關係,是立足於性命之體用關係而言的,它們最後都可歸結爲逆修成仙的玄關之體用關係。

通過以上對性命理論的闡釋,以及在此基礎上對性命雙全的藥物、鼎器、火候與玄關關係的分析,我們可以瞭解到李道純所説的中爲玄關具有豐富的内涵,

① (元)李道純撰,蔡志頤編:《中和集》卷四,《道藏》第4册,第505頁。
② (元)李道純撰,蔡志頤編:《中和集》卷三,《道藏》第4册,第498頁。
③ (元)李道純:《道德會元》,《道藏》第12册,第643頁。

它本身就蘊含著性命之理中、性命之用中、性命之道中三個層面。玄關作爲逆修仙道，從動静所代表的易象而言，因動静變化而有不同的開通方式。衹有玄關開通了，藥物纔有可能産生。精氣神作爲性命雙全的藥物，從動静所代表的易象而言，也因爲動静變化而有不同的藥生階段。從易道而言，玄關作爲性命之道，主要是從藥物精氣神的生化之道而言的，因此，性命雙全的工夫也需要依據精氣神的修煉而完成。通過以上對玄關内涵的全面把握，我們能够清晰理解李道純性命雙全的邏輯理路和思想特色。

二、雙修雙全

李道純全命、全性的性命雙全思想，在内丹修煉中主要被闡釋爲了性、了命、性命全三層功法，而且是按照修煉的藥物進行區分的。他認爲外藥可以了命，内藥可以了性，二藥全則性命全。正是在此基礎上，李道純辨析了全真道南北宗性命雙全思想的差異，闡釋了他具有中和特色的性命雙全思想。

李道純認爲，以南宗而言，從修煉外藥到内藥的漸進過程，有下、中、上三乘。下乘的煉精化氣、中乘的煉氣化神爲了命的外藥過程，上乘的煉神還虚主要是了性的内藥過程："内藥乃鍊神之要，形神俱妙，與道合真"[1]，並且進一步指出煉内藥就是"取坎填離"的過程："内藥，先天一點真陽是也。譬如乾卦☰中一畫，交坤成☵坎水是也。中一畫本是乾金，異名水中金，總名至精也。至精固而復祖炁，祖炁者，乃先天虚無真一之元炁，非呼吸之炁。如乾☰中一畫，交坤成坎了，却交坤中一陰入于乾而成离☲，离中一陰本是坤土，故異名曰砂中汞是也。"[2]身中元精，是無中之妙有；心中元氣，是有中之真無。元精是指元氣動極而静的一面，所以身中元精的修煉必須依賴心中元炁的修煉，精氣修煉的核心在於心所蘊藏的動静陰陽之化機。經過"取坎填離"的過程，就能坎離合體復歸乾之體，乾坤闔闢、有無交入，性命之道貫通而往來無窮，這就是性命雙全的工夫。乾坤也指代身心，這是從身心之體而言的。在漸法三乘中，李道純認爲下乘是以腎前臍後爲玄關，中乘是以泥丸爲玄關，上乘是以天心爲玄關。由此可見，先命後性的性命雙修工夫，實際上是由全命到全性的過程，是從玄關之用到玄關之體的開通，最終實現性命之道寂然感通、無爲而成，這即是玄關仙道之開通，是玄關之體用玄

---

① (元)李道純撰，蔡志頤編：《中和集》卷二，《道藏》第4册，第488頁。
② (元)李道純撰，蔡志頤編：《中和集》卷二，《道藏》第4册，第488頁。

通的體現。

以修内藥爲重點,李道純區分出中派的性命雙了和北宗的先性後命兩種形式。他先闡釋了不修外藥而修内藥的過程:“大凡學道,必先從外藥起,然後自知内藥。高上之士,夙植德本,生而知之,故不鍊外藥,便鍊内藥。”[①]這裏的“高上之士”,主要是指能够性命兼修之士,是立足於性命理論,以修煉内藥而統合外藥。在性命雙全的過程中,内藥有内外兩種作用:“以内藥言之,鍊精鍊元精,抽坎中之元陽也。元精固,則交合之精自不泄。鍊氣鍊元氣,補离中之元陰也。元氣住,則呼吸之氣自不出入。鍊神鍊元神也,坎离合體成乾也,元神凝則思慮之神泰定。”[②]内藥雖然有煉精、煉氣、煉神三關程式的區分,但實際上都可歸結爲了性的工夫。在此基礎上,外藥則自然爲内藥之用,元精固而交合之精不泄,元氣住而呼吸之氣不出入,元神凝而思慮之神泰定,外藥的了命工夫也就自然實現了,而這就是性命雙全的仙道之貫通。

在李道純看來,性命修煉的先後次序,並不取決於三關修煉的不同階段,它們其實都可歸屬於内藥與外藥的言説範圍。以後天外藥而言,性命之體與用是分開的,外藥的了命與内藥的了性是一個由用及體的過程,了命的修煉外藥工夫與了性的修煉内藥工夫並不是一體貫通的,而是被分爲煉精、煉氣與煉神等不同階段。以先天内藥而言,性命之體用是貫通的,内藥的了性與外藥的了命是性命一體而内外兩用的過程,了性的三關修煉工夫與了命的三關修煉工夫是内外玄通的。在此基礎上,李道純闡釋了全真的内涵:“全真道人,當行全真之道。所謂全真者,全其本真也。全精、全氣、全神,方謂之全真。才有欠缺,便不全也。才有點污,便不真也。”[③]全真就是指全性命之真,以全而言爲全性全命的性命雙全,以真而言爲性命常清常静之真常。以精氣神而言,全真包括全精、全氣、全神,無欲可以全精,無念可以全氣,意誠可以全神。

更進一步,從内藥了性而言,李道純以“離宫修定”和“水府求玄”來闡釋内外藥修煉的具體内涵:“先賢云:崇釋則離宫修定,歸道乃水府求玄。謂修鍊性命之要也。離宫修定者,持戒定慧,使諸塵不染,萬有一空,即去離中之陰也。水府求玄者,鍊精氣神,使三花聚鼎,五氣朝元,而存坎中之陽也。特達之士,二理總持。負陰抱陽,虚心實腹,即取坎中之陽,而補離中之陰,再成乾體也。”[④]此處的名與

---

① (元)李道純撰,蔡志頤編:《中和集》卷二,《道藏》第4册,第488頁。

② (元)李道純撰,蔡志頤編:《中和集》卷三,《道藏》第4册,第503頁。

③ (元)李道純撰,蔡志頤編:《中和集》卷三,《道藏》第4册,第501頁。

④ (元)李道純撰,蔡志頤編:《中和集》卷四,《道藏》第4册,第504頁。

道,是指老子《道德經》所言的名與道。"名不釋"即無名,"離宫修定"就是指虚心無爲的"去陰"工夫,可以通過戒定慧的修持而實現。"歸道"即有名,"水府求玄"即是指有心運用的"存陽"實腹工夫,可以通過修煉精氣神而實現。此種意義上的内外藥之修持,是以内藥爲主導去陰存陽的過程,是與内藥修煉的"取坎填離"之取陽補陰過程不同的。如果是把握了性理之學的特達之士,性命修煉則無先後次序,能够同時修煉内外二藥,這也就是了性則自然了命的性命雙了的中派丹法。但事實上,在具體的修煉中,李道純又指出高上之士在修煉内藥的過程中,並不能够達到外藥的同時修煉,也有先修内藥後修外藥的:"高上之士,性命兼達,先持戒定慧而虚其心,後鍊精氣神而保其身。身安泰則命基永固,心虚澄則性本圓明。性圓明則無來無去,命永固則無死無生。"[①]這種先了性後了命的修煉工夫,實際上是對全真教北宗丹法的闡釋,是和李道純所推崇的性命雙了的中派丹法有頓漸之差異的。另外,爲了區分内外藥的無爲與有爲,李道純這裏吸收佛教的思想,將無爲的了性工夫稱爲戒定慧的修持,將有爲的了命工夫稱爲精氣神的修煉,體現了融合佛道的三教合一思想特色,也更容易使修道者把握了性工夫與了命工夫的差異。在此基礎上,我們也可以瞭解李道純所説的全真的内涵,無欲全精、無念全氣、意誠全神,這就是戒定慧與精氣神修煉的結合。更爲重要的是,衹有將了性與了命工夫玄通爲一,纔能够實現性命雙修雙全的全真而仙的宗教理想。

李道純對全真道性命雙全思想的闡釋,一方面立足於南北宗的漸修丹法,另一方面著眼於具有中和特色的頓修丹法,將兩者融合發展爲全真道的性命雙全思想。他所推崇的中派丹法,以中爲玄關,强調玄關的開通是由體及用的自然過程,是玄關之道寂然感通、無爲而成的體用玄通。這是他立足於老子有無玄通的衆妙之門思想,結合易學陰陽闔闢的神妙之道,來闡釋全真道性命玄通的性命雙全之道,也即全真之道,這就是太上老君所説的常清常静的真常之道:"寂然不動爲體,感而遂通爲用,是名真静。至於體用一源,顯微無間,真常之道得矣。"[②]真静不是指静而不動,而是應物無窮而真體不動,動静、體用不是分割開來的,而是動静相因、體用一源的真常之道,可以常應常静。李道純這裏所説的體用一源是不同於程朱所推崇的體用一源的,程朱强調的是理與氣的體用一源,而李道純是以道來統合理體與象用的體用一源。

---

① (元)李道純撰,蔡志頤編:《中和集》卷四,《道藏》第4册,第503頁。

② (元)李道純:《太上老君説常清静經注》,《道藏》第17册,第142頁。

李道純認爲三教性命修煉之本都是中:"中是儒宗,中爲道本,中是禪機。這三教家風,中爲捷徑,五常百行,中立根基。動止得中,執中不易,更向中中認細微。"[①]儒家的中和,道家的虛中,禪宗的中道,都是實現性命修煉的頓修捷徑。動静得常、執中有常,在日用常行中能够常應常静,這就是三教性命修煉所追求的理想境界。李道純以道家的虛中思想來融合儒佛的思想,凸顯了全真道性命雙全思想的三教合一特色。

結　語

李道純將性命雙全看作全真道的思想主旨,闡明了南北宗不同的修行路徑和功法層次,是對全真道性命雙修思想的發展與深化。孫亦平教授認爲全真道的發展是由"性命雙修"而趨向"全真而仙":"全真道作爲金元時期出現的新道派,其主要特色是以'真性本體論'爲理論基礎,以'性命雙修'爲主要修仙方法,從而使唐代以來道教仙學内部的不同傾向,逐漸歸於由'性命雙修'而臻'全真而仙'的内丹心性學。"[②]筆者認爲這種轉向在李道純的性命雙全思想中得到了凸顯與深化。

李道純的性命雙全思想,對元初全真道北宗的理論發展與轉向具有特殊意義。事實上,元初佛道之間是衝突與融合並存的,佛道因"老子化胡"之真僞而産生衝突,展開了幾次公開辯論。尤其是在元世祖至元十八年(1281)的佛道大辯論之中,由於全真道北宗的慘敗,除了《道德經》之外的其他道教典籍都被認定爲僞經而遭到焚毀,這對全真道的發展來説是不小的打擊。而李道純能够在此佛道衝突的階段,繼承發展全真道北宗的思想,融合佛道的性命理論,創新性地提出性命雙全的全真道思想主旨,是具有歷史意義和理論價值的。正如郭武教授在談到李道純融合三教性命理論的特殊意義時所指出的:"他的這種融攝是建立在以爲三教皆重'性命'的認識基礎之上的,這種認識和主張是對初期全真教思想的繼承和發展。在元初全真教團與佛教發生衝突而慘遭打擊的背景下,李道純的這種繼承和發展對道教來説就更有著特殊的意義了。"[③]

在李道純之後,元代南北宗之間的融合不斷加深,鄧錡、牧常晁、陳致虚、王

① (元)李道純撰,蔡志頤編:《中和集》卷六,《道藏》第 4 册,第 516～517 頁。

② 孫亦平:《論佛教思想對全真道的影響——以馬鈺宣導的"清净無爲"爲例》,賴永海主編:《佛學研究》第七輯,南京:江蘇人民出版社,2008 年,第 296～302 頁。

③ 郭武:《道教歷史百問》,北京:今日中國出版社,1995 年,第 148 頁。

玠等都對南北宗思想進行了融合,全真道逐漸擴展到全國各地,以先了性後了命爲特色的北宗丹法逐漸成爲内丹學的主流。如元代學者王惟一、戴起宗、陳致虚等都將了性與了命並舉,將其看作是性命雙修的最終目標。王玠在了性、了命之後,還提出了了道,認爲性命雙全就是了道,就可以進入形神俱妙、與道合真的最高境界:“且性命雙修果何也? 豈不聞了性則通聖,此心通於他心,智慧廣大,無有來而不知也。了命則長生,此身歷劫不壞,能變諸相,無所往而不化也。性命雙全,方爲了道,形神俱妙,方證金仙。”[①]明代陽道生認爲虚極静篤者不需要修煉精氣神,就可以通過修性而實現形神俱妙的超越境界:“學虚無大道者,雖不着於精炁,然與道合真,形神俱妙,有無隱顯,變化莫測,其壽無量,是了性而自了命者也,舉上而兼下也。”[②]這即是李道純了性則自然了命的頓修思想。清代黄元吉認爲築基是了性之事,還丹是了命之工。[③] 由此足見李道純性命雙全思想在元明清道教理論發展中的影響,其性命雙全思想對於内丹學發展是具有理論先導價值與意義的。

(責任編輯:趙衛東)

---

① (元)混然子撰:《還真集》卷中,《道藏》第24册,第104頁。
② (明)陽道生:《真詮・序》,《藏外道書》第10册,成都:巴蜀書社,1992年,第840頁。
③ 參見(清)黄元吉:《道德經講義・樂育堂語録》,北京:宗教文化出版社,2003年,第342頁。

方方壺叢考

□許 蔚

摘要:方從義,號方壺,是元明之際著名道士,以書畫聞名於世。他的作品傳世及著録較多,歷來受到美術史家的重視。但有關他的生平,特别是道教經歷,迄今並未釐清。本文在前人研究的基礎上,通過梳理基本史料,對其家族信仰、師承經歷、道履行迹以及道法行持等方面予以揭示。

關鍵詞:方從義 道士 家族 繪畫 法術

作者簡介:許蔚,男,1983 年生,江西進賢人,文學博士,現爲復旦大學中國古代文學研究中心、中文系副教授。主要從事道教文獻、道教文學、宋明道教史、佛道交涉、近世科儀與法術、道教與民間宗教寫本、陽明學與道教關係研究。著有《斷裂與建構:浄明道的歷史與文獻》(2014)、《浄明忠孝全書》(校註,2018)、《浄明院妙濟神方》(校點,2019)、《道教文學、文獻與儀式:許蔚自選集》(2021)等。

方方壺,名從義,字無隅,爲活躍於元末明初的著名道士畫家。他的傳世繪畫作品較多,歷來受到美術史家的重視。但相關論述大都轉相襲誤,相對而言,石建邦《方從義生平事略考》一文較爲嚴謹,分别就生卒時間、教派與師承、行迹與交遊、字號取意等四個方面展開論述,其考證之成績也值得充分肯定。不過,該文在資料、事迹等方面尚存在不少未釐清之處,尤其對道教方面有不少誤解,如將"金門羽客"解釋爲金蓬頭門下羽客之類。[①] 本文在其研究基礎之上,綜合目前所能見到的《道藏》内外文獻以及書畫作品,試就方從義相關問題再作考察,尤其注重分析其道法脈絡與教門行履。

① 石建邦:《方從義生平事略考》,《朵雲》1992 年第 3 期。

一、方從義書畫作品及相關史料概説

方從義未見著述流傳,偶見題記而已,畫作則散見於故宫博物院、臺北"故宫博物院"及美國、日本美術館等收藏,如北京故宫博物院藏《武夷放棹》《溪橋幽興》、臺北"故宫博物院"藏《神嶽瓊林圖》《山陰雲雪》《高高亭圖》、上海博物館《白雲深處圖卷》、美國大都會藝術博物館《雲山圖卷》、日本大阪市立美術館《太白瀧湫圖》以及臺北"故宫博物院"藏册頁中的《崇岡獨眺圖》等。另外,拍賣會及私人藏家也有一些方從義款的畫作,如據稱王季遷舊藏《東晋風流》、張伯駒舊藏《雲林鍾秀》等。這些畫作或舊藏清宫,見於著録,或累加題跋及藏印,有一些也存在真僞争議,尚待進一步的確證。

其畫作題署及鈐印則見有"不芒道人""鬼谷山人""方壺真逸""方壺道人""金門羽客""敕授真人"等,比較隨意。其中,"鬼谷山人"與龍虎山地名有關;"方壺真逸""方壺道人"與他號"方壺"有關,與薛羲曾自署"瓊林真逸"類似;"金門羽客""敕授真人"與方從義曾遊京師,並受集賢院舉薦,得授真人有關。

此外,虞集、張雨、危素、宋濂、趙宜真、黄公望等往往有詩文相贈,詳述方從義事迹者僅宋濂《方壺子玄室銘》。該銘係方從義66歲時豫作幽室,請宋濂所作,收録於《宋學士文粹》卷九。《宋學士文粹》由劉基編選,有明洪武八年(1375)春正月序,卷九按照預定分類收録道家文字,可知該銘的寫作最遲不會晚於明洪武七年(1374)。爲便討論,據明洪武十年(1377)刊本逐録於下:

方壺子,春秋六十而加六齡,豫擇地白雲塢之陽,甓爲玄室,去大上清宫不二里而近,且謂弟子曰:它日解所佩劍及吾遺蜕藏焉,金華宋濂爲勒文其上。方壺子,名從義,字無隅,姓方氏,方壺其自號也。苗裔出歙之方仙翁,後累遷桐廬、弋陽、貴溪者三,今占籍貴溪,人稱簪纓家。父持正,母桂氏。方壺子生而穎異,超然有絶塵趣。父命入宫之混成院,爲道士。三洞玄文,無不周覽。已而有隱者,蓬頭跣足,鍊丹琵琶嶺上,屢著靈跡,世目之爲金仙翁。方壺子事之甚謹,受其龍虎大丹秘訣。仙翁移入武夷山,結廬最高峰頂,人鮮謁之者。方壺子冒蛇虎之險,往訪焉。仙翁與之劇談,凡水火交媾之徵、日月高奔之道,莫不盡其説。方壺子聲稱翕然動群公間,僉謂仙翁入室弟子惟方壺子一人。至正癸未,方壺子被鶴氅衣、佩長劍,翩然遊燕都。王公貴人見其氣貌充充然,以爲真神仙中人,授館致餼,殆無虚日。而辨章公朵爾、直班余忠宣公闕慕之尤切。忠宣公嘗戲之曰:京都聲利之場,子有道之士,亦復一來耶?方壺子笑而不答。越再朞,拂袖還江南。詞林鉅公留之不得,争倡詩以餞。忠宣公最靳與人文,欣然操觚,序其首。後數年,都人士艷其高風,不能致之,輒南望曰:方壺子何時復至斯乎?於是集詩相遺,以寓其遥思。方壺子譽望益隆蔚。集賢院以其名聞,制授"致虚貞白惟一真人",主領杭州路宗陽宫事。方壺子歎曰:吾髪種種矣,惡用是哉!弗赴。遂閉關不出,以道自娱。方壺子剛介高潔,不能隨俗浮沉。與中書左丞危公素游,不翅金石,始終無變遷。臨川葛君元哲,性不容物,一言不合,輒白眼相視,獨許方壺子能外生死、超有無,如古仙、異人之流。同館道士薛君羲[1]善行草,拔俗之韻士也,素不服人。每見方壺子,終日談玄不休。方壺子通道家言,尤深於《關尹子》之説,辨析精微,發前人之未發。工詩文,秘不輕示人。善隸書,飄逸清麗,有漢魏意。而章草尤精。性復好畫。初師集賢學士商琦雙筆之法,既而沉酣於荆、關、董、李四家,而旁及於米芾父子。四方求者甚衆。或得片紙,寶之如金玉。虞文靖公集爲作畫記,極推贊之,不少置。其所度弟子,則陳德新、董鳴漢、李光輔云。濂聞修真之士,鍊陽明而祛陰翳,積功之久,神上升而魄下沉,縱有淩空飛騰,亦蜕解懸崖而去,此必然之理也。方壺子道高一時,其神當永存,豫治玄室,抑亦示人以常道也歟!可謂達人大觀者已!銘曰:

維玄室,昭如白日;密而淵,神功則全。闢乾闔坤,一氣存存。長生度世,與道合真。[2]

二、方從義與桂心淵、金蓬頭之關係

據《方壺子玄室銘》,方從義族出歙縣方仙翁,父親名持正,母親爲桂氏。桂氏爲貴溪當地的道教世家,隱居廬山的著名高道桂心淵即出自該家族。方從義對家族傳統頗爲熟悉。楊維禎爲桂心淵撰寫的《改危素〈桂先生碑〉》,即主要依

① 薛羲(1288～1345),亦名玄羲,字玄卿,號上清外史、瓊林真逸,其先河東人,徙居信州貴溪縣(今江西貴溪)仙浦里。少入龍虎山爲道士,爲張留孫派下弟子。曾提舉大都崇真萬壽宫、提點上都崇真萬壽宫,後授弘文裕德崇仁真人、住持杭州佑聖觀,兼領杭州諸宫觀。有《上清集》等,皆不存,詩見《元詩選》等,傳世書法作品有《〈瀟湘奇觀圖〉跋》。參見許蔚:《薛羲》,"歷代高道傳(宋元卷)撰修計劃"。

② (明)宋濂:《宋學士文粹》卷九,中國國家圖書館藏明洪武十年(1377)刊本。

據方從義提供的信息，詳細介紹了桂心淵的修道事迹，以及桂氏家族的從道、成仙情況[①]。

方從義依父命入大上清正一宫混成院學道，這或許也與母親一方的家族傳統有關。他從金蓬頭受丹法可能與桂心淵有關。桂心淵題金蓬頭像，自稱“方壺圓嶠打乖人”[②]。方從義號方壺，應該也有同樣的追求。至於他從金蓬頭參學丹法的時間，據張宇初《故上清宫提點了庵李公墓志》，李弘範年十三（1329）從金蘭石學道於大上清宫紫微院，後至元元年（1335）得部牒，度爲道士，“其秋，偕宫之方壺方君、叔祚吴君拜金公野庵于聖井山”[③]，則似在至元元年。不過，張宇初《金野庵傳》稱金蓬頭在元統元年（1333）隱於武夷山止止庵，則後至元元年似不當仍在聖井山，不知何者屬於誤記。金蓬頭隱居武夷山後，方從義亦曾前往尋訪。張翥《送方方壺羽士之京師》稱方從義“學道武夷還上清”[④]，危素《山庵圖序》亦稱方從義隨金蓬頭最久，金蓬頭既去世，方從義“稍出而遊觀天下名山，至於京師”[⑤]，而桂心淵、金蓬頭於至正元年（1341）正月一日、四月十日相繼去世[⑥]。方從義是偶到武夷訪問還是即隨侍在側不得而知，至晚應於至正元年四月金蓬頭葬後返回大上清宫。

至正三年（1343），方從義遊京師，頗得聲名，但約兩月後即返回龍虎山。此

---

① “信之龍虎山爲漢天師張氏之學者，恒千餘人，其卓犖瑰奇之士亦間見其間，若桂先生者是已。先生諱義方，字心淵，世爲信之貴溪人。母先生時夢李淳風寄宿，因名李寄。長，從上清宫熊尊師學。元貞元年，從天師張公朝京，授蘄州道官。歸而散其衣資，飄然有遠志。周覽名山，由武至匡廬。夜宿太平興國宫，龍出屋後，無犯先生居，蜿蜒辟易而後去。數飛躡曾崖，與豹同行。好事者莫能蹤跡之。樵人有見之山南，同日又有見之山北者。山中人酒熟，曰願（顧）安得桂先生飲之？俄先生至，欣然就飲。所飲者，家以爲吉徵。尊官顯人過江上者，咸願見先生。先生見不見，人莫測也。江州守某乞詩，惟書一閑字與之。逾月，以事去官。先生率意成詩，書座右，多傲世絶俗語。有金蓬頭者，居聖井山。先生致書，封題甚謹，登之，白紙耳。金大嘆曰：至此，果無説説矣。道士吴李誠作渾淪庵，迎先生居之。先生嘆曰：明年吾當歸矣。明年至正元年正月朔，翛然而逝。越三日，南北道士奉遺蜕葬諸聖治峰麓。道士方從義爲予言，先生之族有公武者，號抱甕先生，得仙術，卒，葬分嶺，中夜，家間有聲，詰旦視之，但空棺耳；有與信，號點點子，學道終南山，緘口不言，升座而化，三日容色不變。豈其山川之所鍾然也耶！予昔遊潯陽，見先生，聽其言，無過高難行之論。吁！有道之士哉。”［（元）楊維禎：《東維子文集》卷二四，中國國家圖書館藏明刊本］

② 《趙氏鐵網珊瑚》卷一五，《景印文淵閣四庫全書》第 815 册，臺北：臺灣商務印書館，1986 年，第 763 頁。

③ （明）張宇初：《峴泉集》卷三，《景印文淵閣四庫全書》第 1236 册，第 435 頁。

④ （明）張翥：《蜕庵詩》卷三，中國國家圖書館藏汪氏摛藻堂抄本。

⑤ （元）危素：《説學齋稿》第 2 册，中國國家圖書館藏彭氏知聖道齋抄本。

⑥ 關於桂心淵的卒年，《歷世真仙體道通鑒續編》所收《金蓬頭》稱在“至元丙子（1336）正月一日”，這是對史料的誤讀。張宇初《金野庵傳》稱桂心淵卒年在“至元正月一日”，並説金蓬頭生年在“前至元丙子（1276）五月四日”。《金蓬頭》是將《金野庵傳》中金蓬頭生年的“丙子”與桂心淵卒年的所謂“至元”糅合。而張宇初所謂“至元正月一日”實際上則應是“至正元年正月一日”之誤。鄭素春亦有辨，參見《元代全真道長春宗派的南傳：以金志陽法脈爲主的研究》，《丹道研究》創刊號，臺北：丹道文化出版事業有限公司，2006 年，第 155 頁。

後數年，譽望益隆，集賢院以聞，制授"致虚貞白惟一真人"、領杭州路宗陽宫事，不赴。

至正十一年(1351)春正月，大上清宫焚毁，次年(1352)閏三月重鑄大鐘成。該鐘現存龍虎山天師府，由方從義書銘，結銜爲"玄學"，應即時任大上清宫玄學講師。

三、方從義所配道法

《海瓊白真人語録》卷末保留壬寅紀年(似爲至正二十二年[1362])方從義跋一首，其中提到該本爲大常齋蔣法師所藏，他根據自己舊所得福州天慶本補抄入彭耜跋。大常齋蔣法師疑爲蔣雷谷，洪武初隨張正常覲見，後任神樂觀知觀，升五音都提點。[①] 蔣雷谷師從練太素，以練、蔣爲師派的雷法抄本在明代内府中傳寫[②]，流傳至今，從中可知其傳承有多種祖述白玉蟾的雷法。方從義所説"得祖師《景霄大法》，多用鞠、郝二將"似乎是指蔣法師行用景霄雷法。《道法會元》所收《高上景霄三五混合都天大雷琅書》將應屬師派的汪火師、辛天君、陳楠、白玉蟾列入主法雖然有些混亂，所列將班也非常龐大，但確有鞠、郝二將，卷中也有鞠、郝二將符法，卷末有署嘉定五年(1212)白玉蟾授(彭)鶴林的《翠虚陳真人得法記》，與《海瓊白真人語録》所述相合，應可認爲就是"景霄大法"的一個傳本。該書卷末仍有署虞集所作《景霄雷書後序》，提到上清道士吴浦雲得此書於京師。上清道士即上清宫道士，吴浦雲即吴師聖，見於明抄本《九炁雷晶碧潭使者大法》，曾任龍虎山大上清正一萬壽宫提點，天曆二年(1329)曾在京師蓬萊坊從莫月鼎弟子李復陽得受使者法。[③] 由此可知，不論蔣法師是否爲蔣雷谷，龍虎山大上清宫確實有道士傳承了景霄雷法，而方從義對此也頗爲瞭解。至於方從義結銜不作玄學或者玄學講師，而作"參學上清三洞經籙大羅輔化仙卿九天雷門祭酒"[④]，顯然是因爲涉及道法的場合，所以用自己的籙職而不用宫中道職。"上清

① 《蔣雷谷》，元明善輯，張國祥、張顯庸續修：《續修龍虎山志》卷上，中國國家圖書館藏明天啓刊本。

② 參見許蔚：《明代道法傳承諸側面——明内府鈔本〈玉清宗教祈雪文檢〉識小》，《宗教學研究》2021年第4期。

③ 參見許蔚：《莫月鼎及其傳記資料的成立——以〈元人畫莫月鼎像卷〉爲中心》，《宗教學研究》即刊(2020年2月1日通過審查)；許蔚：《莫月鼎使者符法的作用與傳派——以明抄本〈九天梵炁雷晶碧潭使者大法〉爲中心》，《道教研究學報》第12、13期，香港：香港中文大學出版社，2021年，第101～133頁。

④ 《海瓊白真人語録》卷末，《道藏》第33册，北京：文物出版社、上海：上海書店、天津：天津古籍出版社，1988年，第139頁。

三洞經籙”雖然看起來籙位較高，但作爲大上清宫玄學講師，後來還擔任大真人府贊教，方從義佩受上清三洞經籙是不足爲奇的。而其法職“九天雷門祭酒”，則表明他是佩受雷門法的。

雷門法之源流目前尚不明確，但至少張宇初對該法還是比較熟悉的，他不僅將雷門法與使者法、洞玄法等並歸爲神霄法，而且揭示其法門爲“雷門之交運水火”[①]，可惜《道法會元》所收《太上天壇玉格》未見雷門品格。清順治十五年(1658)序刊本《正一天壇玉格》有《雷門忠孝品秩》，下注“高空山正派”，不知是否即元明之際流行的雷門法，惜未列出類似“九天雷門祭酒”這樣的職格，僅列出法名用字而已。《道法會元》卷一四六所收《正一忠孝家書白捉五雷大法》中，《傳度家書式》署“嗣孫忠孝某真童子”，《交度牒式》提到趙松隱受高空山，與《正一天壇玉格》相合。該法主將爲雷門苟、畢二帥，《交度牒式》有“右牒上雷門合壇官將”，卷首有《水火真機》《煉將坐功口訣》談水火混成，與張宇初所說相合。儘管該法没有記録職格，不能與方從義法職完全對應，但應可相信方從義所配即以雷門苟、畢二帥爲主將的雷門忠孝道法。另就方從義法職中有“大羅輔化仙卿”而言，“輔化仙卿”見於《太上天壇玉格》所收《神霄品秩》，其中的正九品即“太平輔化仙卿”，屬於初階的神霄法職，这表明張宇初將雷門法歸入神霄法系確實是有根據的。

四、入明以後的情況

洪武初，趙宜真遊歷至龍虎山，四十二代天師張正常欲留他在宫，他雖未答應，但與宫中道士頗有交往。趙宜真在《還丹金液歌并序》中提到“方壺贊教真人”曾手書大還外丹秘訣給他，稱此與他從南昌李玄一所得外丹訣一致。他師從張天全[②]，就丹法淵源而言係金蓬頭徒孫，有《真道歸一偈奉答金門羽客致虚貞白惟一真人方壺贊教方尊師》表達祖述金蓬頭之意。而所謂“方壺贊教”即指方從義時任大真人府贊教。贊教一職，乃洪武改元(1368)天師張正常入賀太祖登基方始設置。

洪武十年(1377)，天師張正常羽化前曾託付方從義“左右我子孫，以贊寧謐之化”，命取劍印授其子張宇初。[③]《石渠寶笈》著録清宫舊藏《唐宋元名畫大觀》

① (明)張宇初:《授法普説》,《峴泉集》卷七,《道藏》第33册,第247頁。

② 參見許蔚:《趙宜真從張天全所受道法考》,《宗教學研究》即刊(2018年7月21日通過審查)。

③ (明)宋濂:《四十二代天師正一嗣教護國闡祖通誠崇道弘德大真人張公神道碑銘有序》,黄靈庚編輯校點:《宋濂全集》卷五四,北京:人民文學出版社,2014年,第1264～1266頁。

一册共十二幅，其第十二幅爲方方壺，宋箋本，墨書自識“洪武戊午歲上元，戲于上清方丈”，後有“金門羽客”“敕授真人”二印，又識“米襄陽作畫一掃畫之謬習。予老年，時時爛漫寫之。方方壺醉筆”，後有“敕授真人”“畫中神品”“方壺書印”三印，左有藏印及董其昌跋①，可知洪武十一年(1378)上元時尚在宫中作畫。龍虎山舊藏王羲之書《黄庭經》拓本數十本，其一流傳至今，號稱宋拓，曾經方從義收藏，有“大元至正二年春仲上清道士方方壺識”，鈐“不芒道人”“金門羽客”“方壺書印”三印，天師張正常用力求之數載方得，明洪武十二年(1379)仲夏張宇初有識語述其事，稱乃父爲“先父冲虚公”，而稱方從義爲“方壺翁”②，不用“故”，似乎可以認爲方從義至晚在洪武十二年夏仍在世，其弟子則有陳德新、董鳴漢、李光輔等。

小 結

方從義，據《方壺子玄室銘》，其先出歙縣，屢遷桐廬、弋陽、貴溪，遂占籍貴溪(今江西貴溪)，父命入龍虎山大上清正一宫混成院爲道士，佩受雷門法，亦從金蓬頭受龍虎大丹秘訣，制授“致虚貞白惟一真人”、領杭州路宗陽宫事，入明後，任天師府贊教，通道家言，尤深於《關尹子》，善隸書，好畫，長於山水，初師商琦雙筆之法，既學荆、關、董、李四家，旁及二米。

(責任編輯：秦國帥)

① 《石渠寶笈》卷四二，《景印文淵閣四庫全書》第825册，第584頁。
② 《宋拓黄庭經》，北京：文物出版社，2007年，第8～9頁。

明代樓觀全真道傳承考略

□張 方

摘要:明代的樓觀道教主要分爲宗聖宫與説經臺兩大部分。宗聖宫在洪熙元年(1425)由朝廷任命道士侯圓方住持,説經臺則在宣德元年(1426)由道士孔潛真任住持。侯圓方出家宗聖宫,曾入神樂觀爲樂舞生,後拜王一中、任自垣等正一名道爲師,並參與了朝廷尋訪張三丰的活動。孔潛真出家寶雞玉泉觀,曾遠詣龍虎山謁四十三代天師張宇初親傳道法,並欽承皇命,奉使四方採藥。宣德元年,大真人劉淵然擢其爲説經臺住持。二人雖爲全真道士,却在道法傳承上與正一道有很深的交涉。明中期後,宗聖宫與説經臺均由侯圓方法裔住持。該派使用獨立的派字传承,至明末,師徒相繼傳承八代,派字連起來是"圓、襲、繼、宗、明、道、德、中"。從現有資料來看,该道派並没有强調自己的全真傳承,而是有意識地要創建一個尊崇老子、超越全真宗派的"大宗"。

關鍵詞:明代　樓觀　全真道

作者簡介:張方,男,1982 年生,哲學博士,陝西省社會科學院宗教研究所研究員,研究方向爲中國道教史、宗教藝術史。

樓觀相傳爲關尹修道、老子著書之地,是我國道教最古老的宫觀之一,歷代被奉爲祖庭聖地。在道教興盛的唐代,皇室追認老子爲其遠祖,樓觀被皇帝詔改爲專祠老子的道觀——大宗聖觀,達到空前鼎盛的局面。宋代皇帝又詔改樓觀爲順天興國觀,其遂成爲關西道觀之首。樓觀可以説是中國道教鼎盛時期的宫觀代表,在 1700 多年的傳承中幾經興衰,傳法不絶。明代是樓觀道教的衰落期,相關史料較少。關於明代樓觀道教的歷史,樊光春、王士偉等均有相關論述。[①]近年來,陸續又有明代樓觀道教的史料被發現,這些史料豐富了我們對明代樓觀

---

① 樊光春:《西北道教史》,北京:商務印書館,2010 年;王士偉:《樓觀道源流考》,西安:三秦出版社,2007 年。

道教的認識。有鑒於此，本文擬結合新舊資料，對明代樓觀道教的歷史作一概述。

一、侯圓方與明初的樓觀道教

金末元初，全真道興起，風行於我國北方地區。當時樓觀的道觀建築毁於戰火，全真道掌教尹志平由燕京來陝西規劃祖庭重陽宫復建之時，就近憑吊了樓觀遺址，並將修復樓觀之事託付給了同行而來的李志柔。在李志柔及其弟子的努力下，樓觀再現了往昔的興盛局面。此後，樓觀宗聖宫和各處下院大多爲李志柔一系的全真道士所住持。金元時期，樓觀一直是全真道在西北地區的一處重要宫觀。

明朝伊始，樓觀全真道的傳承情况缺乏史料記載，但其附近的全真祖庭重陽宫仍然是明初全真道士雲遊參訪的聖地。[①] 作爲重陽宫輔翼宫觀的樓觀宗聖宫的全真傳承亦應未斷。據現存寶雞市陳倉區南昌宫明正統五年(1440)《重修玉泉觀叢林碑記》，洪武初，玉泉觀住持全真道士樊善信曾"因謁經臺，起千枝柏，一本植之於觀，至今鬱葱茂盛"[②]。樊善信朝謁經臺，説明當時的樓觀全真道仍有較大的影響力。

據樓觀臺現存的明萬曆二年(1574)《重修三清殿記》，樓觀宗聖宫曾在元至正年間"復拓而新之"[③]；明嘉靖三十二年(1553)《重建五祖七真殿宇碑記》又載："至我大明聖祖履極，暨宣德間亦嘗奉敕重建，於今二百有餘歲矣。"[④]可見，從元末到明初，樓觀道院重修不斷，特别是在宣德年間，樓觀還曾奉敕重修。正德十年(1515)《重修洪妙庵記》記載："迨夫我大明永樂改元以來，興隆道教，真仙出見。適有圓德樂道法師侯公諱圓方，奇表自正，承敷綸音，同禮部尚書胡，驛馳天下名山洞府，尋訪張三丰仙翁。久而復命將歸，給領道藏經，並護敕住持宗聖、重陽等宫，統理道衆。"[⑤]可見，當時樓觀道士侯圓方因參與了朝廷組織的尋訪張三丰的活動而被朝廷重用，命護敕宗聖、重陽等宫，統理道衆。在侯圓方的主持下，重陽、宗聖等宫得以重新修建，一度恢復了元代的盛况。關於侯圓方的生平及師

① 參見張廣保：《明代初期全真教南北宗風研究》，香港：青松出版社，2010 年，第 7 頁。
② 吴受琚編著：《寶雞道教碑石記》，北京：社會科學文獻出版社，2021 年，第 85 頁。
③ 王忠信編：《樓觀臺道教碑石》，西安：三秦出版社，1995 年，第 169 頁。
④ 王忠信編：《樓觀臺道教碑石》，第 165 頁。
⑤ 王忠信編：《樓觀臺道教碑石》，第 163 頁。

承等信息，明萬曆《終南仙境志》有詳細記載：

> 皇明侯圓方，字子正，本縣集賢鄉南集里人。洪武甲寅歲六月十二日，生而神異，童有夙慧，□性恬静，好儒書，常懷入道之志，父母令禮馬公存善爲師。師知爲道器，遂秘樞教之。未幾，遇至人張三丰過臺，師禮奉惟謹。真仙察其心，密有付。洪武丙子，選取天下高行之士，以充神樂觀樂舞生，師應其選。文皇緒承大統，竟遣歸。師遂棄世務，桂瓢箬笠，入龍虎山，又入武當山，南遊江浙，歷華陽、武夷諸福地。遇一中王真人、蟾宇任宗師，受清微祭練之要。既而抱各師之旨歸終南，卓室建壇，混一修練，决暢其志。未幾，上意忽慕真仙張三丰，徵親供識者訪之。時禮科都給事中胡公、道録司玄儀任公，同薦師于闕下，諭齎書徧訪之。凡名山洞府，仙迹靈壇，無不周遍。適鑾輿賓天，詔還。仁宗即位，命修普天大醮，靈貺昭答，聖意悦鑒，厚賜衣帛，褒諭遣歸，命掌宗聖、重陽等宫觀事。于是，玄風日振，道友雲集。民間有水旱疫癘，有司致禮延師，禱之立應。其門徒百餘人，皆陟歷四方度人。天順五年，語諸弟子曰："吾事畢矣。"於本月初十日昧爽，索香湯沐浴更衣，謁殿展禮，回方丈，與諸弟子曰："死生常理，非吾獨有，汝等體道進修，勿生退墮。"言訖，執筆書偈曰："壽年八十八，清心樂煙霞。天邊鶴一聲，蓬島是吾家。"是日，天朗氣清，忽聞香風嚮樹，震雷一鳴，瞑目端坐而化。時正炎陽，三日方斂，面容如生。訃聞，秦王遣使致祭。弟子奉葬於宫之東南仙蜕塋。是時，空中彩雲四合，靈禽異鳥交鳴，悲切良久方去。[1]

按上文所言，明初，張三丰曾在樓觀臺居住過，侯圓方對其禮奉惟謹，張三丰秘有所授。後來，侯圓方被神樂觀選中，入京做了樂舞生。遣歸後，又遍歷名山福地，遇一中王真人、蟾宇任宗師，受清微祭煉之要，既而抱各師之旨，歸終南卓室建壇，混一修煉，决暢其志。其中，"一中王真人"即王一中，湖廣人，從龍虎山上清宫高士遊，得清微至道。符水濟人，禦災捍患，事多靈驗。永樂初，奉命遊四方名山大洞，永樂十一年(1413)，任武當山大聖南岩宫住持。[2] 蟾宇任宗師，即任自垣，明初著名道士。初入茅山元符萬寧宫學道，精修苦行，名聲漸著。永樂四

① (明)王三聘輯：《終南仙境志》卷一，明萬曆初刻、清乾隆補刻本，第 25 頁。關於《終南仙境志》的版本情况，參見劉康樂：《天津圖書館藏〈終南仙境志〉考論》，《古文獻整理與研究》第 5 輯，南京：鳳凰出版社，2020 年，第 100 頁。

② 參見(明)任自垣編：《大嶽太和山志》，《藏外道書》第 32 册，成都：巴蜀書社，1994 年，第 925 頁。

年(1406),選赴文淵閣,參與編修《永樂大典》。永樂九年(1411),任道録司右玄義。永樂十一年(1413),經四十四代天師張宇清推薦,敕授武當山玄天玉虚宫提點。永樂十七年(1419),詔命編修《道藏》。宣德三年(1428),升爲太常寺丞。編修有《敕建大嶽太和山志》。[①] 由此可見,侯圓方之所以能够被朝廷選中,參與尋訪張三丰的活動,除了他曾禮奉過張三丰之外,還與他入京做過樂舞生,拜過任自垣、王一中等道教上層爲師有關。正是任自垣的推薦,侯圓方纔有機會陪同禮部尚書胡濙,驛馳天下名山洞府,這也爲後來他受命修普天大醮,被朝廷任命掌理宗聖、重陽等宫觀創造了條件。

侯圓方所拜的王一中乃龍虎山清微派道士,任自垣則是茅山上清派道士。可見,侯圓方學習了很多正一道法,師承經歷十分複雜,但侯圓方是全真傳承無疑。明正統十年(1445)《重修祖庭碑》有載:"厥姓侯氏,名曰圓方,受業經臺宗聖宫,深悟全真之旨。後以祖庭虚席,興舉乏人,僉議領其事。圓方曰:重陽師真近祖也。興舉之[責]吾其敢辭。乃領住持之命。"[②]按上文所載,侯圓方自幼在樓觀臺出家,禮馬存善爲師,他的全真傳承應該來自其授業師馬存善。關於馬存善,史籍無載,僅明嘉靖七年(1528)《古樓觀靈星門記》上載有"迨至大明宣德癸丑,本宫住持馬存善、侯圓方、孔潛真三人復于是歲而重修焉"[③]。按侯圓方洪武年間出家樓觀拜馬存善爲師,馬存善應爲元末樓觀遺留下來的全真一脈。

二、説經臺住持孔潛真與寶雞玉泉觀

明代初期,樓觀道教主要包括宗聖宫與説經臺兩大部分。關於説經臺道院,明正德十年(1515)《重修洪妙庵記》曾記載:"(侯圓方)其徒三洞法師唐襲淳,自正統間住持説經臺。"[④]萬曆《終南仙境志》亦載:"逮我國朝本臺殿堂門廊,住持相繼募修,如侯員方、唐襲淳、張明玉、趙明坤、張道一以次完葺。"[⑤]看似侯圓方將説經臺住持傳於弟子唐襲淳,但實際上侯圓方並没有住持過説經臺,唐襲淳也不是他的繼任者。樓觀臺現藏明正統四年(1439)《太上老君抱一説》石碣拓片中出現

---

① 王光德、楊立志:《武當山道教史略》,北京:華文出版社,1993 年,第 198 頁。

② 劉兆鶴、王西平編著:《重陽宫道教碑石》,西安:三秦出版社,1998 年,第 135 頁。

③ 北京圖書館金石組編:《北京圖書館藏中國歷代石刻拓本彙編》第 54 册,鄭州:中州古籍出版社,1989 年,第 161 頁。

④ 王忠信編:《樓觀臺道教碑石》,第 163 頁。

⑤ (明)王三聘輯:《終南仙境志》卷一,第 5 頁。

有“終南山古樓觀道祖説經臺住持、玄學弟子虚齋孔潛真景虚敬書”[1]的題名。樓觀臺現存的《道教養生訣刻石》亦爲虚齋孔潛真所書。[2] 而前文所引明嘉靖七年(1528)《古樓觀靈星門記》中也提到“大明宣德癸丑,本宫住持馬存善、侯圓方、孔潛真三人”[3]。可見,還有一位叫孔潛真的道士在宣德、正統年間住持説經臺。這位孔潛真屬不屬於侯圓方弟子?來自何處?又是在什麽時候開始住持説經臺的呢?筆者在寶雞陳倉區的南昌宫發現一通明正統五年(1440)《重修玉泉觀叢林碑記》,碑中記載了孔潛真的生平來歷,碑云:

> 終南一帶多佳山水,而老氏琳宫爲最盛,中多仙人隱者之居,若經臺樓觀、磻溪祖庭即……東餘六十里,背倚鳳原,面接磻溪,襟帶清渭,抱俯釣磯,實周文憲修德之地。而丹陽、長春二真……相來,奇花異卉,而清香襲人,中有白雞泉水出兩竅,支流成沼,若匠氏鑿而成。水涵洪清澈可飲可……蓮播蒔以時,遠而太白雪峰,近而秦山晴嵐,左則諸葛遺風,右則劉綱仙跡,足以供四時瞻眺,致高山□□□□。而斯觀之……昔宋金之所建也。自是厥後,通玄廣德洞真真人命高弟廣陽子侯志玄、張志恒誅茅草創,營殿曰寥陽,曰通明,左三官,右……兵燹而蕩然一空矣。所存者惟觀之故趾,暨明德安静大師孔君志清所立石刊耳。逮我朝皇明啓運,聿崇道教,洪武初御注老子《道德經》頒示天下,首序云:斯經乃萬物之至根,臣民之極寶,王者之上師,寔資以清净之治,爲之建官立司及在在叢林……而玄風丕振矣。維時有道之士樊善信住持是觀,因謁經臺,起千枝柏一本植之於觀,至今鬱蔥茂盛。度希真子王德明領邑之道。……山即其基□□寥陽殿、通明閣、雷祖殿、師官堂、真□神祠、三門、雲房、原業水磨仍復舊規,實道士石懷璧、盧景方、李景原、盧紫雲……成之也。繼是而葺之者,羅玄修啓凌霄門小道,羅原亭新師官堂,盧易安理雷祖殿,由是廢墜粗舉,繪塑僅備。永樂間,法師孔潛真以……而大新之,復誅茅,觀左創玄道□一所,而方丈、雲堂、道室、廚庫、茂林,修刈奇槐虯枝,以次而舉,豫爲往來雲水羽客之便。蓋自創始底……一新矣。潛真欽承□□,奉使四方採藥回,宣德紀元授□□至道長春真人□□擢宏文養素法師、終南道祖説經臺玄學講師住持,於今有年矣。予惟道在天地□,克□無門,運行不息,然而任之則在於人焉。人而任道,則道得於心而見

---

① 王忠信編:《樓觀臺道教碑石》,第 161 頁。

② 參見王忠信編:《樓觀臺道教碑石》,第 48 頁。

③ 北京圖書館金石組編:《北京圖書館藏中國歷代石刻拓本彙編》第 54 册,第 161 頁。

之於事業者，凡大而宗風之振耀，小……之有數。而其託於人者，亦可必其常□。此廣陽子所以托弘重陽祖師，丹陽、長春□道，而能開創於其先；而孔、樊諸君復大廣陽之道，而能繼葺於其後。今潛真又能擴克諸子之道，肯堂肯構而落……之一大成也。噫！苟□其□□道不虛行也，尚矣。孔子曰：人能弘道，非道弘人。老子曰：天下之物生於有，有生於無。偉哉！潛真所趣邁維……孔師字景虛，號隱陽子，禮希真子王先生爲師。德昌其父，張氏惟善其母也，世居里之淳化。遠詣龍虎山謁四十三代天師親傳道法及諸……以道德性命之學爲念。凡水旱疾疫，官民請禱之有應。善詞翰，崇儒道，殆昌黎韓子所謂儒其行而墨其名者也。今年六十餘，童顔兒齒，行……①

據碑刻所載，寶雞玉泉觀在金元時期即爲全真道觀，明洪武年間，玉泉觀住持道士樊善應拜謁經臺，起千枝柏一本植之於觀。可見，玉泉觀與樓觀臺有一定聯繫，或是樓觀臺的下院。後來，樊善應度弟子希真子王德明領邑之道，而孔潛真是王德明的弟子、樊善應的法孫，與侯圓方並無師徒關係。那麽，他爲什麽能被朝廷任命爲説經臺的住持呢？按此碑所云，孔潛真不僅是一名玉泉觀的全真道士，還曾欽承皇命，奉使四方採藥，宣德元年(1426)，由至道長春真人擢爲宏文養素法師、終南道祖説經臺玄學講師住持。可見，孔潛真是在侯圓方住持宗聖宫不久之後即被至道長春真人任命爲説經臺住持的。至道長春真人即劉淵然，明初著名道士。永樂中，升道録司左正一。仁宗時賜號長春真人，給二品印誥，與正一真人等。宣德初，進大真人。其爲人清静自守，故爲累朝所禮。② 宣德初，劉淵然進大真人，爲道門領袖人物，孔潛真能够就任説經臺住持應與他的支持有很大關係。

此外，碑文還透露了一個重要的信息，就是孔潛真曾遠詣龍虎山謁四十三代天師親傳道法。四十三代天師張宇初，博學能文，曾出於明初清整道教的需要，針對道教弊端，編出《道門十規》，同時相當重視全真道的内丹修煉，曾從得全真内丹之傳的劉淵然學道。③ 從這個層面上來説，孔潛真算是劉淵然的徒孫。孔潛真雖爲全真道士出身，但是其與侯圓方一樣，道法都兼有正一派的傳承。現存於重陽宫的明正統二年(1437)《天下祖庭碑》上款題有"正一嗣漢天師張與材題額，

① 原碑現存於寶雞市陳倉區西秦村南昌宫内，略有殘闕。吴受琚編著的《寶雞道教碑石記》曾録文，本文據原碑校録。

② 參見(清)張廷玉等：《明史》卷二九九，北京：中華書局，1974年，第7656頁。

③ 參見卿希泰、詹石窗主編：《中國道教通史》第三卷，北京：人民出版社，2019年，第542頁。

道祖説經臺玄學弟子孔潛真重書"[①]，似乎也印證了孔潛真與龍虎山天師府的特殊關係。明代初期，全真道失去統治者的政治支持，正一科儀法術成爲其在民間生存的重要手段。此外，正一道士多在道教管理機構擁有領導地位，具有較强的社會影響力，這也吸引了一些全真道士拜其爲師。很多全真道士衹有兼修正一，方能在道教管理階層占據一席之地。因此，一些全真道士開始淡化自己的全真教身份，如山東沂山東鎮廟全真道士唐教玉，其墓碑題爲"天師門下拜授上清三洞五雷經籙兼三五都功太平輔化仙卿"[②]；山西全真龍門派道士楊真寶自稱"龍虎山真人府籙、授本年修真經籙、弟子九天金闕神霄侍御大夫、南昌煉度玉府尚書□□□□驅邪□岳先生，七炁真人、黄録院事"[③]；等等。

孔潛真宣德元年(1426)就任説經臺住持，何時卸任不詳。按此正統五年(1440)碑刻所云，孔潛真任説經臺住持，"於今有年矣"，可見孔潛真正統五年尚在任。而前文提到的《重修洪廟庵記》記載侯圓方之徒三洞法師唐襲淳，自正統間住持説經臺。[④] 重陽宫正統十年(1445)《重修祖庭碑》中孔潛真的題名爲"説經臺宏文養素玄學講師孔潛真"，未見"住持"二字。[⑤] 由此推測，孔潛真卸任樓觀臺住持的時間可能在正統五年到十年之間。關於孔潛真的弟子，按正統五年《重修玉泉觀叢林碑記》所載有陳中玄、景中常等人，正統十年《重修祖庭碑》題名中有"説經臺道士唐襲淳、高忠厚"，高忠厚亦可能爲孔潛真弟子。但不知何故，孔潛真法脈並未在説經臺傳承下去。

三、侯圓方道派的賡續

按萬曆《終南仙境志》所載，明代樓觀分爲説經臺與宗聖宫兩個部分，其中宗聖宫有下院玉華觀、東華觀、元始臺、延生觀、玉真觀、吾老洞、五福庵、陽和庵、清和庵等；説經臺有演化庵、吕公洞、玄帝殿、會靈觀、洪妙庵等。[⑥] 侯圓方在樓觀住持數十年，門下弟子衆多，其法裔幾乎遍及説經臺、宗聖宫及其下院組織。比如：説經臺道院，在孔潛真之後，是侯圓方弟子三洞法師唐襲淳任住持。唐襲淳又選

---

① 劉兆鶴、王西平編著：《重陽宫道教碑石》，第 48 頁。

② 趙衛東：《沂山東鎮廟及其宗派傳承》，參見趙衛東主編：《全真道研究》第二輯，濟南：齊魯書社，2011 年，第 300 頁。

③ 李晶明：《三晋石刻大全・盂縣卷》，太原：三晋出版社，2010 年，第 152 頁。

④ 參見王忠信編：《樓觀臺道教碑石》，第 163 頁。

⑤ 參見陳法永主編：《重陽宫志》，西安：三秦出版社，2012 年，第 604 頁。

⑥ 參見(明)王三聘輯：《終南仙境志》卷一，第 1～6 頁。

弟子郝繼常住持重修下院洪妙庵，郝繼常羽化後，其徒郝宗進、徐宗禮，徒孫馬明昌繼續重修洪妙庵。[①] 而唐襲淳的另一位弟子邵繼泰則住持重修下院會靈觀。[②] 説經臺的住持，在唐襲淳後又有張明玉、趙明坤、張道一等。[③] 而宗聖宫的住持在侯圓方後不詳。正統十年(1445)《祖庭重修碑》中有"宗聖宫道士魏襲玄、卓襲淵"[④]的題名，或爲其二人。嘉靖七年(1528)，宗聖宫重修靈星門時，住持爲馬繼江、雷繼升等人。[⑤] 到了嘉靖三十二年(1553)有住持龐宗文、徒仵明宫重修五祖七真殿。[⑥] 參見隆慶年間，宗聖宫的住持爲巨明晏、何明海、陳明壽、高宗賢等。[⑦] 萬曆二年(1574)，宗聖宫住持爲王宗朝、巩明倉、陳明壽等人。[⑧] 關於宗聖宫下院延生觀，弘治年間，有侯圓方法孫張宗學、徒趙明聚重修[⑨]；吾老洞爲道士趙繼亨募緣重修[⑩]；嘉靖年間，東華觀由住持道士蕭明静重修[⑪]；等等。除了樓觀及其下院之外，侯圓方一系的弟子還有被派往其他宫觀的。比如，有一批弟子跟隨他到了重陽宫，正統十年《祖庭重修碑》載："門徒史襲寧、甯襲成、王襲政、楊襲經、杜襲昭等立石。"[⑫]周至啞柏鎮東嶽廟萬曆四十七年(1619)重修碑中載有"宗聖宫派本廟住持道人：趙德霄、李德望；徒薛忠義"[⑬]；寶雞玉泉觀成化十六年(1480)《南昌宫殘碑》中有"宗、明"兩輩道士多人。[⑭] 此處將侯圓方法裔道士題名情況列表如下：

時間	碑名	侯圓方法裔道士題名
正統十年(1445)	重修祖庭碑	門徒史襲寧、甯襲成、王襲政、楊襲經、杜襲昭等；宗聖宫道士魏襲玄、卓襲淵；説經臺道士唐襲淳；門孫屈繼仲、史繼清、魏繼文

① 參見王忠信編：《樓觀臺道教碑石》，第163頁。
② 參見王忠信編：《樓觀臺道教碑石》，第162頁。
③ 參見(明)王三聘輯：《終南仙境志》卷一，第5頁。
④ 陳法永主編：《重陽宫志》，第604頁。
⑤ 參見北京圖書館金石組編：《北京圖書館藏中國歷代石刻拓本彙編》第54册，第161頁。
⑥ 參見王忠信編：《樓觀臺道教碑石》，第165頁。
⑦ 參見王忠信編：《樓觀臺道教碑石》，第166～167頁。
⑧ 參見王忠信編：《樓觀臺道教碑石》，第169頁。
⑨ 參見王忠信編：《樓觀臺道教碑石》，第164頁。
⑩ 參見王忠信編：《樓觀臺道教碑石》，第170頁。
⑪ 參見王忠信編：《樓觀臺道教碑石》，第198頁。
⑫ 陳法永主編：《重陽宫志》，第604頁。
⑬ 此碑現存於西安市周至縣啞柏鎮東嶽廟，未見前人録文。
⑭ 參見吴受琚編著：《寶雞道教碑石記》，第90頁。

續表

時間	碑名	侯圜方法裔道士題名
成化十九年（1483）	南昌宫殘碑	徒任宗嚴、王宗雲、王宗惠、趙宗仁、馬宗玄、胥宗順，門孫石明秀、任明深、李明世、臣明真、張明福、付明暹、王明陽、羅明鎮、劉道訓、靳明章
弘治九年（1496）	大明重建會靈觀記	住持邵繼泰、門徒郝□□、邵宗清、盧宗鼎、武宗勝、司宗錦、宋宗瑭、侯宗道
正德十年（1515）	重修洪妙庵記	住持鄒宗進、徐宗禮，門徒馬明昌、郝明佐、馬明貴、張明深、李明本、朱明鍾、張明鶴、王明良、鄒明望，徒孫趙道璿、田道迎、郝道彝、嚴道河、劉道寅、郝道仙
嘉靖元年（1522）	重修古樓觀宗聖宫下院延生觀記	方二世孫張宗學，徒趙明聚、文明山
嘉靖七年（1528）	古樓觀靈星門記	本宫住持馬繼江、雷繼升、趙繼亨、趙繼熊、高繼璞、李繼威；發心重修弟子王宗果、□宗豐；徒□明績、趙明□
嘉靖三十二年（1553）	重建五祖七真殿宇碑記	宗聖宫道士景明太、仵明宫、王明璋，徒王道印、王道用
嘉靖三十二年（1553）	重建五祖七真殿宇碑記	聖宫發心道士景明太、侯明緒、沈明玉、陳明望、龐明之、于明朝、高明論；徒沈道清、沈道心、于道池、高道重、馮道鄉、□道振
隆慶五年（1571）	宗聖宫銅章石獸銘	知宫住持巨明晏、何明海，發心弟子劉明永、謝道俗、張明福、張道弘、劉德高
隆慶六年（1572）	義記感格記	宗聖主持陳明壽、郭明鑄、鞏明倉、孫□復，住持高宗賢
萬曆元年（1573）	重修吕公洞記碑	經臺住持張道一
萬曆二年（1574）	重建三清殿記	化主田道皐；住持王宗朝、鞏明倉、陳明受，發心王道用、沈德林、張明朝
萬曆四年（1576）	重建吾老洞殿宇記	道士趙繼亨，徒趙□□

續表

時間	碑名	侯圓方法裔道士題名
萬曆十二年(1584)	東華觀修建玉皇閣記碑	主持蕭明静
萬曆三十四年(1606)	説經臺創建救苦殿記	羽士康明卿、馮明交;徒楊道强、李道安、張道乾、嚴道春;徒楊德禮、李德智、張德本、李德福;徒孫楊中長、楊中鉢
萬曆四十二年(1614)	顯靈峰玄帝廟碑	焚修香火弟子魏忠涣
萬曆四十七年(1619)	重修東嶽廟記	宗聖宫派本廟住持道人趙德霄、李德望;徒薛忠義

明代樓觀宗聖宫、説經臺及其下院,從永樂年間侯圓方重修之後,至明萬曆四十七年間,師徒相繼傳承八代,輩字連起來是"圓、襲、繼、宗、明、道、德、中"。這一派字與目前道教流傳的各道派輩字譜均不吻合,來源不明,屬於一種未知的道派。[①] 從現有資料來看,該道派並没有强調自己的全真傳承,而是要尊崇老子,創造出一個兼容並收的道派。比如碑刻中稱邵繼泰"踵老氏之芳躅,究玄元之妙旨"[②]。侯圓方之徒唐襲淳稱"三洞法師"[③],這一稱呼在唐代上清派中十分常見,聯繫到侯圓方曾經拜茅山宗師仜自垣爲師,他所傳的道派或許兼有茅山道法傳承。明隆慶六年(1572)《義記感格記》記載:"宗聖主持陳明壽、郭明鑄、巩明倉,孫□復,皆煉師圓方之後,召致風雨,驅役鬼神,邃會元道法。"[④]同時,侯圓方道派對於全真的内丹修煉似乎不太重視,如萬曆二年(1574)《重修三清殿記》云:"後世學子,泥於有無之論,遂起丹灶之説,而日月龍虎金公姹女媾結之喻紛然,不幾於執認形器,而忘其所謂大道耶,則何足以知伯陽也。"[⑤]

明代中後期,全真宗派字譜興起,並在我國北方地區産生廣泛影響,樓觀道

① 樊光春在《明清時期西北地方全真道主要宗派梳理》中稱此道派"當與張三丰相關,或爲三丰傳人,故此暫定名爲樓觀三丰派"(趙衛東主編:《全真道研究》第一輯,濟南:齊魯書社,2011年,第222頁);劉康樂在《嘉靖三十二年"重建五祖七真殿碑記"與明代全真派字譜的新發現》中則將其暫稱爲"樓觀本山派"(《世界宗教研究》2020年第6期)。

② 王忠信編:《樓觀臺道教碑石》,第162頁。

③ 王忠信編:《樓觀臺道教碑石》,第163頁。

④ 王忠信編:《樓觀臺道教碑石》,第167頁。

⑤ 王忠信編:《樓觀臺道教碑石》,第169頁。

院也不例外。嘉靖三十二年(1553),宗聖宫住持龐宗文重修了觀内破敗的五祖七真殿,並在所立的《重建五祖七真殿宇碑記》碑陰上刻有完整的全真七真的派字譜,這是目前所見最早的完整七真派字譜。七真派字之上碑額刻有"大宗之碑",碑陽碑額刻有"天下第一名山"。[①] 因此,侯圓方道派在全真字譜風行北方之時,依然使用自己原來的字輩,並没有融入這股洪流之中。在七真派譜之上刻有"大宗之碑",説明他們在有意識地創建一個尊崇老子、超越全真宗派的"大宗""大道"。

明萬曆時期,樓觀道院開始出現雲遊至此的全真華山派道士,比如萬曆二年(1574)《重建三清殿記》中有"昔授華山郝祖道教事雲水道人玉陽方演惠"[②]的題名。説經臺下院吕公洞也開始爲全真華山派道士住持。[③] 但這些衹是少數,明代樓觀道院的主流始終是侯圓方道派。明末清初,樓觀焚毁,道衆星散,後由全真龍門派道士主持興復,侯圓方道派漸漸湮没無聞。

(責任編輯:秦國帥)

① 此碑録文及概况,參見考劉康樂、高葉青:《嘉靖三十二年〈重建五祖七真殿碑記〉與明代全真派字譜的新發現》,《世界宗教研究》2020年第6期。

② 王忠信編:《樓觀臺道教碑石》,第169頁。

③ 參見王忠信編:《樓觀臺道教碑石》,第197頁。

論清初全真道在江蘇的傳播

□孫亦平

摘要：全真道在清初第七代律師王常月南下弘法傳戒活動後，因宣導出家守戒的修道精神，以道觀爲活動中心而獲得江南士紳及信衆的支持，在江蘇社會中的影響力日益增大。從保留到今天的《龍門心法》及《碧苑壇經》可見全真道在江蘇傳播的文化特點。王常月在南京講經説法既推進了全真道教義的創新發展，也推動了龍門派在南京、茅山、蘇州等地的傳播。清代全真道在江蘇社會中分宗立派，與正一道形成了相互影響、並行發展的趨勢。

關鍵詞：清初　全真道　龍門派　王常月　江蘇

作者簡介：孫亦平，南京大學哲學系、宗教學系教授，博士生導師，主要從事道教歷史與哲學研究。

在全真教内部形成的各派中，唯有丘處機法嗣爲多，以其爲教主的龍門派最爲興盛。龍門派創於元代北方社會，興於明代，真正在江蘇社會中産生影響還是在清初第七代律師王常月南下弘法傳戒活動後，因宣導出家守戒的修道精神，以道觀爲活動中心而獲得江南士紳及信衆的支持。從保留到今天的《龍門心法》及《碧苑壇經》可見全真道在江蘇傳播的文化特點。值得研究的問題是，王常月在南京的講經説法如何推進了全真道教義的創新發展？如何推動了龍門派在南京、茅山、蘇州等地的傳播？全真道龍門派在江蘇社會中怎樣分宗立派與正一道形成了相互影響、並行發展的趨勢？

一、王常月在南京碧苑開壇説戒

清代初年，江蘇遠離政治統治中心，全真道在民間社會依然得以較爲自由地發展。《金蓋心燈》在介紹龍門正宗的傳承者時，將前五代都稱爲律師，每代有且僅有一人,他們的生平事迹比較簡略,其中還有一些模糊甚至虚構的成分[①],但自北京白雲觀住持、龍門派第七代律師王常月(?～1680)[②]在清初南下傳道後,内容逐漸多起來。尤其是有全真道"中興之祖"之稱的王常月在南下弘法傳戒活動時來到南京碧苑開壇説法,不僅推動了全真道在江南社會中的傳播,而且逐漸改變了江蘇道教的内涵。

王常月於康熙二年(1663)率詹守椿、邵守善等弟子南下弘法傳戒,先在南京"説戒于金陵碧苑":"康熙二年,歲在癸卯,十月之吉,崑陽子説戒于金陵碧苑。"[③]後登上茅山,再去杭州宗陽宫:"康熙三年歲次甲辰三月,國師王真人由京師出駐浙杭之宗陽宫,從者二十餘人。"[④]又去湖州金蓋山等地立壇收徒傳戒[⑤],演説"龍門心法",努力"將龍門七代家風,告諸大衆",再到湖北武當山傳"龍門三壇大戒",皈依弟子達萬餘人。"明年秋,姑蘇施法師亮生,吕律師守來迎我真人,乃出山,之穹窿,詹某等從行。"後來,王常月又因施道淵法師之請到蘇州穹窿山傳戒,"與交有雲隱、靖庵、赤陽、石庵、明陽、鐵竹輩二十餘師,互闡太上宗風"[⑥]。這就是王常月在江南的大致行歷。

王常月在南京碧苑開壇説法,既是對自己所樹立的弘道理想的實際踐行,也加大了全真道在江蘇社會的影響力。《王崑陽律師傳》記載了王常月的生平及學道趙真嵩、於北京白雲觀傳道授戒等事迹。值得注意的是,王常月在白雲觀針對道門中"頹衰不振,邪教外道,充塞天下,害人心術,壞我教門"的狀況,乃繼承丘處機仿照佛教沙彌、比丘、菩薩三戒制定出初真、中極和天仙"三壇大戒",並改革過去"單傳秘授"的舊制,實行公開傳戒,希望通過嚴行戒律來闡揚道教信仰的神聖性,提升道士的道德水平,恢復早期全真道所宣導的"功行俱全"、積極服務於社會的正面形象。

這種改革的思路一方面順應了明末清初處於複雜尖鋭民族矛盾中人們希望

---

① 孫亦平:《論全真道龍門派在江南地區的傳播與影響》,《宗教學研究》2010 年第 3 期。

② 《金蓋心燈》卷一《王崑陽律師傳》中關於王常月的生年有兩種説法:一是據范青雲《鉢鑒續》的記載,認爲王常月生於嘉靖壬午年(1522),"師年一百三十有四歲";二是王常月弟子吕雲隱所傳,認爲王常月生於萬曆甲午年(1594)。道門中一般采用范青雲説(《藏外道書》第 31 册,成都:巴蜀書社,1994 年,第 183 頁),但據尹志華《清代全真道傳戒初探》考證,吕雲隱的萬曆甲午年説,"可信程度應該較'嘉靖壬午年'説要高"(趙衛東主編:《全真道研究》第一輯,濟南:齊魯書社,2011 年,第 241 頁)。

③ (清)王常月:《碧苑壇經》卷首,《藏外道書》第 10 册,成都:巴蜀書社 1992 年,第 159 頁。

④ 《金蓋心燈》卷二,《藏外道書》第 31 册,第 187 頁。

⑤ 有關湖州金蓋山全真道龍門派,請參見[日]森由利亞:「全真道龍門派系譜考——關於〈金蓋心燈〉に記された龍門派の系譜に關する問題點について」,『道教文化への展望』,東京:平河出版社,1994 年。

⑥ 《金蓋心燈》卷二,《藏外道書》第 31 册,第 187 頁。

振興漢民族宗教與文化的願望;另一方面,這種弘道活動所具有的維繫文化共識、凝聚民族和社會群體的功能,也迎合了清王朝希望利用道教來安撫人心、穩定社會的要求,對清初北方地區的社會穩定有一定的促進作用。王常月認爲:"自七真闡教之後,教相衰微,戒律威儀四百年不顯於世。"[①]王常月"丙申三月望日奉旨,主講白雲觀,賜紫衣凡三次,登壇说戒,度弟子千餘人,道風大振"[②]。他在北京白雲觀六次開壇説戒,强調"戒行精嚴",使蕭條的白雲觀逐漸恢復了往日的生氣。但他並不滿足於僅在京城弘道,而是期望到各地公開傳授"龍門戒法",以此提高道士素質,抑制教門腐敗,這便是他南下江蘇的動因。

清初全真道在南京的發展與王常月南下傳道所起的推動作用是分不開的。王常月到南京後,住在城西北虎踞關側的隱仙庵,此處地方不大,名氣不小,因當年陶弘景在南京隱居於此,故名。明嘉靖五年(1526)嶗山道人高玄禮結草,名竹林道院。崇禎三年(1630)易今名。王常月到南京後"嘗恢復江寧虎踞關之隱仙庵"[③],並與此地士紳名流相交結,開壇傳戒説法。

陳鼎所編《留溪外傳》卷一七《心月道人傳》記載了譚守誠(? ～1689)遇王常月得"龍門心印"後在南京傳道之事迹。陳銘珪(1824～1881)撰《長春道教源流》也爲譚守誠立傳:

> 譚守誠,號心月,楚之鄖縣人。……明亡,遂棄家爲道士。……一日遇王崑陽,相見如故,遂偕往武當山中,傳秘密精義。操修二十餘年,無晷刻少懈。崑陽知其有所得,以龍門心印付之,屬曰:"爾得吾道,當以度人爲急。度一人證道,即積無量功德也。"于是守誠遊行天下,以救拔爲主,誘人于至道。丁寧告誡,勿使墮落旁門。後至江南,見有根器者衆,乃於隱仙庵設教焉。誨人以忠孝爲本,以誠静爲用。其徒從者幾千人。康熙己巳,語諸學人曰:"吾將逝矣,當在某月日也。"至期,沐浴更衣,説偈曰:"一心静極萬緣消,獨露真容月正高。自在希夷堪湛寂,龍門法律柏林操。"端坐而化。得其學者黄州詹太林晋柏也。[④]

---

① (清)王常月:《碧苑壇經》卷上,《藏外道書》第10册,第168頁。
② 《崑陽王真人道行碑》,《白雲觀志》,《藏外道書》第20册,成都:巴蜀書社,1992年,第592頁。
③ (清)陳教友撰:《長春道教源流》卷七,《藏外道書》第31册,第134頁。
④ (清)陳教友撰:《長春道教源流》卷七,《藏外道書》第31册,第134～135頁。

譚守誠是龍門正宗第八代律師，其弟子第九代律師詹太林，即詹維陽。[①] 彭定求在《詹維陽律師塔銘》中曾提及王常月傳戒譚守誠之事："時當崑陽王律師金陵行道之後，其嗣心月譚律師以先生爲入室高弟，付龍門派第九傳云。"[②]明確將譚守誠視爲王常月的法嗣，並跟隨王常月到江浙活動，其中還特别提及王常月在位於南京城西虎踞山之隱仙庵設教傳道的事迹："當時南京隱仙庵在龍門派受戒弟子中享有'祖庭'的聲譽。"[③]後來，譚守誠不僅傳演龍門心法於詹維陽，而且與江南道士陶靖庵、黄守中、黄虚堂、黄守圓、吕雲隱等交往密切，促進了龍門派在江蘇的分宗立派。譚守誠最後在南京隱仙庵"端坐而化"。

另有恒山道士龍起潛在《初真戒律序》中講述王常月在京都白雲觀設戒壇，傳戒演鉢，一時授受弟子千有餘人，然後再傳戒廣演於江浙間，聲教四溢，自己在南京隱仙觀初識王常月師的經歷："昔余識師於江南之隱仙庵，私心已尸祝之矣，因狂心未歇，難遽投拜；今朝謁武當，幸遇師傳戒於玉虚宫中，遂發心皈命而受持戒律……康熙十三年歲次癸丑、恒山持戒弟子龍起潛稽首拜題。"[④]可見王常月在當時南京隱仙觀傳戒之影響。

王常月在南京碧苑開壇弘道説戒的内容，經弟子記録整理後，形成了兩個版本：一是《龍門心法》，由"第七代律師西晋崑陽子王常月傳，弘道闡教法孫維陽子詹太林校，弘道闡教元孫初陽子唐清善演"[⑤]，分爲上、下卷；二是《碧苑壇經》，由"大清高士全真演教龍門承律第七代崑陽子王常月演，第八代戒弟子施守平纂，第十一代宗裔閔一得訂"[⑥]，分爲五卷，卷首、卷上、卷中、卷下、卷末，收入《古書隱樓藏書》第一册。這兩個版本因不同記録者聽講時所記，文字内容有些微差異，但宗旨相同，就是圍繞著一個主題："念戒行精嚴四字，降心順道唤作戒，忍耐行持唤作行，一絲不雜唤作精，一毫不犯唤作嚴。"[⑦]王常月還撰有《初真戒律》一卷、《鉢鑒》五卷等，仿效的是佛教戒律的做法，希望通過"持戒在心""戒律精嚴"來提升修道者的道德境界，抑制道門中因過度世俗化而導致的傳統被遺忘、神聖被消

① 房永謙所抄《玄都律壇威儀戒科全部》記載了龍門派第七代至第十五代律師法座，其中"第九代隱仙堂，上太下林維陽詹大真人"（王卡、汪桂平主編：《三洞拾遺》第11册，合肥：黄山書社，2005年，第51～52頁）。

② （清）彭定求：《詹維陽律師塔銘》，黄阿明點校：《彭定求詩文集》下册，上海：上海古籍出版社，2016年，第666頁。

③ 尹志華：《王常月學案》，濟南：齊魯書社，2011年，第13頁。

④ 《初真戒説》，《藏外道書》第12册，成都：巴蜀書社，1992年，第14頁。

⑤ 《龍門心法》上卷，《藏外道書》第6册，成都：巴蜀書社，1992年，第729頁。

⑥ （清）王常月：《碧苑壇經》卷首，《藏外道書》第10册，第159頁。

⑦ （清）王常月：《碧苑壇經》卷上，《藏外道書》第10册，第169頁。

解、思想變浮淺、生活變隨意等腐敗現象，使全真道由過去的注重性命雙修的内丹修煉轉爲宣導嚴持戒律，因此他所“復興”的龍門派在江南又被稱爲“龍門律宗”。

二、龍門派在茅山的傳播

明末清初，龍門正宗第七代有律師王常月和宗師沈常敬(1523～1653)。與王常月同輩的沈常敬曾隱居江蘇茅山，門庭亦盛，下傳第八代律師孫玉陽宗師、黄赤陽律師等。

孫玉陽，年十九遊金陵，遇沈太和於陶谷。沈太和帶至茅山，授龍門宗旨及秘書三十六種，爲其改名守一。孫玉陽嘗居茅山乾元觀，後去金蓋山、杭州大德觀，其門下有閻曉峰繼守茅山，傳龍門心法。孫玉陽下傳周明陽、范青雲等。范青雲宗師曾主天台山桐伯宫講席，後奉敕建崇道觀，開龍門桐柏觀支派。王常月南下傳道時，孫玉陽派門人周明陽前去求戒，後又派周明陽去杭州大德觀“使嗣赤陽律師”。

黄赤陽，原名玨，後易名守元，年四十去大德觀從陳致虚學道，後潛習於天目山，出遊於茅山，隱於湖州碧巖，求戒於京城白雲觀，得龍門正宗。黄赤陽曾從王常月受戒，合王、沈二系傳承於一身，他曾住杭州大德觀，又下傳周明陽。

第九代律師周明陽(1628～1711)，江蘇震澤人，字元朝，號明陽子，早年隨父到京都白雲觀，遂有出家之志，後至茅山拜乾元觀主孫玉陽爲師。王常月南下時，周明陽跟隨兩年多，進授大戒，後成爲“茅山乾元觀之宗嗣，杭州金鼓洞之開山祖，金蓋山雲巢之宗師”[①]，又與王永寧共開杭州棲霞嶺金鼓洞支派(又稱“金鼓堂”)，一時影響頗大，從學者千餘人。“如果此時全真道教的盛行一時，堪稱龍門中興，則真正將全真龍門發揚光大於江南者，首推周明陽而並不是王常月。”[②]周明陽是前期江南全真道龍門派的代表人物，其弟子高東籬(1621～1768)，在金鼓洞修道40多年，“事明陽周祖爲師”，作爲第十代律師，晚年又繼范青雲主持天台桐柏觀，門下有方鎔陽、沈輕雲、閔　得等。方鎔陽門下的王嶧陽開蘇州裴嫁橋斗母宫支派，奉周明陽、高東籬爲傳法祖師。第十一代律師閔一得(1758～1863)所開金蓋山支派門庭最盛，闡述龍門派傳承歷史的《金蓋心燈》即爲其作，他是後

① 《金蓋心燈》卷三，《藏外道書》第31册，第214頁。

② 吴亞魁：《江南全真道教》，上海：上海古籍出版社，2012年，第346頁。

期江南全真道龍門派的代表人物。

另外,笪重光(1632～1692)稱,王常月在金陵時曾攝静於“金陵清凉山祖庭隱仙庵”[①],受四方文人士紳的迎請,在開壇弘法時,皈依弟子達萬餘人,笪重光也曾隨之參學。[②] 保留到今天的全真道開壇傳戒的《初真戒律》雖爲王常月所撰,但後序則是笪重光於康熙十二年(1673)所寫,署名爲鬱岡居士笪重光:

> 先生(指王常月)攝静於金陵之隱仙庵,受四方迎請,爲闡揚斯義。僕棲拙鬱岡時,得侍先生几杖。蒙教言不棄,與先生諸弟子遊。每述先生内養之道,精通祖訣,只以傳戒設教,故秘而不談,誠有見於學仙之事,非塵界不德之子所易希冀,惟恪奉戒規,磋磨凡骨,此即築基鍊己之要道也。[③]

其中特别講到王常月將持戒置於修仙之首,這對笪重光後來在茅山傳播全真道時宣導“傳戒設教”產生了重要的影響。但有兩點值得注意:一是笪重光在《茅山志》中未提沈常敬這一系駐足於茅山乾元觀,二是在《茅山志》中開列了康熙十年(1671)茅山各宫觀住持捐資助刻名單,其中有茅山正一派各宫觀的住持,但没有乾元觀道士。故有人質疑笪重光曾師從王常月以及傳承龍門派的身份:“該書的後序是笪重光所作之説也就未必可靠。更有甚者,題名爲笪重光的該後序暗示王常月於康熙二年(1663)於南京説戒時,笪重光即成爲其弟子。而笪重光《茅山志》成書於康熙八年(1669)。在其《茅山志》和他的其他著述中,都從未提及他師從王常月以及自己是龍門派弟子”[④],進而質疑笪重光與王常月傳戒弟子黄守中、陶靖庵、吕雲隱、伍守虚、金築老人等,在蘇杭湖各地宫觀傳經説戒,成爲在南方推廣全真道龍門派的啓派師,甚至是道教龍門派第八代啓派師[⑤]的説法,其理由是:“今人論著皆云出自《道統源流志》,此即民國嚴合怡所著《道統源流》。但查1929年上海道統源流編輯處刊印的《道統源流》,並未提及笪重光。”[⑥]

若聯繫清代至民國江蘇全真道文獻的零星記載來看,笪重光在龍門派中的知名度有一個從無到有、從低到高的發展過程。清代王豫(約1785～1821)所輯

---

① 《初真戒説》,《藏外道書》第12册,第17頁。

② 有關隱仙庵的情况,參見尹志華:《清代文人與南京隱仙庵》,趙衛東主編:《全真道研究》第六輯,濟南:齊魯書社,2017年,第69～82頁。

③ 《藏外道書》第12册,第31頁。

④ (明)劉大彬編,江永年增補,王崗點校:《茅山志》下册,上海:上海古籍出版社,2016年,第671頁。

⑤ 例如,《句容文史資料》第8輯,1990年,第66頁;王玉國編:《鎮江文物古迹》,南京:南京大學出版社,1993年,第212頁。

⑥ (明)劉大彬編,江永年增補,王崗點校:《茅山志》下册,第671頁。

《江蘇詩徵》收有笪重光師事全真道士朱太倥的詩文《示人》一首，表達了對道教信仰的嚮往："習静歧儒俗，居山異市廛。斷齋忘大欲，辟穀想真傳。有著成迷妄，無心合聖賢。瘦筇兼野鶴，隨境度流年。"[①]朱太倥，字冲陽，昆山人，"嘗主江都(今江蘇揚州)之瓊花觀，讀書好古，得詹真人法。笪在辛、諸乾乙樂與之遊，事之如師，問飛昇黄白之術，即叱曰：'外道也。'"[②]陳銘珪(1824～1881)在《長春道教源流》中引用此詩，並明確指出朱太倥既是詹太林真人的弟子、笪重光之師，也是王常月弟子譚守誠的弟子。若依此排列，笪重光應是龍門派第十代弟子。[③] 從對笪重光鮮少記載，到承認他是龍門派第十代弟子，再到認爲他是第八代啓派師，這一過程與他對茅山道教的貢獻相聯繫。笪重光於順治十七年(1660)離開鎮江去茅山鬱岡齋掃葉樓、松風閣隱居，積極推行全真道的"持戒弘道"思想。康熙八年(1669)，題名爲"鬱崗真隱笪蟾光審編"的清本《茅山志》十四卷刻本面世，現收入《藏外道書》第19冊中。這部《茅山全志》在元代劉大彬主編《茅山志》的基礎上，再次擴大了茅山道教在清代的影響。

詹維陽(1625～1712)，又稱詹太林，字晋柏，號維陽子，湖廣黄州麻城縣人。彭定求所撰《詹維陽律師塔銘》載其"徑投江西南昌鐵柱宫，入黄冠侣，來寓吴門全真律壇受戒。慕茅山爲仙宗奥府，往寓鬱岡之乾元觀。檢閲藏經凡三載。嘗採藥過良常洞天，見石函中秘扃《龍門心法》一帙，精思而勤習之，若有神授"。王常月在金陵行道之後，其嗣心月譚律師以詹維陽爲入室高弟，付龍門派第九傳。詹維陽在雲遊傳道，闡揚教律後，"既渡江而東，句曲令欽仰加禮，延主乾元觀方丈"。康熙四十五年(1706)，彭定求乘暇再重遊茅山時，又登上峰頂九霄宫，拜三茅真君後，由曲水亭、喜客泉、繡衣亭而下，經崇禧宫，下泊宫，之鬱岡，入乾元觀，"朝真茅山，訪先生於鬱岡丈室，一見深契。所論者以禦氣凝神之功，合於誠意正心之理，視夫世之托符籙以矜異，挾丹術以誘迷者，實相懸殊也"。[④] 據説，當詹維陽帶領彭定求參觀茅山時，彭定求想起自己曾於30年前第一次於月夜遊句曲茅山時，見到"山麓結茅爲宇，坐三黄冠，道容純古"，在得到三黄冠者"餉以飯蔬，皆仙家味"的招待後，恍惚之間，登至茅山高峰之巔欣賞金陵美境，由此獲得了一種宗教體驗。在彭定求看來，詹維陽秉持著王常月所傳龍門戒律，"外以整肅威儀，

① (清)王豫輯：《江蘇詩徵》卷一八三，(清)陳教友撰：《長春道教源流》卷七，《藏外道書》第31冊，第135頁。

② (清)徐珂：《清稗類鈔》第35冊，北京：商務印書館，1920年，第73頁。

③ (清)陳教友撰：《長春道教源流》卷七，《藏外道書》第31冊，第135頁。

④ (清)彭定求：《詹維陽律師塔銘》，黄阿明點校：《彭定求詩文集》下册，第666頁。

内以精研性命"[1],由此可見龍門派在清代茅山乾元觀傳播的情况。詹維陽於康熙五十一年(1712)羽化後,葬於茅山,依其弟子之請,彭定求作《詹維陽律師塔銘》。

王常月的傳戒活動之所以能够在短短的時間内於大江南北造成廣泛的影響,使全真道在一定程度上得以復興,與其以持戒弘道的做法分不开。王常月的一些弟子再雲遊傳道,使原來主要活動於北方的龍門派得以在江蘇廣泛傳播並形成了一些支派,其勢力逐漸超過全真北七真門下其餘諸派而一枝獨秀,以至出現了"天下道士半全真,天下全真數龍門"的局面。

三、龍門派在江蘇分宗立派

清代時,龍門派雖然以北京白雲觀爲中心,但江南地區是其主要傳播地。據《金蓋心燈》記載,王常月之下的第八代律師就有 15 人——伍守陽、詹怡陽、黄虚堂、程謌山、陶靖庵、黄赤陽、吕雲隱、金築老人、譚心月、黄冲陽、程華陽、林茂陽、鐵竹道人、江處士、雞足道者等,其中在江蘇傳道者有如下几位。

伍守陽(1574～1644),字端陽,號冲虚子,少時篤好道德性命之言:"十齡奮志明經學,得遇重陽祖七篇。十三歲初生異志,念念導真求出世。十六許可批其文,不向橋門争二試。廿齡名利便休心,儒衣敝履幡然棄。"[2]伍守陽先師承龍門派道士曹還陽、李虚庵(泥丸)學丹法,後"吉王聞之羅致而師事,師恐有禍,及遁至天台之瓊臺",遇龍門派第六代律師趙復陽(名真嵩)。趙復陽在 25 歲時父母雙亡,乃遠遊武當、茅山及吴越之間。復登天台,皈依張無我門下,授以戒法。趙復陽認爲伍守陽是"律門真種子",便推薦他去王屋山清虚洞天向王常月問道受法。崇禎十二年(1639)秋,伍守陽在南京弘道:"大明崇禎十二年己卯秋,邱真人門下第八派分符領節弟子冲虚伍守陽序於南都(即南京)燈市道隱齋中。"[3]第二年,伍守陽回南昌看母親,但《金蓋心燈・王崑陽律師傳》引《鉢鑒續》曰:此年王常月"師前於崇正庚辰年五月五日於王屋山手録大戒三册,首授江西伍端陽,名

① (清)彭定求:《茅山遊記》,黄阿明點校:《彭定求詩文集》下册,第 547 頁。

② 《伍真人修仙歌》,(明)伍冲虚、(清)柳華陽:《柳華陽、伍柳仙宗全集》,北京:宗教文化出版社,2013 年,第 360 頁。

③ 《藏外道書》第 5 册,第 782 頁。

守陽,號冲虚律師"[1]。伍守陽是否在此年去王屋山、是否從王常月受戒,還須考辨[2],但據説伍守陽見王常月後,"一見契合,遂皈投,疊受三大戒,得名守陽,字曰端陽",成爲龍門正宗第八代律師。

詹守椿(? ～1700),字扶摇,號怡陽子,金陵人,性孝,朋友阮大鋮(1587～1646)招之不赴,遂遁之王屋山,歲乙未(1655)至京師受戒白雲觀。清康熙二年(1663),詹守椿與邵守善同隨王常月長途跋涉南下立壇傳戒。康熙三年(1664),詹怡陽隨崑陽王真人南行住浙杭之宗陽宫。康熙三十九年(1700)不知所終。

黄虚堂(生卒年不詳),名守正,字得一,江南長洲人,家中世代習儒,13 歲入蘇郡學庠,15 歲冠古學,名振吴會,後在閒遊靈巖山時遇異人。值逢世運滄桑,黄虚堂遂决意出俗。崇禎十六年(1643)遊茅山,後與吕雲隱相交爲友。然後再北上燕京,逢王常月説戒白雲觀,遂執弟子禮,受初真戒,啓蘇州滸墅關太微律院支派。康熙三年(1664)始晋受中極戒於武林宗陽宫。未幾,復受天仙戒。當時吕雲隱於吴地開冠山律院,於是黄虚堂前去開演鉢堂,受戒弟子衆多,最有代表性的是孫碧陽律師。孫碧陽,名太岱,17 歲皈玄人。後遇黄虚堂而師之,疊受三壇大戒,越一年仙逝。[3]

吕雲隱(? ～1710),名守璞,其父吕崧,字貞九,吴縣人,"髫年補博士弟子員第一,飆於太倉庠,名傾吴會"。明末亂世,社會動蕩,吕崧乃棄家爲道士,成爲清微派第二十三代法師,後在蘇州婁門築小桃源居,取度人之意,故名"桴庵",卒後即葬於此。王常月在白雲觀説戒時,吕雲隱"前謁真人,一見喜曰:'是真法嗣也。'遂授初真戒,旋於武林晋授中極戒。此師二十齡及二十四齡事也。師二十一齡,父將羽化,預期示兆,師聞馳赴,課葬小桃源"。後來吕雲隱捨宅爲觀,"師修明性地,大闡宗風,建梵天壇,魏元君、劉天君殿暨父塔院於小桃源"[4],啓蘇州冠山支派。吕崧所築小桃源即是新道派的創立地,後成爲蘇州著名景點桃花塢。

吕雲隱門下還有吕全陽、鮑三陽、樊初陽、翁朝陽、金玉衡、徐艮陽、邱寅陽、錢函陽、孫則陽、歸南陽、邵悟真、徐鶴嶺、潘無盡等積極弘傳龍門心法,其中邱寅陽啓嘉善(嘉興)長春宫支派,錢函陽啓無錫長春宫支派,金築老人啓餘杭金築坪天柱觀支派,門下有潘牧心、王洞陽、潘天厓遞相嗣傳,他們擴大了蘇州冠山支派的傳播範圍。另外,還有不少弟子,或隱居一地修道,或雲遊四處傳道。蘇州地

① 《藏外道書》第 31 册,第 184 頁。
② 卿希泰主編:《中國道教史》(修訂本)第四卷,成都:四川人民出版社,1996 年,第 40 頁。
③ 《龍門正宗覺雲本支道統薪傳》,《藏外道書》第 31 册,第 427 頁。
④ 《金蓋心燈》卷二,《藏外道書》第 31 册,第 198～199 頁。

區傳播全真道龍門派的冠山支派具有如下的特點：

第一，接續著王常月的龍門派傳統，但也融合了在江南傳播的其他教派内容。"歲庚申"，王常月來江南傳道後"將返平壺，取平日自用錦囊、如意、源流、拂麈等，印封完密，屬侍者曰：'姑蘇吕守璞來，付之。'時康熙十九年十二月二十五日也"①。王常月將自己修道所用之物悉授予吕守璞，意爲定吕守璞爲龍門派的衣鉢傳人。雖然"這種以吕守璞爲王常月法嗣的説法，與康熙時陳鼎所撰《心月道人傳》和彭定求所撰《詹維陽律師塔銘》的記載不符，也未爲後來的《白雲仙表》和《龍門傳戒譜系》所采納"②。但《金蓋心燈》中列有《吕雲隱律師傳》，將吕雲隱作爲清微派第二十四代，龍門派第八代律師③，這與吕雲隱開創蘇州冠山道團所具有的融合性是分不開的。

第二，宣導奉持戒律，嚴守清規。吕雲隱平時"戒律甚嚴"，之所以能得受王常月自用的修道之物，與他平時"性功淵朗，胸無纖翳，藹藹乎春融，浩浩乎秋空，動爲閒雲，静爲止水。平日一意修持，不求文字藻飾，一旦豁然照灼，則信口拈來，皆妙諦矣"④有關。這種平日一意修持的態度也成爲冠山道團的一種精神標誌。

第三，在家修道與出家居觀相結合。早期全真道主張出家住庵清修，龍門派更强調奉持戒律，但傳到江南後，受江南正一道在家修道的影響，將道團組織與家族血脈傳承結合起來。家族奉道在一定程度上改變了北方早期全真道出家住庵注重清修的傳統，但是加强了冠山道團在蘇州的地緣經濟和文化力量。

吕雲隱撰有《心印經注》《東原語録》《復立山房詩》行世，傳其律者有吕全陽等數十人，其妻子江雲城也受吕雲隱影響，開創全真道龍門派女貞宗一系。《金蓋心燈》卷六下《江雲城大師傳》稱："女道士江雲城者，名正合，雲隱律師之妻也。江南吴江人。年十七歸律師，律師志在修真，端坐不卧。江叩以故，律師告以情，請從此别。江笑曰：'子有志，余獨無志？'遂亦起坐不得復卧，而相敬如賓焉。已而律師尋父外出，江惟日誦《黄庭》，曉夜不之間，頗有心得。魏夫人爲之夢降者三。"⑤後來，吕雲隱奉父歸還後，喜江雲城有出世修道之志，乃加授《靈飛經》："妻

① 《金蓋心燈》卷二，《藏外道書》第 31 册，第 199 頁。
② 尹志華：《王常月學案》，第 98 頁。
③ 《金蓋心燈》卷二，《藏外道書》第 31 册，第 199 頁。
④ 《金蓋心燈》卷二，《藏外道書》第 31 册，第 199 頁。
⑤ 《金蓋心燈》卷六，《藏外道書》第 31 册，第 291 頁。

江氏，亦慨然有出世志，遂禮翁爲師，取名正合，號雲城，築女貞仙院，修煉其中。”[①]此“翁”即指吕嶅。江雲城創建坤道修煉的女貞宗，拜吕嶅爲師，所在宫觀稱女貞仙院，自己“實爲近時女貞班首”[②]。江雲城領導的女貞仙院以奉持清修戒律爲特點，江雲城“出開女貞觀於木瀆，規矩森密，五尺童子不得獨入。數載道成，得王霞棲而授以道，遂白日冲舉”。王霞棲接續努力，“又有年，遠近閨貞節孝，咸皈附之，女貞宗益振”。[③]

冠山支派内含乾、坤兩宗，在世家大族的支持下，以道觀爲活動中心得以興盛傳播。帶有江南文化特色的道觀經濟逐漸滲入地方社會，成爲江蘇道教的新特色並受到清王朝一定程度的扶植。

四、江蘇全真道龍門派的文化特點

從《金蓋心燈》中可以看出，王常月之後，其弟子相繼在江南各地開山授徒，江蘇的茅山、蘇州、無錫等地一時間出現了許多龍門分支岔派，另外杭州金鼓洞、餘杭大滌山、湖州金蓋山、台州天台山，尤以清嘉慶朝之前繁衍傳播爲最盛，以至“龍門派”幾乎成爲全真道的代名詞，其傳播的盛況可與佛教五家禪中的臨濟宗相媲美，故世有“龍門、臨濟半天下”[④]之説。

在江南傳播的龍門派繼承傳統，“龍門派一以清虚自然爲宗，而不事神奇，與老聃莊列之説爲近，至其原本，忠孝則其指，并不悖於聖賢矣”[⑤]。以清虚自然爲修道之本，宣導以道融匯儒佛、懲忿窒欲、遵行戒律、修煉内丹，以傳播“龍門心法”爲己任，同時也表現出一些獨特的江南文化特點。

第一，以吕祖崇拜爲信仰特點。八仙中的吕洞賓因具有誓願度盡天下人，然後自己再成仙的顯化度人精神，深得江南民衆的喜愛與尊奉，民間扶乩、解夢、靈簽等占卜吉凶禍福的活動往往託之吕祖。龍門派繼承了道教的多神信仰，尤其突出了對吕祖的崇拜，倡“吕仙之道，傳丘長春”，並將金蓋山視爲“吕仙純陽子化身所遊之地”，因此江南地區全真道觀中大多建有吕祖殿、純陽宫等。與社會各階層的民衆追求祈福消災的心理需求相關，吕祖往往成爲當地最占香火的神仙，

① 《金蓋心燈》卷二，《藏外道書》第31册，第198頁。
② 《金蓋心燈》卷六，《藏外道書》第31册，第291頁。
③ 《金蓋心燈》卷六，《藏外道書》第31册，第292頁。
④ (清)陳教友撰:《長春道教源流》卷六，《藏外道書》第31册，第113頁。
⑤ 《金蓋心燈序》，《藏外道書》第31册，第161頁。

也推動了清代之後江南各地儒士對吕祖的事迹及《吕祖全書》的關注與認同，引發了一種江南社會文化現象——吕祖乩壇的流行，又帶動了道士群體的分化。當時的"道教信徒可歸類爲三種形式的信仰群體，第一種是宫觀出家道士（或是非出家而依附宫觀的道士），第二種是民間火居正一派道士，第三種是道士以外的扶乩道壇信仰群體。吕祖乩壇中的主要推動者，即爲第三種信徒，他們以在家弟子和信衆作爲聚合中心，這對於我們理解明末清初以來的道教發展尤爲重要"[①]。由在家弟子和信衆帶動的吕祖乩壇也從一個側面促進了江南的龍門派以民衆道教的形式發展。

第二，宣導奉行"以戒爲師"的傳統。王重陽在創教之初就撰《重陽立教十五論》，對全真道士的宗教生活提出了帶有禁忌性的具體要求，希望通過宣導戒律，樹立全真道之新風，以與舊道教相區别。丘處機則仿照佛教戒律，立全真道的"三壇大戒"。後來，王常月將持戒與修仙相聯繫，在江南宣導"學道不持戒，無緣登真仙"，將戒律精嚴作爲得道成仙的基本要求。江南全真道龍門派將持戒精嚴作爲道士必須遵守的行爲準則。由於持戒是對修道者言、行、意的一種約束，其目的是促進修道者爲善去惡，以提升道德來嚴肅道門風氣，因此龍門派在當時江南社會中一度産生了比較積極的影響。但隨著時間的推移，在實際修道中是否及如何"以戒爲師"却因人、因觀、因派而異。例如南京隱仙觀爲吸引士紳文人前來，注重培養道士的詩文琴棋水準，而冠山支派可以在家修道，但女貞仙院則主張"規矩森密"，這些都需要具體問題具體分析。

第三，重視内丹修煉。江南龍門派道士中出現了一批富有成就的内丹家，他們著書立説，促進了道教内丹學的發展。例如，伍守陽通過佛仙互釋來闡發仙道之宗旨，著有《天仙正理》《仙佛合宗語録》《金丹要訣》《丹道九篇》等。閔一得所編《古書隱樓藏書》録有 38 種内丹著作。這些内丹著作往往援佛入仙、援易入道，强調丹法步驟應從煉性入手，通過佛仙互釋、易道互證來闡發仙道之宗旨，大大豐富了明清時期道教内丹修煉的形式與内容。

第四，與正一道相融合。正一道在江南地區有著悠久的傳播史，其注重符籙禁咒、齋醮祈禳，以香火道場來傳道，在普通民衆中有著較大的社會影響力。龍門派來到江南之後，自然而然地受到正一道的影響，不僅表現在龍門派道士中出現了與正一道士類似的在家修行的情況，這與早期全真道宣導出家修行的傳統

① 黎志添：《清代四種〈吕祖全書〉與吕祖扶乩道壇的關係》，《中國文哲研究集刊》（臺北）2013 年第 42 期，第 186 頁。

形成了區别,而且兼嗣正一教法,將持戒、煉丹與符籙齋醮相結合,甚至開創出帶有正一道特色的龍門支派。龍門派第八代律師鐵竹道人施道淵,字亮生,本從王常月受初真戒、中極戒,後改皈正一道,善五雷法,驅役百神,爲人除祟魅、療疾苦,不以取利①,後啓蘇州穹窿山支派。十一代嗣師徐隆巖,本"持三戒,出之金蓋",後兼傳正一法脈,"師精於法,禱雨祈晴,無不立應",其徒陳樵雲、蔣雨蒼、朱春陽、史常哉皆得正一法②,行祈禳齋醮,建香火道場。在江南地區傳播的龍門派具有與正一道相融合的文化特點。

[本文爲國家社科基金重點項目"東方道文化與新時代人類命運共同體的構建研究"(項目批准號:19AZJ002)、國家社科基金重大項目"儒佛道三教關係視域下中國特色佛教文化的傳承與發展研究"(項目批准號:18ZDA233)子項目的階段性成果]

(責任編輯:張琰)

① 《玄妙觀志》卷四,《藏外道書》第 20 册,第 467 頁。

② 《金蓋心燈》卷四,《藏外道書》第 31 册,第 244 頁。

《黄帝陰符經集解》中所載鍾離權《解》釋義

□章偉文

摘要:明《正統道藏》洞真部玉訣類收録《黄帝陰符經集解》三卷,其中有正陽真人鍾離權之《解》,本文對此《集解》所收"鍾離真人"注之意蘊試作闡發。從託名鍾離權此注的特點可以看出,其一方面强調《道德經》清静、符契自然之理,另一方面又强調積極作爲的修持,以即身成道,修身、治世。這大致保持了唐宋以來鍾吕内丹學的基本特徵,即堅持天人合一、無爲自然;身國同構、性命雙修;寶精惜炁、聚炁凝神;明陰陽消長之規律,法其生剋之理,抽添有度、進退有時,宜生則生、宜殺則殺,如此則害裏可生恩、恩可出於害。由此,此注繼承了先秦道家無爲自然、虚静恬淡、儉嗇保精的精神,將之運用於修身、治國,展示了唐宋内丹道教修身、治國同理的價值取向。

關鍵詞:《黄帝陰符經集解》　鍾離權　釋義

作者簡介:章偉文,1969年生,江西臨川人,北京師範大學哲學學院教授,主要研究方向爲易學、道教、歷史哲學。

《黄帝陰符經集解》三卷,原題赤松子、子房真人張良、太極左仙翁葛玄、西山真人許遜、正陽真人鍾離權、純陽真人吕巖、華陽真人施肩吾、至一真人崔明公、海蟾真人劉玄英、清虚真人曹道冲等十真人撰,出於明《正統道藏》洞真部玉訣類。

此《黄帝陰符經集解》首列鍾離權對《經》題的解釋,由此推測,此《集解》有可能爲推崇鍾吕金丹學一系的道徒所集。一般道史、仙傳皆以鍾離權爲漢人,故此書首列鍾離權之解題及張良之《頌》,但因及北宋女道士曹道冲(曹文逸)之注,故此《集解》最後編成或當於南宋金元時期。另外,此《集解》所收鍾離權注,皆謂"鍾離真人曰",而不稱"帝君曰",這表明最晚於元代中期册封全真五祖爲帝君之前，此《集解》已編成。《道藏提要》認爲，此《集解》應爲南宋道士的假託之作①。

關於此《集解》所收"鍾離真人"注之藴意，我們試作如下闡發。

一、釋"黄帝陰符"之義

此注先託名鍾離權解釋《黄帝陰符經》書題之意。其謂：

> 鍾離真人曰："黄者中央之色，帝者君主之名。中以統於五行，帝以治於萬物。陰者性之宗，符者命之本，此《陰符》之旨。内以修身，外治家國，包羅天地，總御群方，古今得道仙真，皆因此義以至於无爲矣。"②

此以中國傳統的五行配五方的理論來解釋"黄"，認爲"黄"爲中央之色，而"帝"爲君王之名號。五行中，土居中央，土旺於春、夏、秋、冬四季，故中黄之土可以統四時、五行；人間世之"帝"則法天地五行相生、相克之理以治人事、理萬物。關於"陰符"之義，其以"陰"喻人之性，因道家觀點趨向人性本静，陽動而陰静，情欲擾動而本性清静，故"陰"之静可爲人性之宗本；"符"者，契合也，修命之功，當取法身體自然生理的法則，與之相契合，而不能違背其中具有的生命自然之則，故"符"即契之義，"符"契生命自然之法則，乃養命之本。

鍾離權此注重在以人之性、命安頓來解《陰符》之旨，在此基礎上更進一步，認爲《陰符》内可以修身，外可以治國、平天下，其理包羅天地，總御群方；自古至今之得道仙真，皆因《陰符》之義而得修身、治國之功效。從理論上説，因爲陰静則能歸根、復本，符契於理則能無爲，無爲便可以通向無不爲。如此説來，《陰符》之旨實與老子《道德》五千言相通。

從託名鍾離權此注的特點可以看出，鍾吕内丹學對先秦道家老子的思想有所繼承、發展，其一方面强調《道德經》清静、符契自然之理，另一方面又强調積極

① 任繼愈主編之《道藏提要》謂："《黄帝陰符經集解》三卷，《道藏》作一卷。原題'赤松子、子房真人張良、太極左仙翁葛玄、西山真人許遜、正陽真人鍾離權、純陽真人吕巖、華陽真人施肩吾、至一真人崔明公、海蟾真人劉玄英、清虚真人曹道冲'，共十人，故又稱'十真集解'。然而是書實際爲南宋道流所爲。篇中屢次引用葛玄、張良、赤松子、許遜、施肩吾等人七言頌語以及《滿庭芳》、《玉堂春》之類詞牌，其爲依託甚明。所引張良註文皆不見於七家註本。引'淑真曰'一條，不見於袁淑真《集解》。其註主於内丹，言性命兼修、煉精化炁之旨，蓋出於全真道士之手。考《道藏》餘字號唐淳《陰符經註》已引用'吕真人'、'施真人'、'袁淑真人'註語，該書亦主内丹，卷前有金哀宗正大己丑(1229 年)孟綽然序。則此本成書年代亦當在南宋。是書經文用三百字本，分三章，亦與唐淳註同。"(任繼愈：《道藏提要》，北京：中國社會科學出版社，1991 年，第 86、87 頁)

② 《道藏》第 2 册，北京：文物出版社、上海：上海書店、天津：天津古籍出版社，1988 年，第 746 頁。

作爲的修持，以即身成道，修身、治世。這可以視爲其所追求的理想目標，於其中，其歷史的價值便得到落實、呈現。

二、“神仙抱一演道章”解題

對於《陰符》之“神仙抱一演道章”之主旨，託名鍾離權之注認爲其要點在於，人當法天、法道而行，則可與天、道合一；人通過觀天之道、執天道之法則而行，就可以無妄心、妄行，一循天道而無爲。當然，天、道通過陰陽、五行而顯現出來，五行有順、有逆，彼此有生、有剋，故謂之五賊，不過其生、剋皆是道的體現，人得其生、克之機，則可以息心、去慮，一任於天機而行。

在解《陰符》之“神仙抱一演道章”首句“觀天之道，執天之行，盡矣”時，其謂：

> 鍾離曰：“大道无形，視聽不可以見聞；大道无名，度數不可以籌算。資道生形，因形立名。名之大者，天地也。即天地上下之位而知大道之高卑，即陰陽終始之期而知大道之前後。冬至則地中陽升，五日一候，三候一炁。經六炁而至春分。是時陽升入陽位，又六炁而之夏至，廼陽升到天，太極而生陰，陰以杳冥，抱陽而下降。夏至則天中陰降，經六炁而至秋分，是時陰降入陰位，又六炁而之冬至，廼陰降到地，太極而生陽，陽以恍惚負陰而上升。升降不失其道，是以天地長久。惟人也集靈以生，資道而立，體天法道，調運陰陽以心腎，方合天地上下之位。用炁液比陰陽升降之儀，將一日效一年，使一時象一月，養命按法，下功依時，陰陽交合，不失其道，亦當與天地齊其堅固而同得長久矣。執者，持也。觀天持法，依令而行，萬事皆畢。故曰：觀天之道，執天之行，盡矣。”①

於此，託名鍾離權之注沿襲了《鍾呂傳道集》《靈寶畢法》對於自然天道運轉之機的一般看法，堅持天人相合、天人合發，强調人應該法天、體道，依令而行，如此方能得萬事皆合於其理的理想狀態。

此注繼承老子《道德經》關於形上道體不可視聽言説的思想，認爲作爲萬化之根本的形上大道本無其形，人通過視、聽皆不可以見聞大道；大道亦無可名其狀、無其度數，不可以籌算之。通過强調大道的無形、無名，鍾離權之注於此確定

① 《道藏》第2册，第746、747頁。

大道是涵攝一切的大全，肯定了大道的無限包容性和可能性，故任何有限的形下之形與名，皆無以對之進行全面的描述、籌劃。

道既然是涵攝一切的大全，故道爲萬化之基、萬物之本。萬物皆憑資於道而得生，生則有形，因形而立其名；於億千萬計的形名之物中，其體最大者則爲天、地。道與物雖有形上、形下之分，然道不離物，物不離道，形上之大道即因形下之物而得以顯現。故大道本無高卑、前後，但因形下存在便顯現出高卑、前後，人可以通過即天地上下之位而知大道之高卑，即陰陽終始之期而知大道之前後。

大道之行雖神妙莫測，然亦可以通過天地間陰陽二氣的消長以説明之。如冬至則地中一陽升起，陽氣上升，有其度數，如五日則爲一候，三候則爲一炁，經六炁而至春分。春分之時，陽氣升入陽位；又經歷六炁，而至於夏至，此時，陽氣升到天，達到極盛。陽氣達到極盛，則轉而生陰，故陽氣太極則生陰，陰以杳冥而抱陽氣而下降。夏至則天中陰降，經六炁而至於秋分，此時，陰氣降入陰位，又六炁而至於冬至，此時陰氣降而到地，陰氣太極而生陽，陽以恍惚，負陰氣而上升。故天地間陰陽之氣的消長有升降，然皆不失其道，是以天地能够長久。

人爲萬物之靈，集靈以生、資道而立，通過體天、法道，調運自身陰陽，以心爲陽天，以腎爲陰地，乃能與天地上下之位相合。故在修煉時，人以自身的腎氣、心液比喻天地間陰陽二氣之升降、交接；以一日、一時之中身體氣、液的循環，效法天地間陰陽二氣一年、一月之運轉；在此過程中，按天地自然之法養命，依天地變化之時下功，使自身的氣、液陰陽交合，不失其道，則亦可以與天地齊其堅固而同得長久之壽。

託名鍾離權之注認爲，經文所謂"執"，就是持的意思；觀天而持法，依天時之令而行，則可以萬事皆得其所，故天下本無事，庸人自擾之。於此，人心可以休矣、歇矣！其解"天人合發，萬變定基；性有巧拙，可以伏藏"句説："鍾離真人頌曰：天人合發定心基，復命歸根盡性時。隱迹韜光修道德，伏藏元火守柔雌。"①

託名鍾離權之注認爲，人心合於天、道之機，則可以與道相契，而息心遣慮，故説"定心基"。以道爲根基，天與道合一，即所謂天得一以清；人與道合一，即所謂人得一以生，天、人皆合於道，即所謂天、人皆得一，是之謂"天人合發"。從人之角度而言，人與道相合，就可以"得一"而清心息慮，此時正可以復天命之所賦而歸根、盡性；故人之心遊於道德之鄉，無妄發而隱迹、韜光，則可以修道德而使之彰顯，伏藏身中元陽之火，使之不外泄，守柔雌而與世俗混、和光同塵。

① 《道藏》第2册，第748頁。

三、"富國安民演法章"解題

《陰符》卷中爲"富國安民演法章",託名鍾離權之注解釋此題意,認爲"富"有足備之稱,"安"有康寧之義,並將人身與家國相比,所謂:

> 鍾離真人曰:"富者,足備之稱;安者,康寧之義。身如家國,心比父君。君正則天下普安,心静則萬神皆裕。一身之中,靈備萬物,精炁血脉,藏腑魂魄,皮膚毛髮,比同兆民。君主无事則民庶均安,知足忘貪,則是名真富。故《道德經》云:知足者富。又云:愛民治國,能无爲乎?又曰:爲无爲,則无不治矣。又曰:我无爲而民自化,我好静而民自正,我无欲而民自朴,我无事而民自富。此乃安民富國之法旨也。"①

鍾離權於此注中提出,人爲萬物之靈,人的一身之中,即靈備萬物。人身如同家、國,人之心好比父君,精炁血脈、藏腑魂魄、皮膚毛髮好比兆民。就國家而言,君正則天下普安,就人身而言,心静則精、炁不擾而充盈,從而萬神皆裕。一個國家中,君主無事,則民庶均安,知足忘貪,此則名真富。其引《道德經》中的觀點,闡發何爲真正的安民、富國:若一個國家君主知足、民衆不貪,即所謂"知足者富";君主"愛民治國",應當做到"無爲",因爲君主無爲、無欲、無事,則民自正、自化、自樸,合於"爲無爲"則"無不治"的效果,這些即爲安民、富國之法。此法既可以安邦、定國,亦可以修身、養性。鍾離權注認爲,人心静安,則精、炁充盈不散,就能生發"不神"而"神"之效。其解"人知其神而神,不知不神而所以神"句說:

> 鍾離曰:"神者,妙而无方,陰陽不測之謂也。但知萬物從陰陽而生長,殊不知陰陽自不神而生焉。不神者,至道也。虚寂者,无爲也。故曰不神。此不神之中能生陰陽、日月、三才、萬物,是不神而所以神也。"②

此注取《周易・繫辭》"神妙萬物而爲言""陰陽不測之謂神"之義,認爲神妙而無方,陰陽不測即所謂神。所謂"不神"指大道,大道虚寂無爲,故曰不神;然此不神之中却能生陰陽、日月、三才、萬物,此乃不神之所以神。所以,雖然萬物從陰陽

---

① 《道藏》第2册,第749頁。

② 《道藏》第2册,第750～751頁。

而生、而長，但陰陽自不神而生、而有。

大道無爲、清静，此謂之不神；造化生成萬有，陰陽不測，此謂之神。對此陰陽不測之神，《陰符》力圖揭示其神妙的根本原因在於“三盜既宜，三才既安”。如《經》云：

> 天生天殺，道之理也。天地，萬物之盗；萬物，人之盗；人，萬物之盗。三盗既宜，三才既安。故曰：食其時，百骸理；動其機，萬化安。①

對此，託名鍾離權之注解曰：

> 鍾離真人《滿路花》云：“人人皆有道，迷者不知源。天生天殺理，妙中玄。樞星斗晷，運逐時遷。澄心忘愛慾，順序調神，慧通覺性靈圓。既三才三盗宜安，富國豈爲難。食時骸固理，煉丹田无妨，市井不礙作朝官。綿綿胎息，炁養嬰兒，任從烏兔往然。”②

又其解《經》文“日月有數，大小有定。聖功生焉，神明出焉”句説：

> 鍾離曰：“日月，陰陽之精華，六合之中，爲至尊也。積日爲月，積月爲歲，行歷周天，各有度數；盈昃進退，亦有大小。此則日月有數，大小有定也。”③

《周易·繫辭》提出“天有陰陽，地有柔剛，人有仁義”；《周易·説卦》提出“立天之道曰陰與陽，立地之道曰柔與剛，立人之道曰仁與義”；《陰符》承繼《易傳》天、地、人三才相並的思想，在此基礎上，進一步提出天地、萬物、人三盗的思想，認爲天地之道有生、有殺：萬物盗天地之機而生，人盗萬物而得養，同時，萬物也盗人，天地也盗萬物，三者之間相盗各有其機、理，合於此機、理，則萬化皆安。

託名鍾離權之注提出，天有生殺之理，奇妙而玄，北極樞星、北斗、日晷，其運皆逐時而遷。日、月爲陰陽之精華，東西南北上下六合之中，日、月爲至尊的存在。一日一日的積聚則形成爲月，積每一月則爲歲，日、月行歷周天，各有其度數；日、月盈昃，各有其進退，亦有其大小。此則日月有數、大小有定的意思。

---

① 《道藏》第2册，第750頁。
② 《道藏》第2册，第750頁。
③ 《道藏》第2册，第751頁。

天人之理相合,人身陰陽之氣的運轉亦如天地,有其進退之度數。修煉者綿綿胎息,炁養嬰兒,任縱烏兔即身中陰陽之往來、交集,就可以修其身命、强其筋骨;加之澄心忘却愛欲,則其心能順序以調神,其智慧就可以覺悟其本性之靈圓。

天地人三才相盜而宜,則三才皆安。人們因其時而食,則骸固而理;因其時而修行,則丹田充盈。又因修身之理與治國之道相通,故每個市井之人,若能修身合於正理,綜而統之,則可有益於富國、安邦。若以此言之,則確實是"市井"亦不礙作"朝官"。所以,欲得富國豈有難處,但知修身合於天機、正理,則身、國皆安。因爲人人皆稟承普遍之道性,衹是迷者不知其源罷了。

但是,正如《經》文所説:"其盜機也,天下莫能見,莫能知。君子得之固躬,小人得之輕命。"對待此天機、聖理,君子持守而順受之,無爲而無不爲;小人則執持之以謀其私,汲汲爲之而輕命,二者所行似同,其心實異!

四、"强兵戰勝演術章"解題

《陰符》下篇稱"强兵戰勝演術章",託名鍾離權之注對其進行解題:

> 鍾離真人曰:强者,康健之稱;兵者,禦戎之器。《德經》曰:益生曰祥,心使炁曰强。《易》曰:天行健,君子以自强不息。言體天德純陽之道,統御群生,以心爲主,以炁爲兵,君主无爲,无不治矣,此乃清静无爲之道。以道降魔,罔有不克。故曰:强兵戰勝。①

於此解題中,其詳言修道者要體天德"純陽之道"統御群生之功,以自己的心爲主,以自身的精、炁爲兵,以心御炁,神炁相抱、相合。此説源出《乾・彖》解卦辭"元",所謂"大哉乾元!萬物資始,乃統天"。乾之元乃爲萬物之資始,就人的身心而言,心爲身之君,亦乃乾之元,身爲心之臣民,君主無爲,則臣民得安,天下無不大治,此乃清静無爲的"亨通""利貞"之道。此道既可以之修身,亦可以之治國,降魔伏怪,無有不克,故稱此篇爲"强兵戰勝"。當然,就其側重點來説,它仍然偏重於治身、修心,故其所謂"强",乃是康健之稱;而所謂"兵"雖爲禦戎之器,但人身所具充盈之精、炁,亦是人抗擊各種病患的有力武器,稱精、炁爲兵,實亦未嘗不可。

---

① 《道藏》第2册,第752頁。

託名鍾離權之注將《陰符》“强兵戰勝”之主旨歸源於《老》與《易》，認爲《德經》所説“益生曰祥，心使炁曰强”，《易》所謂“天行健，君子以自强不息”等，皆是《陰符》“强兵戰勝”之説的根據。

如何以心馭炁？託名鍾離權之注解《經》“天之至私，用之至公”句云：

鍾離真人頌曰：“天地氤氲象至私，生而不有至公時。用之至公用南北，使之神聖使東西。”①

天地陰陽二氣氤氳交結，陰求陽、陽戀陰，似有至私之象；然而，在此過程中，天地生長萬物不據爲己有，此乃“至公”。於此注中，南北喻指修煉者的精與神，因五行之方位，南屬火而北屬水，南方之火配神而北方之水配精；東西喻指修煉者的魂與魄，因五行中，東方屬木而西方屬金，五臟中，肝屬木而肺屬金，按中醫理論，肝藏魂而肺藏魄。所謂東西、南北，其意實指修煉者要交媾精神，使其魂魄相拘不離，而無論是交媾精與神，還是合其魂與魄，皆要做到清静、無爲，即所謂“用之至公”，如此則能使北方水之精與南方神之火相濟，使東方木之魂與西方金之魄相即不離。

五行相生相剋、三才相盗相宜過程中，有生有殺，有害有恩。修道之人要洞曉恩與害相互轉化之機，見機而作，方能立於不敗之地。其解《經》文“生者，死之根；死者，生之根。恩生於害，害生於恩”句，有云：

鍾離真人曰：“恩者害之源，害者恩之流。”②

所謂恩與害，並不絶對，恩可以成爲害之源，害亦可以成爲恩之流。無論是生、是殺，是害、是恩，其中皆有天地之大愛、大道之真善。故其解《經》文“愚人以天地文理聖，我以時物文理哲”句説：

鍾離真人頌曰：“玄象高明示吉凶，愚迷悛理亦成功。但隨時物行真善，日月無窮道自通。”③

大道生天、生地，生人、生物，於此過程中，有生、有殺，有恩、有害，如春生、夏長、

① 《道藏》第2册，第754頁。
② 《道藏》第2册，第754頁。
③ 《道藏》第2册，第755頁。

秋收、冬藏,若無秋之肅殺,無冬之收藏,萬物便不能成熟,不能貞下起元、生生不息,此則爲大道玄象高明之處! 即使是愚頑昧理之人,若能去其私,循天機、物理而動,隨時、隨機而變,宜生則生、宜剋則剋,就能與大道相通。如此,無論是生、是剋,皆可謂其所行乃爲"真善",法此而行,則天地可得長久、日月可得長明,大道自然通達無礙,無有窮期。

綜觀託名鍾離權注《陰符》之義,大致堅持了唐宋以來鍾吕内丹學的基本特徵:第一,天人合一,無爲自然。强調人修煉内丹要因循天地之道,於人身中演天地陰陽運化之大旨,做到天人合發、無爲自然。第二,身國同構、性命雙修。認爲修身與治國同理,修性與修命要配合起來,身與心並重,精、炁與神凝聚,如此則能貫通性與命、身與心、内與外、天與人。第三,精、炁與神乃人修煉内丹之至寶,人們當寶精惜炁、聚炁凝神,方是消除、抗拒病魔之利器;如同一國,若君正、國富、民强,則可以强兵戰勝、自立自强。第四,精、炁與神的配合有其機,五臟與五行相比擬,五行之間有生有剋,有害有恩,五臟之炁也有消有長,有升有降;既然身體氣機運行、陰陽升降消長有其規律、法則,修内丹者就要明其消長之規律,法其生剋之理,抽添有度、進退有時,宜生則生、宜殺則殺,如此則害裏可生恩、恩可出於害等。這些思想繼承了道家無爲自然、虚静恬淡、儉嗇保精的精神,於理上能够做到通達無礙;在具體的修行實踐中,强調了人當法則天地自然之機,運用陰陽轉化、五行生剋之理,達成害與恩的轉化,從生死之"限"中超脱出來,修仙得道、長生久視。不僅如此,還可以將之運用於治理天下、國家,實現富國强兵、安民定邦。故在託名鍾離權之注看來,《陰符》實乃修身、治國的一部奇書,其中藴含了宇宙天地間的至大、至廣、至深之理。

(責任編輯:胡常春)

新發現孤本《馬鞍山志》的文獻價值

□汪桂平　馬傑

摘要:《馬鞍山志》是一部描寫山東省道教名山馬鞍山(又稱馬山)的志書,係民國石印本。該山志是在清雍正十一年(1733)李寅賓所撰《馬山志》的基礎上增補重修而成,由於流傳稀少,以前未被發現和著録。筆者新近發現了一部《馬鞍山志》的完整印本,該書收藏於遼寧省圖書館,未見其他館藏,當屬孤本,其内容比舊抄本有所增補,具有珍貴的版本價值與文獻價值。該書不僅在比較異文、校正舊抄本訛誤方面展示了其獨到的校勘價值,而且增補記載了馬山道教史上關於道教經書、宫觀管理和道教人物等方面的諸多文獻資料,從而展現了極其重要的文獻價值。

關鍵詞:《馬鞍山志》　孤本　《馬山志》　李寅賓　魏圓志

作者簡介:汪桂平,中國社會科學院世界宗教研究所研究員;馬傑,中國社會科學院大學世界宗教研究系博士研究生。

《馬鞍山志》是一部描寫山東省道教名山馬鞍山(又稱馬山)的志書。該山志起修於清代雍正十一年,由北海人李寅賓修撰,名《馬山志》,一直僅有抄本行世。至清末民國,馬山聚仙宫、平安殿道士對其進行了增補重修,刻成石印本,名《馬鞍山志》,流傳亦稀少。目前抄本《馬山志》原件已不可尋,但有 1996 年的標點重印本和 2018 年的校注整理本行世。而石印本《馬鞍山志》以前未被發現和著録,筆者新近於遼寧省圖書館發現了一部完整印本,未見其他館藏,當屬孤本,其内容比抄本有所增補,具有重要的版本價值與文獻價值。兹就《馬鞍山志》的歷代版本和流傳情況進行考述,並對新發現民國石印本《馬鞍山志》的文獻價值進行初步探討。

一、《馬鞍山志》(《馬山志》)的版本與流傳

馬鞍山,亦名馬山,位於山東省青島市即墨市城西。唐代稱牛脾山,因其二

峰並峙,形如馬鞍,明清稱“馬鞍山”,簡稱馬山。最高峰海拔 233 米,風景秀美,山上廟宇建築衆多,在歷史上一直是重要的宗教活動場所。萬曆二十八年(1600)藍思繼撰《馬鞍山重修真武廟碑》載:

> 縣治西十五里,山名馬鞍,峰巒秀挺,起伏連絡,宛然天馬貴人。面滄海,接嶗峰,爲里邑虎鎮。上有丹穴,春夏之交,時吐雲氣,煙霧變化,朝夕萬狀,山峙奇絶,不啻海中蜃氣……高人隱士,多棲其間。山之艮有廟,以奉玄帝,其創建不知幾何時,中有重修記在。歷歲既久,風雨侵尋,像設塵埋,山右貞婦于氏,顧瞻興歎,乃盡力捐資,督工重整,不越歲而焕然一新。①

據上可知,馬鞍山自古以來就是山水靈秀、高人隱居之地,山中建有真武廟等廟宇,明代多次重修,信衆虔奉。

經過明末清初的戰亂,馬山廟宇破壞殆盡,所謂“山中舊有玉皇、真武及金山大王等諸殿宇,歲久荒蕪,斷瓦頽垣,没於寒煙衰草間”②。順治五年(1648)全真龍門派道士李常明來到馬山,開始恢復馬山廟宇。在李常明及其徒裔的經營下,馬山道教漸至興盛,廟宇擴建,道士衆多,影響廣大,發展成爲著名的全真道大叢林。當代人編修的新《馬山志》記載:

> 在李常明等幾代掌門道人的慘澹經營下,馬山道教日臻興旺,規模日臻擴大,名聲日臻遠播。據不完全記載,僅馬山山陰之馬山廟就占地 100 餘畝,殿堂 10 多幢,藏經 1500 餘卷,道士 140 多人,並轄不其山的百福庵、四舍山的仙姑庵、丈二山的通明宫、興隆山的玉皇廟、大沽河岸的天宫院、流浩河邊的長直院、天井山的龍王廟、城里的真武廟、城隍廟、東關的高真宫等 20 多處廟頭,成爲清代即墨境内道教當然的大叢林。③

馬山道教的興盛吸引了不少文人和好道者,清雍正年間,北海人李寅賓來到馬山,看到馬山的盛況,於是著手編寫《馬山志》,雍正十一年(1733)成書。該書是馬山的第一部志書,大概一直以手抄本傳世,後世版本均以此本爲依據。到了清末,在李寅賓《馬山志》的基礎上,馬山住持道士進行了少量增補,刻成石印本行世,名爲《馬鞍山志》。20 世紀 90 年代,即墨市文化局對傳世抄本李寅賓的《馬

---

① 藍思繼:《馬鞍山重修真武廟碑》,《馬鞍山志》卷六《藝文志》,民國石印本。

② (清)李寅賓:《馬山志》,即墨:即墨市文化局,1996 年,第 56 頁。

③ 即墨市政協文史資料委員會編:《馬山志》,内部資料,1996 年,第 2 頁。

山志》(根據影本,原本已不見)進行了點校整理,形成整理本,仍名《馬山志》。2018 年,李偉剛、史先鋒、王世德的《清雍正李寅賓〈馬山志〉校注》出版,該校注本以《馬山志》手抄本爲依據,參考即墨市文化局《馬山志》點校本,采用詳注的方式重新點校,並配圖,於 2018 年 7 月由中國海洋大學出版社出版。以上四種,是《馬山志》的歷代版本,儘管各版本的内容稍有差異,但其最初底本都是李寅賓的《馬山志》。兹將該志的歷代版本和流傳情況考述如下。

1.清雍正十一年抄本《馬山志》

清雍正十一年(1733),北海人李寅賓纂修的《馬山志》成書。該書爲抄本,59 頁,6 卷(篇),約 3 萬字。① 其 6 卷目録爲“宫殿志第一”“道藏目録第二”“七真宗派碑第三”“三仙傳第四”“聖真遺訓第五”“藝文志第六”。李寅賓在雍正十一年自序中講述了撰志的緣由,曰:

> 天下名山洞府多矣,不必盡有志也,馬山一陵阜耳,何以志焉?曰:志其人,非志其山也。苟無其人,則高岩廣岫有不足道者;苟有其人,雖一亭一臺、一池一洞、一石一木,好事者猶且目爲古迹,作爲詩歌賦頌,以傳誦於無窮,而況於一山耶!泥丸李師祖,仙人也,而非衹仙人也。其行藏則羽客,其心地則佛祖,其創立則豪傑,其功德則聖賢。登萊二郡之民,於今受其賜。而其言論、風采,施爲、履歷,顧散軼於口耳碑板間,曾無搜羅而訂正之者,誠山海間一大缺陷也。寅賓流寓於此,飲食誦法,猶沐餘息,高山景行,無日不切於懷。誠恐數年之後,傳聞日訛,木石易朽,耆年有物故之傷,繼起無能文之士。故訪之長老,采之簡編,剔苔蘚而問殘碑,撫斷文而推蠹字,纂志六篇,留之常往,使後來者得以考據焉。②

李寅賓有感於馬山道教祖師李常明的德行風采,恐後世佚失,故爲馬山作志。作者李寅賓自稱“北海”人,“山間過客”,“流寓於此”。除該書外,尚未發現李寅賓的其他資料。“北海”爲古地名,大概在山東青州一帶。北海李寅賓大概是一位文學之士,來到馬山參訪,遂流寓於此,他對馬山道教文化極有興趣,幫助整理經書,采訪探碑,從而編纂了這部山志。

該山志全面記載了馬山的建築、藏書、宗派、祖師以及詩詞碑記等。全書分

① 李偉剛、史先鋒、王世德主編:《馬山紀行(代序)》,《清雍正李寅賓〈馬山志〉校注》,青島:中國海洋大學出版社,2018 年,第 2 頁。

② (清)李寅賓:《馬山志》,第 1 頁。

爲 6 篇,亦即六卷,其體例是除書首有總序外,每篇篇首亦有小序,以概述本篇主旨。如卷一爲"馬山宫殿志",前有小序,介紹馬山宫殿概況,曰:"本山自師祖整頓以來,雕樑畫棟,焕爛於山頭,……山上之爲殿者七,常住之爲殿者亦七。今略表其神號,注其所出,並三洞四輔,諷誦所宜,使四輩信向之人,知所皈依然。"①接後是依次描述山上玉皇殿、三官殿、雷神殿等 15 座宫殿的供奉神像、所用經誥等情況。其卷二爲"重校馬山道藏目録",前有小序兩篇,一篇是本山道士魯太璞所撰《原序》,一篇爲李寅賓所撰《重校馬山藏經目録序》,序後爲整理出來的馬山藏經目録。其他各卷,也基本遵循這一體例。可以説,李寅賓修撰之《馬山志》體例完整,文字練達,内容豐富,是一部主要描述馬山道教的志書。

李寅賓《馬山志》自雍正十一年(1733)成書後,大概一直以抄本形式流傳。至清末民國,馬山道士據舊本進行了增補重修,做成石印新本。

2.民國石印本《馬鞍山志》

關於民國重修本《馬鞍山志》,流傳稀少,以前未見任何記載和引用。筆者近年在主持國家"十三五"規劃文化重大工程《中華續道藏》的子課題"東北地區道學文獻調查編目與搜集複製"過程中,全面梳理了東北地區館藏道書目録,發現遼寧省圖書館收藏有一部石印本《馬鞍山志》(見圖 1)。查閲其内容後驚喜地發現,所謂馬鞍山就是山東即墨馬山,這本《馬鞍山志》就是在李寅賓《馬山志》的基礎上重修的。可以説,這是一部新發現的道教史料,且除了遼寧省圖書館收藏外,未見其他館藏,當爲孤本。

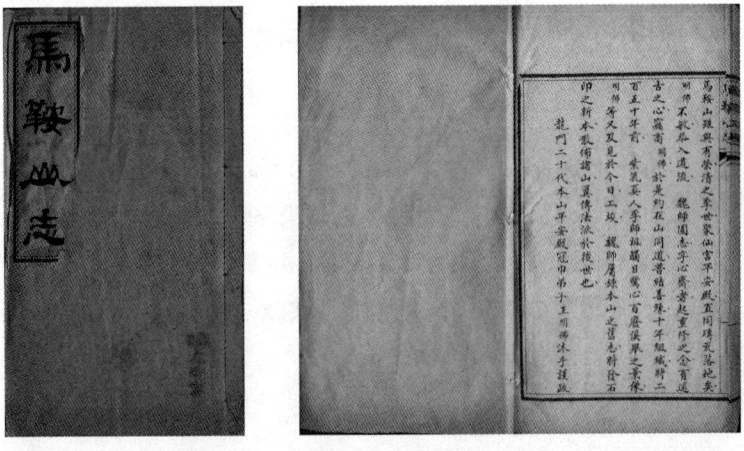

圖 1　石印本《馬鞍山志》封面和跋

① (清)李寅賓:《馬山志》,第 5 頁。

石印本《馬鞍山志》開本高 26.3 厘米，寬 15.5 厘米，四周雙邊，每半頁 8 行，行 24 字，白口，單魚尾，版心題"馬鞍山志"及篇名。全書計 67 頁，前有雍正十一年(1733)李寅賓序，正文分 6 篇，包括"宫殿志""道藏目録""七真宗派""三仙傳""聖真遺訓""藝文志"。正文後附一篇咸豐七年(1857)趙介福撰《合雲鄭仙師飛升建塔記》。最後是"龍門二十代本山平安殿冠巾弟子王明佛"的跋。

書中没有明確説明該志的刻印時間，遼寧省圖書館著録爲清末石印本。筆者經過考證，認爲該書爲民國初年本，理由如下。

該書後跋曰：

> 清之季世，聚仙宫、平安殿直同磚瓦落地矣。明佛不敏，忝入道流，魏師圓志字心齋者，起重修之念，有述古之心，竊商明佛，於是約在山同道，普結善緣，十年組織，將二百五十年前紫氣真人李師祖觸目驚心百廢俱舉之景像，明佛等又及見於今日。工竣，魏師屬録本山之舊志，將發石印之新本，散布諸山，冀傳法派於後世也。龍門二十代本山平安殿冠巾弟子王明佛沐手謹跋。

根據跋文，可以得到如下信息：一是上述跋文裏提到"清之季世"，可以肯定作者寫跋的時代是在清代滅亡之後，否則不可能有此言。二是跋文中提到清末聚仙宫、平安殿道士魏圓志、王明佛等人修復了"二百五十年前紫氣真人李師祖"開創的道場。那麼，據此可推算出大致的時間節點。李師祖即李常明，是全真道龍門派第七代弟子，也是馬山的開山祖師。[①] 根據記載，李常明到達馬山的時間是順治五年(1648)。清順治十六年(1659)藍潤所撰《馬鞍山建廟碑記》曰："常明本籍陽信人氏，皈依玄門，一字金丹法道院海會龍門宗派，遊青齊白雲洞，拜師宋真空，得其口授心傳，晝供香火，夜諷皇經，苦修三十載。夙慕勞山仙蹤，跣足履冰而來。時順治五年戊子也。行至信村，望馬鞍山勝概，衆善友接引而上。"[②]又據《泥丸師祖傳》，李常明於"順治五年，東入東萊，訪七真遺迹，至於即墨。羽流接引以上馬山"[③]。可見，李常明在馬山開山建廟的時間爲順治五年，那麼此後"二百五十年"，應爲光緒二十四年，即 1898 年。也就是説，跋文記載的修復馬山道

① 關於李常明生平及道派，參見趙衛東：《李常明一系龍門派傳承考》，趙衛東主編：《全真道研究》第三輯，濟南：齊魯書社，2014 年，第 42～71 頁。

② (清)李寅賓：《馬山志》，第 74 頁。

③ (清)李寅賓：《馬山志》，第 56 頁

場的時間是在清末的1898年。又據跋文,修復馬山殿宇用了10年。也就是説,修復完成的時間當爲清朝即將滅亡的1908年。此後,魏圓志又組織重修山志,所謂"工竣,魏師屬録本山之舊志,將發石印之新本,散布諸山,冀傳法派於後世也"。根據這樣的時間順序,山志石印新本完成之時,應該是民國初年了。

另外,跋文中提到的馬山道士魏圓志,其生活的時代正值清末民國。民國十三年(1924)馬鞍山李成德所撰《道教龍門派馬鞍山宗譜序》曰:"奉省鐵刹山雲光洞監院爐君至順歸山祭祖,慨然興追遠之思,起睦族之念,願新吾馬鞍山道衆宗譜,一以貫之,此善舉也,抑難事也。本山魏監院極力贊成,委予輔叙事實而册記之。"①又民國十三年即墨楊成德所撰《馬鞍山道統承繼序》曰:"本山年遠失修,前後殿半就傾圮,屬以住持者不得其人,真人之遺迹幾於墜矣!幸道統不衰,十九代弟子魏圓志睹此剥蝕之餘,慨然發興復之志……魏君與予恒相往來,定爲方外交,每相過從,輒以譜系散佚爲己咎。甲子秋,偕爐道友至順過予,謂由奉天來詣老廟續舊譜。"②可見,魏圓志自清末至民國十三年,一直擔任馬鞍山監院,對馬鞍山道教貢獻良多,包括修復馬鞍山殿宇、重修馬鞍山志書以及續修馬鞍山宗譜等等。因此,斷定石印本《馬鞍山志》的印刷出版時間在民國初年,是合情合理的。

石印本《馬鞍山志》完成之後,按照魏監院的想法,是要"散布諸山,冀傳法派於後世"的,當時該版本也應該流傳到山東及東北諸廟觀。不過,時至今日,該版本存世極稀,除了在遼寧省圖書館有所發現外,未見其他館藏,也未見相關介紹和引用。應該説,遼寧省圖書館收藏的石印本《馬鞍山志》已成孤本。

3.1996年點校本《馬山志》

1996年,即墨市委、市政府爲了推動馬山國家級自然保護區的建設和開發,决定點校整理和重印雍正十一年(1733)的手抄本舊志《馬山志》,此項工作由即墨市文化局和馬山管理處負責承辦。韓乃桂《重印〈馬山志〉後記》曰:"這《馬山志》早在新編《即墨縣志》時就見了的,是個手抄本,也許是個孤本,後來被複印出去,如今那個原本不知竟在何處?"③可見當時點校整理《馬山志》所用的底本,就是雍正十一年李寅賓所撰《馬山志》,衹是該本爲手抄本,可能已是孤本,而且原本已不見,衹有複印本。經過多方面的通力合作,這次整理點校的工作很快完成,1996年,由即墨市文化局和馬山管理處負責整理的《馬山志》標點本出版發行。

---

① 白永貞:《增續鐵刹山志》卷一〇,鐵刹山三清觀發行,1943年再版,第13頁。

② 白永貞:《增續鐵刹山志》卷一〇,第15頁。

③ (清)李寅賓:《馬山志》,第97頁。

該書前有時任即墨副市長黄濟顯的序，後有馬山管理處韓乃桂的後記，參與點校整理人員是于成瑨和孫道悟兩位先生。正文内容是舊抄本原文，衹是在形式上進行了重新分章分節，加上了標點符號，改成簡體字横排。出版時封面署“馬山志，(清)李寅賓著”，整理單位是“即墨市文化局、馬山管理處”。

由於手抄原本難以見到，1996 年的整理標點本《馬山志》就成爲目前通行的本子，爲地方文史工作者和學術界所廣泛引用。

4.2018 年《清雍正李寅賓〈馬山志〉校注》

青島理工大學琴島學院李偉剛教授關注青島地方文化，曾與郭清禮道長一起整理校注過民國周宗頤所著《勞山太清宫志》[1]。後來他們又關注到這部青島最早的道教志書《馬山志》，决定進行重新整理和校注，並成功申請到 2017 年度青島市社會科學規劃項目，即“清雍正李寅賓《馬山志》校注”。

李偉剛教授在幾位文史愛好者的幫助下，得到了雍正本《馬山志》内容的全部照片。他在詳細校注原書的同時，還參考了 1996 年即墨市文化局和馬山管理處整理出版的《馬山志》，並登臨馬山進行現場考察，因而配了大量圖片。2018 年，《清雍正李寅賓〈馬山志〉校注》一書由中國海洋大學出版社出版發行。

該書封面題名“清雍正李寅賓《馬山志》校注”，“李偉剛、史先鋒、王世德主編”，書前有嶗山太清宫劉懷元的“序言”以及李偉剛的“馬山紀行(代序)”。正文分四部分，第一部分是“清雍正李寅賓《馬山志》校注”，第二部分是“清蕭英齋《馬山志》佚文輯録”，第三部分是“民國十三年《馬鞍山道統承繼》佚文輯録”，第四部分是“慧覺禪師庵清乾隆碑碣鈔注”。書末爲參考文獻。全書采用現代標點，簡體字横排，依照原書的卷次結構進行整理。該書對很多名詞術語和事件進行了詳細注釋，又增加了圖片、標點，還輯録了不少佚文資料，因而達到 20 萬字，比原書 3 萬字大爲擴充。可以説，這部校注本《馬山志》内容更加充實，資料更爲豐富，也更適合現代人閲讀。

二、民國石印本《馬鞍山志》的文獻價值

上述關於《馬鞍山志》(《馬山志》)的版本雖説有四種，但除去當代點校整理本，實際上原始版本衹有兩個，一是雍正十一年(1733)抄本，二是民國石印本。其中，雍正十一年抄本在當代經過了兩次點校整理，流傳較廣。而石印本以前未

① 李偉剛、郭清禮編著：《民國周宗頤〈勞山太清宫志〉校注》，北京：宗教文化出版社，2017 年。

見任何著録和引用,屬於新發現的史料,而且目前所見,僅遼寧省圖書館有藏,當屬孤本。因此,民國石印本《馬鞍山志》具有獨到而珍稀的版本價值。

此外,石印本《馬鞍山志》還具有重要的文獻價值。相比於舊抄本,石印本的價值主要表現於兩個方面:一是在文字上有一些差異,可用於校勘;二是在内容上有增補,提供了清代馬山道教的重要史料。

1.校勘價值

石印本《馬鞍山志》是在舊抄本的基礎上重録增補而成,其絶大部分章節和内容與舊抄本是相同的,但在相同的章節下,還是有個别文字存在差異。比較這兩個版本的異文,發現石印本能够提供用於校勘的文字,甚至可以訂正抄本的一些訛誤。

例如,在卷首李寅賓所寫的總序中,就有7處文字的不同,表列如下:

舊鈔本[①]	石印本	異文比較
馬山志序	馬鞍山志序	馬山—馬鞍山
何以志焉	何以志爲	焉—爲
則一亭一臺	雖一亭一臺	則—雖
非只仙人也	非止仙人也	只—止
散佚	散軼	佚—軼
猶沐餘息	猶沐餘恩	息—恩
篇目在左	篇目如左	在—如

據上表可知,在200餘字的序言中,就有7處異文,這説明石印本和舊抄本之間是不完全等同的,大概石印時,對舊抄本進行了一些訂正和校改。其中,"馬山"改爲"馬鞍山",反映了馬山名稱在清代以來的變化。不過,上述7處異文,大部分屬於字形、字義比較接近的情形,如焉—爲、只—止、佚—軼等,這些大概是在抄寫或刻印過程中出現的異文,不影響原意。但是有一些異文,有著明顯的意義不同,應該仔細斟酌,如抄本"猶沐餘息",其中"餘息"爲殘喘、殘生之意,顯然放在這裏不太合適,而石印本"猶沐餘恩",則文從理順了。抄本"息"字大概是因形近導致的抄寫訛誤,但在以前没有他本可供校勘的情况下,就無法訂正。所以,石印本成了可供校勘的版本。

① 因未見到舊抄本原件,此處所引内容,來自1996年即墨市文化局點校本。

石印本能够校正舊抄本文字訛誤還有一些例子，如舊抄本卷五《聖真遺訓》有一篇“雷附辛天君垂訓”，“雷附”之意無法理解，通過對照不同版本，發現石印本寫作“雷府”二字，這樣就可以理解了。很顯然，石印本是正確的，可以用來校正抄本的錯誤。

此外，石印本還可以校正舊抄本一些格式的混亂。如舊抄本卷三《七真宗派碑》中對於七真的記載，有一段話是小字注文，但抄本没有區分清楚，全部變成正文了。如記載譚真人南無派的一段：“譚真人，諱處端，字通正，號長真子，河南府洛陽縣人。南無宗派。按：《金蓮正宗》及《諸仙傳》，皆云真人本家寧海，後從王重陽南遊汴洛，居洛陽水南朝元宫，大定二十五年四月，遂仙化於其中也。”那麽，根據石印本，這段話“按”字以後，應該爲小字注文。仔細分析，石印本的格式是正確的，因爲這段話是對譚真人籍貫的考證，應該爲注文。該卷記載其他六真的文字，也存在類似情況，可以據石印本進行校正。

2.史料價值

石印本《馬鞍山志》不僅具有重要的校勘價值，而且增補了清代以來馬山道教的一些資料，因而具有重要的史料價值。其增補的内容主要有以下三個板塊。

第一，在卷二《道藏目録》之文末，增補了一段文字，其文曰：

> 按道藏目録，山間過客李師寅賓先生重訂之時，已半藏不足。今此志將石印之時，則僅縣闕目。欲去此空目，未免沒前人之功德。仍而印之，勢足增思者之太息。兹不惜字費，權記一斑，志慨云爾。

這段文字説明了在山志石印之時馬山《道藏》的佚失情況。關於馬山《道藏》的來歷和清初編目收藏情況，李寅賓所撰《馬山志》有明確記載，趙衛東教授亦有研究論文①。根據記載，明末山東人任衡文任職南京學院，偶遊茅山，見到茅山乾元觀收藏有明萬曆皇帝頒賜的《道藏》，於是手抄一部，運至山東博山老家收藏。清代順治年間，馬山道士李常明偶然聽説，遂將該殘缺過半的抄本《道藏》購至馬山道觀收藏。清康熙十三年(1674)，該山道士魯太璞、蔣清山對這部殘缺《道藏》進行了修補和編目。清雍正十年(1732)，李寅賓又重新編撰了該《道藏》的目録。但是，自李寅賓雍正十一年(1733)撰寫《馬山志》之後，直到清末，這部《道藏》的相關情況未見任何記載，更無從得知其存佚情況。那麽，民國石印本《馬鞍山志》在

① 詳見趙衛東：《茅山乾元觀〈道藏〉抄本流傳山東考》，《宗教學研究》2013年第1期。

卷二之末的這段記載,就是一段非常珍貴的資料,透露了馬山《道藏》抄本在清末已經全部佚失的現狀。

第二,在卷六《藝文·開山始祖李公堂榜文》增補的幾段文字,是關於宫觀執事"買辦"和"都管"的條文。其文曰:

> 買辦乃虚實之所關,必大公無私,忠心不昧者乃可。勿謂錢非己出,價非其值,物之美惡,一概溷施。蓋稍涉於私,職則不盡。買後繳庫,賬目分明,否則究處。
>
> 都管者,無所不管也,乃叢林之補闕拾遺,以佐當家之不逮,當眼觀六處,耳聽八方。如上衆職,或才有不及,事有錯誤者,以都管之照運無方,皆補綴而救徵之。然身立行己,必須玉潔冰清,人斯悦服。如或同流合污,言清行濁,借當家口實,障自己之短疏,事之成敗,漠不關心,其罰與當家等。

上述兩段文字,不見於抄本《馬山志》,屬於增補之内容。抄本已有榜文條目包括當家、知客、庫房、殿堂、廚房、五穀、化主等,反映了清初李常明住持馬山期間,對於叢林制宫觀組織架構的設置,以及對常設執事和道衆的管理規範。那麽,民國石印本增補之買辦、都管兩條,是對馬山宫觀管理規範的進一步補充,反映了清代以來馬山宫觀管理制度的一些變化,以及民國年間馬山住持道士有意加强宫觀管理的决心與舉措。如石印本在衆條目之後,又增加一段説明文字,曰:

> 以上條規,遍請合堂道衆,諒而均覽,勿謂苦口直言。蓋藥不瞑眩,厥疾不瘳,言不痛切,其弊莫革。故立此規式,永爲遵守。夫三人行必有我師,况我等四海同緣,一堂共處,漫無師範之約束,其何以行之。然清規雖嚴,法不加於上善,條章畢具,端在懲乎下愚。各宜勇猛精進,勿致畏縮,依此禁戒之後,常加覺察,莫使縱逸。切恐十方施主,飲食難消。當思雙丸易擲,寸陰可惜。倘因言奮發,貪廉懦立,同振宗風於末運者,叢林其庶幾矣。各宜勉之,謹榜。

這段文字亦不見於抄本《馬山志》,大概是石印時增補進去的。這段文字的内容是勉勵住廟道衆要嚴格遵守叢林規範,勇猛精進,以重振馬山道場宗風,即所謂"同振宗風於末運者,叢林其庶幾矣"。文中提到的"末運",大概是指清末民國初期中國道教的衰落和馬山廟宇的傾圮。總之,民國石印本增補的榜文和後附文字，都是反映馬山道教組織管理發展變化的重要史料。

第三，在舊抄本全文之後，增補了一篇《合雲鄭仙師飛升建塔記》以及一篇跋。其中，《合雲鄭仙師飛升建塔記》是“咸豐七年桃月初十日，庚子科舉人曹州府曹縣趙介福薫沐題”寫的關於鄭合雲大法師的塔記，文采飛揚，典故頻徵，其中有曰：

> 玆惟合雲鄭大法師，松姿鶴貌，仙骨靈機。曾遊遼海雲間，訪道近崆峒之路，一入不其山下，東經借書帶之香。宴入八公，交梨火棗，齋常十日，雪藕冰桃。有時鋤芝草之根，雲培芝隱；何止吹梅花之笛，雨喚梅峰。其所謂衣著五銖，肩揮六羽者矣。

關於鄭合雲法師的資料極少，目前未見有其他文獻的記載，在《增續鐵刹山志》卷一〇所録的馬鞍山歷代道士名録中，也未見到鄭合雲的名字。因此，這篇塔記是關於馬山飛升道士鄭合雲的唯一資料，是研究馬山道教的重要史料。

石印本增補的跋文，更是提供了馬山道教的很多重要信息，如清末馬鞍山聚仙宫、平安殿的破敗與重修經過，對舊抄本《馬山志》進行重新石印的動因等，也提及了關於馬山道教歷史上的著名人物，如李寅賓、郭守真、宋悚一、毛合珮、魏圓志、王明佛等。這些都是馬山道教的重要歷史資料，有賴該跋文而保存下來。

綜上所述，新發現石印本《馬鞍山志》是一部關於山東道教名山馬鞍山（馬山）的重要志書，不僅具有獨特而珍稀的版本價值，而且具有校勘異文、校正舊抄本訛誤的校勘價值，同時增補了馬山道教史上關於道教經書、宫觀管理和道教人物等方面的諸多文獻資料，展現了極其重要的文獻價值。

附録　《馬鞍山志跋》

名世以人，壽世以文，誠哉斯語。馬鞍山固在，道衆本不齊，若無山間過客李師寅賓先生筆誌在前，後世縱有能文之士，亦無從考據。況此刻能文者，護道誠寥寥也。二百餘年，康熙時見有宋悚一序，嘉慶時僅記毛合珮老道師録詞。若居山者不勞而食，不苦而衣，固無事於參方，又何知乎論道？幸出山者有壯志，過海者下苦心，如郭祖上守下真，修鐵岔山，創立太清宫叢林，千間諸山，皆其門下，傳法者歷代有人，結緣者居多善士。馬鞍山雖與有榮。

清之季世，聚仙宫、平安殿直同磚瓦落地矣。明佛不敏，忝入道流，魏師圓志字心齋者,起重修之念,有述古之心,竊商明佛,於是約在山同道,普結善緣,十年組織,將二百五十年前紫氣真人李師祖觸目驚心百廢俱舉之景像,明佛等又及見於今日。工竣,魏師屬録本山之舊志,將發石印之新本,散布諸山,冀傳法派於後世也。

龍門二十代本山平安殿冠巾弟子王明佛沐手謹跋。

[本文爲國家社科基金重點課題"清代道教史研究"(項目編號:19AZJ003)階段性成果;國家"十三五"規劃文化重大工程"中華續道藏"(批准號:中央統戰部統辦函〔2018〕576號)專題研究成果]

(責任編輯:趙衛東)

華山全真道士與華山文獻的編印

□高葉青

摘要:古往今來,圍繞道教"洞天福地"西嶽華山編纂了衆多的方志類書籍,現留存於世者約 12 種,其中出自華山全真派道士之手者五六種。金元之際的《西嶽華山志》,因其編纂者王處一的身份問題而撲朔迷離,華山雲臺觀住持史志經與華山道緣極深,可惜其所著《華山志》僅存吉光片羽,華山東道院住持郝永茂積極擔綱光緒九年(1883)重刊道光《華嶽志》的相關事務,華山青柯坪通仙觀道士孫智一纂修《華嶽志續編》以接續道光《華嶽志》,閔智亭道長抄録增補《華嶽志續編》且編纂《華山道教歷史資料》等,顯示出華山全真派道士賡續前賢的可貴精神。清人蔣湘南在《華嶽圖經》中對道士修志的無情批判,應成爲道教尤其是華山全真派道士奮起學習文化知識、力爭纂修出既符合志書修纂體例又飽含宗教情感的華山志的動力。

關鍵詞:華山　全真道士　華山文獻

作者簡介:高葉青,女,1978 年生,歷史學博士,陝西省社會科學院古籍整理研究所研究員,主要從事道教文獻、陝西地方志及碑刻的整理與研究。

作爲道教"洞天福地"的著名聖地,西嶽華山風景之雋美、仙話之多彩、歷史之久遠,自古及今早已聲名遠播。如今登臨所見各處廟宇建築、牌匾楹聯、摩崖碑版、景觀名稱等,其背後莫不有故事,而這些珍貴的信息賴以流傳至今的重要原因是歷代文獻的記載。文人雅士登臨,必有歌有詠;廟宇山道修鑿,必有文有記;書家畫者遊歷,必有字有圖。正是一代代的累積,使得我們有條件去了解華山古往今來的情況。據不完全統計,截至目前,與華山密切相關的方志類或綜合類著作且刊印、傳抄者有近 20 種,留存至今者約有 12 種。主持編纂事宜者,大多爲本地官員或鄉賢,而由華山全真道士參與編印或與之有關聯者僅五六種,例如元史志經與《華山志》、清郝永茂與《華嶽志》、民國孫智一與《華山續志》、王明義與《華山志》五卷及《華山圖》50 幅、當代閔智亭與《華山道教歷史資料》等。另有一種《西嶽華山志》編纂者爲金代的王處一，這是目前所見留存至今最早的華山志書，但其是否爲全真七子之一的王處一所撰，學界及宗教界尚存在争議。

華山是道教名山，主體屬於全真華山派。南峰之背危崖斷壁鐫刻的"全真岩"仞許三大字，十方院西南山下之"全真觀"（即朝元洞），無不昭示著華山教派的歸屬。此外，亦有少數全真龍門派以及其他派别的道士在此修行。華山道教歷史悠久，其中不乏知識淵博之士，他們有的善於講經説法，有的擅長著書立説，在焚修之餘，還積極庋藏、閱讀道教經典，關注本教教義闡釋及華山道教歷史的考察和記録。據考證，1931 年之前，華山曾典藏過四部與《道藏》相關的大型叢書：(1)宋太平興國中，宋太宗曾賜給華山一部《道藏》，藏於華山休糧院中；(2)明萬曆中，華山道士高元和獲慈聖宣文明肅皇太后所賜《道藏》一部，藏於華山青柯坪太虚庵藏經閣；(3)明萬曆二十七年(1899)，位於華陰縣的西嶽廟獲賜《道藏》一部，供奉在廟後的萬壽閣中[①]；(4)1931 年，華山道士段仁公從四川成都購回一部《道藏輯要》，藏於北峰真武宫[②]。當代華山在鄒通玄道長的帶領和影響之下，在新建成的陝西道教學院内專門開闢出一個圖書館，儲藏大量古今道教典籍，以供學員和本山修行道士閱讀。可見，華山道士自古及今均有良好的學習及著述傳統。不過，受教育範圍及水平等諸多因素的影響，這些道士中能够著書立説者並不多見，他們大多衹是守衛、參與創修殿宇及慣常的宗教活動。這就愈發顯得現存成於本山道士之手的文獻的珍貴。這幾種典籍以自身獨特的道教視角，對於了解華山全貌尤其是道教歷史具有不可替代的重要作用。基於此，本文擬對這幾種文獻進行梳理，力争解懸疑而廓正識，爲華山相關研究增磚添瓦。在開始論述之前，有必要對考察範圍予以限定，以免因旁涉繁雜而無的放矢。其一，撰著或刊印者身份，必須是在華山修行的全真道士，至於其具體派系則不作限定；其二，著述成果，以結集者爲主，散篇詩文爲輔；其三，著作内容，必須與華山密切相關，且屬山志類。

一、歷史迷霧：王處一與《西嶽華山志》

成書於金大定二十三年(1183)的《西嶽華山志》，爲今傳華山志書中最早的一種，保存了宋金時期有關華山的部分記載，對於研究華山歷史文化的演變，具

① 以上三處，均引自高葉青：《陝西明版道藏存佚考》，《中國道教》2020 年第 3 期。

② 參見華山道教歷史資料研究小組編，高葉青整理：《華山道教歷史資料（草稿）》，樊光春主編：《終南仙籍》，西安：三秦出版社，2014 年，第 1373 頁。

有重要的價值。

(一)蓮峰逸士王處一與全真七子王處一

關於《西嶽華山志》的編纂者,古今多有争議,主要集中於該書的作者。《西嶽華山志》卷首題"蓮峰逸士王處一編"。《欽定續文獻通考》卷一八五《經籍考・子・金》載:"王處一《華山志》一卷,處一始末無考。"《欽定四庫全書總目》卷一四七《子部・道家類存目》載:"《華山志》一卷,浙江汪汝瑮家藏本,金王處一撰。處一始末未詳,前有大定癸卯泥陽劉大用序。其書皆載華山神仙故事,蓋《道藏》之餘文,非地志之正體,故隸之道家類焉。"《欽定續文獻通考》係乾隆十二年(1747)敕撰,成書時間早於《欽定四庫全書總目》[該書自乾隆三十八年(1773)開始編修,至乾隆四十六年(1781)初稿完成],故關於王處一《華山志》的記載,後者所載,當本於前者,均説明王處一的生平不詳。可見早在乾隆時,這位蓮峰逸士王處一的生平事迹就已經湮没不詳了。因此,後世有人將其與道教全真七子之一的王處一進行了關聯。

所幸我們從《正統道藏》本《西嶽華山志》卷首泥陽劉大用序中,對該志的編纂者王處一有所了解:"吾友王公子淵,先覺而守道,獨立而全和,每語人曰:我欲曳杖雲林,舉觴霞嶺,斯志積有年矣。方畢婚娶,棄家入名山,修煉金液。"並以"舊藏《華山記》"爲藍本編成《華山志》,係自編自刻,約成於金大定二十三年(1183)。又從卷首題名可知,蓮峰逸士應爲其號。劉大用是王處一的好友,籍貫泥陽縣(即今陝西耀州河東堡東側),二人均有修道之志。嘉靖《耀州志》卷八《人物志》載:"余攷故碑志,耀州在金時有李安國、劉大用、米孝思。……大用、孝思皆好道家言。大用與王處一善,處一著《華山志》,大用譔序,其言蓋共慕名山,卓有箕潁之志。二人者,其仕與隱無攷,然皆名著當時者。故志之,俟後攷焉。"[①]這則材料在一定程度上補充了"處一始末未詳"之憾,但仍未解决此人與全真道北七真之一的王處一之間的關聯問題。

關於全真王處一,在《金蓮正宗記》、《甘水仙源録》卷二《玉陽體玄廣度真人王宗師道行碑銘并序》及《歷世真仙體道通鑒續編》等典籍中均有詳略不等的記載,但未見其編《華山志》的資料。有學者據此認爲:"乾嘉學人以考據見長,《四庫全書總目》言'處一始末無考',當是四庫館臣經過一番考證後得出的結論。因此,金元時期應有兩個王處一,其一字子淵,號蓮峰逸士,始末無考,著有《華山

① (明)李廷寶修,喬世寧纂:《耀州志》,明嘉靖三十六年(1557)刻本,《中國方志叢書・華北地方・第五二七號》,臺北:成文出版社,1976年,第240～241頁。

志》;另一王處一字玉陽,寧海東牟人,著名道士。”[①]這種論斷有一定的道理,畢竟關於全真七子王處一的記載豐盈,但未提及劉大用、華山、華山志這些信息。而且劉大用寫序之年,全真王處一見諸史載的行迹是在寧海、萊陽等地,未見有出山東之行,其所著《雲光集》之中也未見二人應和之作,如果二人爲好友且有邀序、同道之誼,何故未載?此外,《華山志》原本通篇未及“全真”之語。綜上,似可推定逸士王處一與全真王處一並非同一人,重名重姓而已。但後世所載,依舊有將二者混爲一談者。

乾隆二十七年(1762)刊刻的姚遠翿纂《華嶽志》卷六下《仙真》:“王處一,寧海東牟人,玉陽其號也。母夢紅霞遶身而生。嘗氣絶仆地,因悟生死之理。後隱于雲光洞,常臨危崖,翹足駐立,不移者數日,人以鐵脚仙目之。元仁宗徵赴闕,奏對稱旨,旋乞還山。延祐五年四月,語門人曰:群仙已約我矣。言訖,沐浴冠帶,焚香而逝。著《華山志》及《雲光集》行世。”[②]刊刻於乾隆五十三年(1788)的《華陰縣志》卷一〇《人物・道釋》徵引乾隆《華山志》,内容大同小異,不同者爲“王處一……旋乞還棲華山,自號蓮峰逸士。編《華山志》一卷”[③]。兩種文獻似乎是在刻意將二人合而爲一,但疏漏非常明顯:其一,逸士王處一編印《西嶽華山志》是在金大定二十三年(1183),如何至延祐五年(1318)方去世?其二,全真王處一的生卒年很明確,即生於金熙宗皇統二年(1142),卒於金宣宗興定元年(1217),如何在去世百餘年之後著書立説?又卷一五《經籍》云:“《華山記》,金王處一撰。”[④]並附以劉大用之序,顯然此《華山記》即爲《西嶽華山志》。同卷又云:“《西嶽華山志》,元道士王處一纂。”[⑤]不知何據,不排除攀附名人以壯本縣聲威之嫌。可能是受到乾隆《華陰縣志》這幾則記載的影響,清人蔣湘南在《華嶽圖經》中提道:“金王子淵之《華山記》出,林巒宫殿,神仙草木,無不備載。七十餘篇,拉雜俚鄙,且侈談神降,研究藥品,大概爲求仙而作,不足當大雅一吷。元道士史志經更廣王氏之書,作《華山志》十四卷,增碑記、表傳、詩文若干篇。……王處一亦

---

① 王雪玲:《歷代華山志考補》,《碑林集刊》(十七),西安:三秦出版社,2011年,第206~207頁。

② (清)姚遠翿纂:《華嶽志》,清乾隆二十七年(1762)鶴樹軒藏板刻本,石光明、董光和、楊光輝主編:《中華山水志叢刊・山志》第六册,北京:綫装书局,2004年,第360頁。

③ (清)陸維垣、徐光基修,(清)李天秀等纂:《華陰縣志》,清乾隆五十三年(1788)刻本,《中國地方志集成・陝西府县志輯》(24),南京:鳳凰出版社,2007年,第258頁。

④ (清)陸維垣、徐光基修,(清)李天秀等纂:《華陰縣志》,《中國地方志集成・陝西府县志輯》(24),第413頁。

⑤ (清)陸維垣、徐光基修,(清)李天秀等纂:《華陰縣志》,《中國地方志集成・陝西府县志輯》(24),第414頁。

輯《西嶽華山志》,與史志經之書大略相同而殊其名次,增其詩文。"[①]可見他也認爲金王處一編《華山記》,而元王處一輯《西嶽華山志》,還指出了《華山記》《華山志》《西嶽華山志》三者之纂修時間順序及内容承繼關係,言之鑿鑿,似乎曾親見其書。以蔣湘南在史學尤其是地方志方面的卓越成就而言,其善於編纂,長於考證,當不會草率因襲舊説。言至此,衹能存疑俟考了。

這團歷史迷霧,直至新中國成立之後的60年代,依舊未散去。例如由陝西省民族宗教志道教資料搜集組搜集、西安碑林博物館李子春先生執筆的《陝西道教志叙》第二章第三節《華山與灞靈宫》提道:"華山之有道士,不知始於何時,可考者在於唐……至於金大定二十一年王重陽之高足弟子譚處端、王處一入居華山,是爲全真教徒來山之始。"[②]1987年,閔智亭道長在其撰寫的《道教名山西嶽華山》一文中,亦有類似的記載:"王重陽的弟子王處一、譚處端、郝大通都在華山長期居住過。王處一號玉陽,自號蓮峰逸士,居華山修道,並撰《華山志》一卷,開創全真嵛山派。"[③]閔智亭道長所據,亦爲乾隆《華嶽志》。

(二)《西嶽華山志》的傳世版本

綜上所述,兩個王處一所生活的時間段以及與道教的關係具有一定的關聯度及相似性,故此造成認知方面的混淆。不過,雖然同時期以及後來的各種論著極少提及全真王處一曾編纂刊刻《西嶽華嶽志》一事,但也未必就能據此説明此王處一與彼王處一爲二人,囿於當時條件,此書流傳範圍不廣,致使各家論著失載,也並非没有可能。衹能期待有新的文獻支撑時,再予以明確判决。正是這種懸於兩可之間的不確定性,加之此志編纂者與華山直接關聯,在現存華山志書中時間又最早,故本文開篇即予以陳述。既然不能完全判决,就有必要將此志的版本等問題一併進行闡述。

就目前所見,《西嶽華山志》的傳世重要版本有二:

其一,《正統道藏》本,明正統九至十年(1444～1445)内府刻。經折裝,上下兩欄,單折5行,行17字。卷首題"西嶽華山志",不分卷,金王處一編。卷首依次爲金大定二十三年(1183)劉大用序、唐玄宗御製序。正文有華州圖經,有關96處名勝的記述,以及《華山之神封金天王懿號册》。其中名勝部分以景致名稱繫

---

① (清)蔣湘南撰:《華嶽圖經·華嶽圖經叙録第十》,石光明、董光和、楊光輝主編:《中華山水志叢刊·山志》第七册,北京:綫裝書局,2004年,第217頁。

② 李子春著,王芳妮整理:《陝西道教志叙》(1962年11月内部刻印),樊光春主編:《終南仙籍》,第1408頁。

③ 閔智亭、王亦巍:《道教名山西嶽華山》,《中國道教》1987年第2期。

篇，各篇所載景致多寡不等，共計57篇。此數與劉大用序所稱之“七十餘篇”不符，今本或有脱文，存疑待考。收入洞真部紀傳類，是爲《西嶽華山志》傳世最早的版本，其文字應較好地保留了原本面貌。1988年文物出版社、上海書店、天津古籍出版社影印《道藏》，《西嶽華山志》被收録於第五册第745～752頁。但此本卷首雖題“華州圖經”，但並無“圖”，推測可能在流傳過程中佚失了。

其二，萬曆本，明萬曆三十四年(1606)陝西左布政使王民順刻。白口，單黑魚尾，左右雙邊，半葉9行，行18字。源出上本，書名、撰者同。卷首依次增補明萬曆三十四年(1606)王民順《續刻華山志引》、李維楨序、嘉靖三十二年(1553)謝少南《刻華山志引》，卷末增附《西方七宿圖》《西嶽真形圖》等22幅圖，各圖均有圖説，又附王履、李攀龍、許孚遠、范守己、吴同春等明代名士的數篇遊記。其餘劉大用序、《唐玄宗御製序》(作《唐玄宗御製碑序略》)、《華州圖經》及正文同《正統道藏》本，屬於同一系統。增繪22幅圖，至此“華州圖經”纔名副其實，故此本雖後出，但文獻價值較高。

二、吉光片羽：史志經與《華山志》

史志經所著《華山志》已佚，據現存記載，這部志書的大致情況爲，元道士史志經著，十四卷，收録搜奇訪異、親歷見聞，至古今名士所作碑記、表傳、詩文等編纂而成，纖悉備具。這些認知，來自同時期且有交往之人王鶚所撰《洞玄子史公道行録》[①]及《渾源縣真常子劉君道行記》[②]。史志經其人行迹，以《洞玄子史公道行録》所記最早且最完備，後世諸家記載多源於此。今擇其與本文主旨相關者，概述如下，以明其與華山結緣及纂修《華山志》的情況。

史志經，字天緯，絳州翼城(今山西翼城縣東南15里)人，號洞玄子，太華山雲臺觀通微道人、太華山三洞講經弘真宣義大師。生於金章宗泰和二年(1202)，卒於元世祖至元十二年(1275)。[③] 夙有道緣，金宣宗興定五年(1221)，遁迹投玄，禮恒嶽劉真常爲師。宣宗元光二年(1223)，從師拜長春大宗師丘處機於阿不罕

---

① (元)李道謙集：《甘水仙源録》卷八，《道藏》第19册，北京：文物出版社、上海：上海書店、天津：天津古籍出版社，1988年，第788頁。

② (元)李道謙集：《甘水仙源録》卷六，《道藏》第19册，第772頁。

③ 李道謙《史講師道行録後跋文》曰：“公以至元癸酉(至元二十年，1273)冬自燕還雲臺，再年甲戌(1274)秋七月仙仗來終南……乙亥(1275)春……神遊于所居之松菊堂矣，享春秋七十有四。”[(元)李道謙集：《甘水仙源録》卷八，《道藏》第19册，第789頁]

私第，長春訓以今名。劉真常曾“西歷關中，寓華山上方之白雲宫。屬歲饑僵餒，立志不少衰”。元太宗八年（1236）春，尹志平與李真常在古恒嶽之陽會面，云：“吾近遊陝右，奉田侯德粲之命，凡玄宫道宇皆擇人主之。惟華山之雲臺，地靈物秀，實仙家一洞天，非君無可託者。”①李真常再辭不獲，遂遣門人輩斧荆榛、輿瓦礫，大興築構，不數年而漸至完美。雲臺道衆請史志經擔任住持，當時未許，但元太宗十三年（1241）秋八月，史志經因有西遊之雅意而欣然就任。蒙古乃馬真后二年（1243）五月，田侯修華嶽廟，李真常欣然就途，四三年厥功告成。修葺一新的廟宇，昭示了華山道教在此時的興盛，故而男女如市，崇奉有加。可見李真常及史志經等人在修築華山雲臺觀、華嶽廟等廟觀方面有很大的貢獻。據《洞玄子史公道行録》所載，史志經平生喜著述，他認爲華山乃名嶽，靈迹甚多，但因兵戈相尋，破壞極大，加之前朝志書大多湮没無存，於是著成《華山志》十四卷。史志經曾在此期間，受到掌教李真人的多次邀請，離開雲臺觀前往燕地。元世祖至元十年（1273）冬，自燕還雲臺。可見史志經在華山修行多年，對於華山有著全面深入的了解，爲編纂《華山志》打下了良好的基礎。

史志經爲文不事雕琢，率皆真實語，著作字數達數百萬，且皆有理致可觀，無長語浮辭。唯有《華山志》“纖悉備具，尤爲盡心，在他人不可及”②。其與華山之淵源，不可謂不深。王鶚與史志經乃心慕之交，史志經曾請王鶚爲《華山志》作序，但遭到婉拒，理由是：“龍谿孟駕之既作之于前，而蓮峰太霞老、三洞講經趙法師又皆發明于後，予再言之，贅也。”③可見《華嶽志》有三篇序言，作者依次爲龍谿孟駕之、蓮峰太霞老、三洞講經趙法師。孟攀鱗（1204～1267），字駕之，雲内（内蒙古呼和浩特西南）人。金正大七年進士，仕至朝散大夫、招討使。元定宗元年（1246），任陝西帥府詳議官，遂家長安。中統三年（1262），授翰林待制、同修國史。不久，以病請歸，令就議陝西五路四川行中書省事。④ 孟攀鱗爲當時名士，有不少人請其撰序作文，《華嶽志》之序亦屬此列。他所撰《十方重陽萬壽宫記》，對於研究全真教發展歷史具有重要的作用。⑤ 其餘作序二人行迹未詳。由於當時史志經已頗有聲望，道價益振，於是王鶚在《洞玄子史公道行録》中交代了《華嶽

① （元）李道謙集：《甘水仙源録》卷六，《道藏》第19册，第772～773頁。
② （元）李道謙集：《甘水仙源録》卷八，《道藏》第19册，第789頁。
③ （元）李道謙集：《甘水仙源録》卷八，《道藏》第19册，第789頁。
④ （明）宋濂：《元史》，《景印文淵閣四庫全書》第295册，臺北：臺灣商務印書館，2008年，第236頁。
⑤ 劉兆鶴、王西平編著：《重陽宫道教碑石》，西安：三秦出版社，1998年，第4、57頁。

志》的“出處大略，使後之學者可以述追遐軌，而執筆誌高道者或有考焉”[①]。王鶚《洞玄子史公道行録》收録於李道謙《甘水仙源録》，李道謙另撰有《史講師道行録後跋文》，自述20歲時即已在華山與史志經相識，後音容契遇、簡牘往來者逾三十載。

史志經“學問宏贍，趣操孤貞，乃玄教中英彦”[②]，他以著述經傳、扶植玄教爲己任，除了《華嶽志》十四卷之外，還對《太上老君八十一化圖説》進行了引經全解，編有《玄風慶會圖》等。關於刊刻書籍的重要性，史志經在《玄風慶會後序》中有一段論述：“凡爲臣子欲彰君父之美者，莫不鑄於鐘鼎，或刻諸琬琰，咸謂得永遠之計，是豈知鐘鼎有時而鎔，琬琰有時而裂？或不鎔裂，止照於一方，見於一所，未若鋟梓印行，流布四方。縱也東郡之廢，而西邑之存；北里之藏，而南鄰之出。使人不離機[几]席，八荒之事可知；不移晷刻，千年之跡可見。是知鋟梓之功，不後於鑄金刻石者之爲模也。”[③]從上述引文不難看出，史志經非常重視刊印書籍，據此推理，他編纂的《華嶽志》亦應予以刊刻。但《華嶽志》何以不傳於今，史籍並未明確記載。元憲宗五年(1255)開始至元世祖至元十八年(1281)間爆發了佛道關係史上有名的三次《化胡經》之争，其中憲宗五年(1258)的辯論道教敗北，這導致包括《化胡經》《八十一化圖》在内的45種化胡類經典遭到焚毁[④]；至元十八年(1281)，因佛教徒控告部分地區的道藏經版仍舊未毁，元世祖下令《道藏》中除了《道德經》之外，“其餘文字及板本化圖，一切焚毁。隱匿者罪之”[⑤]。史志經曾引經全解並刊刻《八十一化圖》。《至元辨僞録》云：“令狐璋首集僞説，史志經又廣邪文……採王浮之詭説，取《西升》之鄙談……糅老子八十一化。”[⑥]因此，《八十一化圖》既已遭焚毁，史志經編寫的《華嶽志》等著作遭到連帶禁毁，也是有可能的。

史志經《華嶽志》，在嘉靖《重刊華嶽全集》、萬曆《華嶽全集》、順治《華山經》、乾隆《華嶽志》中，均未曾提及。道光《華嶽志》編纂者李榕在卷首序中提道：“元史志經又搜訪古今碑記、表傳、詩文，輯爲十四卷，而志始備。”但他衹是對此志有

① (元)李道謙集：《甘水仙源録》卷八，《道藏》第19册，第789頁。
② 《太上老君八十一化圖説序》，樓觀臺明弘治刻本，第1頁。
③ 樊光春主編：《終南仙籍》，第76～77頁。
④ (元)祥邁撰：《至元辯僞録》卷五，《大正藏》第52册，第776頁。
⑤ (元)祥邁撰：《至元辯僞録》卷五，《大正藏》第52册，第777頁。
⑥ (元)祥邁撰：《至元辯僞録》卷三，《大正藏》第52册，第767～768頁。

概要了解，並未見到原志，這從他"今行於世者，維明卿之志爾"的感慨可知。[①] 咸豐《華嶽圖經》編纂者蔣湘南，對史志經《華嶽志》持批判態度："黄冠輩本無卓識，學亦空疏，彼此剿襲以欺世也。"[②]道光《華嶽志》與咸豐《華嶽圖經》雖對史志經及其所纂《華嶽志》有提及，但均據《甘水仙源録》而來，在志書正文中亦未見有徵引。綜上可推知，史志經《華嶽志》可能已經在明嘉靖之前亡佚或遭到焚毁。

三、賡續前賢：現存三種華山典籍的編印

前兩節所述王處一《西嶽華山志》與史志經《華山志》，已就目前所能掌握的資料分别進行了辨析和闡釋。本節將針對清郝永茂與光緒九年(1883)補刊道光《華嶽志》、民國孫智一《華嶽志續編》、現代閔智亭《華山道教歷史資料》三種典籍進行梳理。

(一)清郝永茂與光緒九年補刊道光《華嶽志》

道光《華嶽志》，八卷，清李榕纂輯，楊翼武評閲，初刊於道光十一年(1831)。李榕字蔭伯，貢生，潼關廳人，明曹國公文忠裔。仰承家學，博極群書，文章謹嚴，品端識遠，教授於雲臺觀者數十年，成就多才。《華嶽志》係其與邑宦楊翼武商定於楊之清白園，編纂宏富，評斷允當，人多稱服。[③]

《華嶽志》的版本較簡單，傳世諸本均爲一個系統，依據時間先後及版本形態可分爲三類：(1)校訂清稿本、抄本。道光元年(1821)，李榕纂輯完成《華嶽志》八卷清稿，其弟李標繪製插圖，此本今藏中國國家圖書館。道光十一年付梓之前，此稿本復經校訂，校訂内容與稿本之間的區分清晰。另據李翼儒跋可知，當時僑寓玉泉院的趙孝廉本歔曾據稿本另行抄寫，此本不見著録，今恐不存。(2)初刻本，即道光十一年清白别墅藏板刻本。稿本完成於道光元年，正式刊刻於道光十一年，這10年間，李榕除了對文字資料進行修正之外，卷首的插(1883)圖也請人重新繪製，增删了一些要素。(3)補刻本。光緒九年，湘鄉楊昌濬據清白别墅藏板補刊。光緒九年，時任陝甘總督的楊昌濬鑒於道光十一年所刊刻之李榕纂輯

---

① (清)李榕纂輯：《華嶽志》，清道光刻本，石光明、董光和、楊光輝主編：《中華山水志叢刊・山志》第七册，第2頁。

② (清)蔣湘南撰：《華嶽圖經・華嶽圖經叙録第十》，石光明、董光和、楊光輝主編：《中華山水志叢刊・山志》第七册，第217頁。

③ 米登嶽修，張崇善、王之彦纂：《華陰縣續志》卷五《人物志》，《中國地方志集成・陝西府縣志輯》(25)，南京：鳳凰出版社，2007年，第344～345頁。

《華嶽志》版殘過半，決定修廢補墜，於是慨捐俸金，“囑簫臺明府取版片殘缺者悉補刊之”。此處的“簫臺明府”即前署華陰縣事會稽陳爵之。陳爵之又“囑道人郝永茂董司其事”。從光緒八年(1882)秋八月至光緒九年(1883)二月，歷時約7個月，剞劂告成，置板玉泉院中。同年，華山玉泉院據藏板刊刻，内封題“道光辛卯刻 板藏玉泉院 光緒癸未補刻”，卷首楊翼武序鈐有“華山東峰中院純陽觀下院白玉宫”圓形朱印，序末鈐“李静甫”圓形、方形朱印各一枚。另有光緒三十年(1904)華山仙姑觀藏板刻本，此本内封題“道光辛卯刻 光緒甲辰年補刻 板藏仙姑觀”，貌似所據底本爲道光十一年(1831)刻本，翻檢其卷首序文及正文，實則所據亦爲光緒九年補刻本，此本現藏日本早稻田大學圖書館風陵文庫。(見圖1)

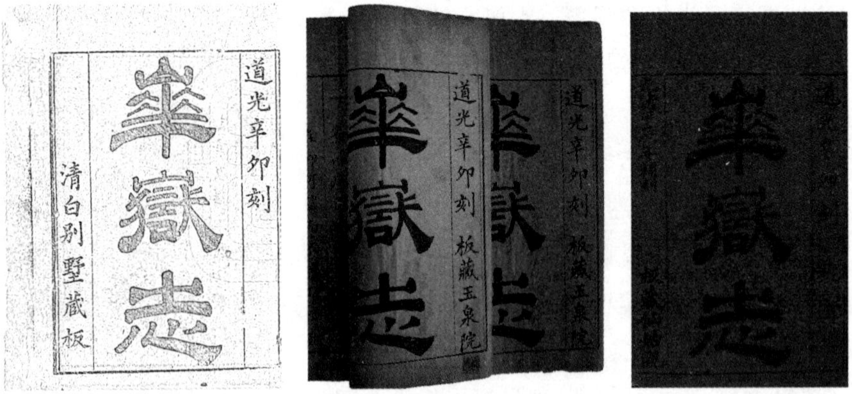

圖1　三種《華嶽志》版本(書影)

在上述三種版本中，華山道士郝永茂以及雲臺觀、仙姑觀的相關道士參與了光緒補刻本的相關事務，但具體負責什麽環節，史料並未詳載，而且，補刊是在李榕《華嶽志》的基礎之上進行的，所以推測華山道士衹是負責了一些事務性的環節。據全真龍門派百字輩譜可知，郝永茂道長屬於全真龍門派第十八代傳人“永”字輩。郝永茂曾擔任華山東道院住持，東道院與玉泉院爲同一法眷，是光緒年間由郝永茂從玉泉院移來。

(二)民國孫智一與《華嶽志續編》

民國《華嶽志續編》(以下簡稱“孫本”)，四篇，華山通仙觀道士孫智一編，紀事上起道光十年(1830)，下迄民國二十九年(1940)，是爲道光《華嶽志》的續編。未曾刊刻，僅有稿本一部，藏地不詳。閔智亭道長曾據此本抄録並增補(以下簡稱"閔本"[①]),敘事下限至1984年8月1日,綫裝本,無欄線,楷書。閔本目前不知藏於何處,陝西道教學院圖書館僅藏有該本的複印本。在閔本扉頁右下角空白處,有閔智亭道長手寫"一九八四年四月中旬省地方志辦公室衛韜同志複印 玉溪記"三行行楷小字。閔本複印本内容依次爲華山全圖[②]、本編之範疇、序(作者不詳)、志序(孫智一)、敘(崔法森)、華山形勢及變遷、名勝、人物、文藝、石刻、軼事、跋以及閔道長所增補之史料數則。該志自問世之後,僅《終南仙籍》一書收録。閔本乃據孫本抄補,出自一人之手,除了明顯的注釋文字以及超出孫本"本編之範疇"所涉及的内容之外,僅通過字體無法確切辨識何爲孫本原有内容。在孫本下落不明的情況下,衹能通過閔本來瞭解孫本的情況了。

孫智一,華山青柯坪通仙觀道士,全真華山派第十九代弟子[③],其生卒年及事迹不詳,依其所編《續編》,可管窺一斑。在時任華陰邑宰李笑然的倡議下,孫智一著手編纂此志。卷首"本編之範疇"相當於編纂凡例,從中可以了解孫智一的方志編纂思想,他認爲志乘的價值在於取重事實,傳爲信史。但是由於事非專長且成於倉促,《續編》的確存在一些問題,主要表現在三個方面:其一,篇章結構欠精細,例如卷末"軼事"之下,統轄盜匪四則、投崖者五起、樹木、氣候、山會、暑期、紀事、跋,顯然不合理;其二,紀事過於簡略,未能完整反映清道光十年(1860)至民國二十九年(1940)期間華山的狀況;其三,考證有失實之處,字訛義誤者亦多見。不過,自道光《華嶽志》之後,孫本是目前所見唯一一部承上啓下、前後貫通且流傳至今的華山專志。補充了在此期間的一些史料,對於研究華山歷史尤其是道教史具有重要的作用。其"摭實而録"的務實精神,以及續華山百年歷史之發心,可堪詠贊。篇末閔智亭綱要式補敘了1949～1984年期間華山的大事記,對於了解新中國成立以來的華山樣貌具有重要價值。

(三)閔智亭與《華山道教歷史資料(草稿)》《華山神話故事選》

《華山道教歷史資料》(草稿),油印本,原稿題"華山道教歷史資料研究小組1963年9月 日",經考察,實則爲中國道教協會前會長閔智亭道長執筆並刊印。落款爲"華山道教歷史資料研究小組"的《前言》,交代了編纂原委和目的:"今年八月'陝西省民族宗教志道教資料搜集組'編寫的《陝西道教志(初稿)》,要求我

① 複印本之上,並無閔智亭道長抄録的明顯標識,經趙國慶博士核實(樊光春主編:《終南仙籍》,第1143～1144頁),閔道長在華山期間曾據孫智一《華嶽志續編》抄録並增補。

② 原圖無題,此爲筆者所擬。

③ 趙國慶博士據該志第三篇《文藝》所收録之孫一知若干首詩,認爲孫智一與孫一知爲同一人,並以孫一知的簡介附會於孫智一,暫備一説。

們就華山道教方面的有關資料，提出修改和補充意見。……就所得到的材料，整編成這個《華山道教歷史資料》(草稿)。一方面供給省民族宗教志道教資料搜集組同志們的參考，另一方面也爲以後研究華山道教史者提供綫索。"①

《華山道教歷史資料》(草稿)分爲10個部分：華山在古代即爲修道者的"蓬萊仙境"、屬於道教派系的隱士高真、華山道教區的特點——單一的道教區、華山道教全真派系的淵源、華山廟宇修建考、華山道教中的有名人物、華山道教徒對於經典研究及其著作、華山道士歷來對於當地群衆和社會事業的貢獻、解放後華山道教徒的新面貌。該書爲當年編纂《陝西道教志》準備的資料，雖受當時意識形態影響，行文中有部分應時之語，但綜觀全稿，考證精詳，文筆流暢。特别是搜集了大量碑刻、題記、匾額等材料，爲今人研究華山道教提供了不少原始材料。此處試舉幾例。這部書稿提到一部華山道士王明義撰的《華山志》五卷、華山圖50幅，這是首次獲知此書的存在，然遍檢群書，並未見到其他更多的記載。關於著者王明義，閔智亭道長有所介紹："號懶道士，山西人，拔貢出身，淡於仕進，出家於華山五里關。歷任樓觀臺都講十餘年，以講經演道啓迪後學爲己任，爲民國以來關中道教中不可多得之士。"②第十節"解放後華山道教徒的新面貌"附録的"各廟法眷統系"，是研究全真華山派不可多得的珍貴資料。在第六節中，書稿記載了一位名爲"王老宫"的道士，此人係清光緒朝太監，1900年隨慈禧、光緒來西安途中經過華山，心慕不已，1901年即至華山鎮嶽宫出家當了道士，1923年曾與康有爲在華山相遇並獲康贈詩一首。此人精於吐納導引之術，羽化後葬於雲臺觀南之烈士祠。這些史料非常珍貴，爲研究清朝太監與道教、與陝西、與華山等問題提供了鮮活的佐證。此外，閔智亭道長還撰寫有文章《道教名山西嶽華山》③，資料集《華山神話故事選》等。

閔智亭道長與華山淵源極深，17歲出家於華山毛女洞，後常年修道於華山，多次參與華山相關資料的搜集編纂工作。1962年，參加華陰縣文史研究會工作，撰寫華山道教歷史掌故。1966年被迫下山還俗，1978年返回華山，常住玉泉院道觀。後又從事華山服務社出納和外事接待工作，1979年刊行《華山神話故事選》油印本。閔道長對於華山非常熟悉，故此在編纂上述相關資料時不僅有宗教情感，更是一種責任擔當。但由於有些問題諸如王處一與《西嶽華山志》向來爲

① 華山道教歷史資料研究小組編，高葉青整理：《華山道教歷史資料》(草稿)，樊光春主編：《終南仙籍》，第1356頁。

② 樊光春主編：《終南仙籍》，第1372頁。

③ 閔智亭、王亦巍：《道教名山西嶽華山》，《中國道教》1987年第2期。

歷史之迷霧，故他在使用時也未曾仔細考察。

結　語

以上三節針對王處一與《西嶽華山志》、史志經與《華山志》、郝永茂與《華嶽志》、孫智一與《華嶽志續編》、閔智亭與《華山道教歷史資料》等問題逐一進行了討論，目的有三：其一，明確其編纂情況及内容特點；其二，示世人以華山全真派道士在弘揚華山歷史文化尤其是本教歷史方面所付出的努力和取得的成就，供後世修道於華山者追模效法；其三，文中以蔣湘南修志思想爲例，指出了部分儒士對道士所修志書的批判，提醒道教中人要努力學習文化知識，以在教者的身份再輔以淵博的修志知識，爲傳揚華山道教文化作出新的貢獻。

當然，華山方志類典籍例如嘉靖《重刊華嶽全集》、萬曆《華嶽全集》、順治《華山經》、乾隆《華山志》《太華小志》、道光《華嶽志》均出自儒士之手，雖然記述内容各有側重，但框架結構基本客觀，也未曾對道士修志進行過批判。唯有《華嶽圖經》編纂者清人蔣湘南對道士修志不屑一顧，在卷首《凡例》自述史裁標準："名山必有仙人，而山不以仙重也；亦必有古刹，而山不以刹重也。故衛叔卿、陳摶及一切寺觀皆所不志。"[①]他認爲金王處一所編《華山記》"拉雜俚鄙，且侈談神降、研究藥品，大概爲求仙而作，不足當大雅一吷"，與元人史志經所編《華山志》皆屬於黄冠之作，"本無卓識，學亦空疏，彼此剿襲以欺世"之列，不足爲道。可見部分儒生編纂之華山文獻，其在材料取捨方面是有所偏重的，尤其是蔣湘南。他在《華嶽圖經・凡例》中明確表示："衛叔卿、陳摶以及一切寺觀皆所不志"，且不録歷代詩文。他的這種方志編纂思想，嚴格遵從了孔子所謂"不語怪力亂神"的論調，但忽視了華山不僅是自然形態意義上的山，更是一座具有悠久道教歷史文化的名山。因此他編纂的《華嶽圖經》，缺失了對道教人物及寺觀等内容的記載，也缺失了文人雅士詩文詠歎的意境，不得不説是一種缺憾。更何況，蔣湘南所述並非實情，以孫智一《華山志續編》爲例，其志篇幅雖小，但亦分名勝、人物、文藝、石刻四部，自言"所叙人物事蹟，悉就真確可考者列之，未敢以荒辭神話惑人聽聞"[②]，可見他並未因身爲道教中人而在史料選擇方面有所偏斜，而是"事事物物，悉出本色；源

① （清）蔣湘南：《華嶽圖經》卷首《凡例》，石光明、董光和、楊光輝主編：《中華山水志叢刊・山志》第七册，第186頁。

② 樊光春主編：《終南仙籍》，第1145頁。

源本本,聽其自然"[1]。翻閲其志,確然如此。

綜上所述,本文不惜筆墨長篇大論,終極目的衹有一個:期待未來有一部華山全真派道士編纂的華山志,既有公允的治學修志態度,又有宗教情感,唯有這樣的華山志,纔是全方位而有生命力的。

[本文爲國家社科基金項目"西嶽華山道教文獻整理與研究"(項目編號:18XZJ009)階段性成果,在撰寫過程中得到長安大學劉康樂博士的諸多指導,特此感謝]

(責任編輯:胡常春)

① 樊光春主編:《終南仙籍》,第 1147 頁。

全真道與唱道情關係考察

□張澤洪　張 卓

摘要：道情是道教弘道宣教的説唱藝術，元代神仙道化劇與道情散曲反映出全真道的影響。本文對元雜劇散曲道情與全真道的關係，金元全真道士的唱道情，明代道士張三丰的道情詞，明代託名重陽真人、馬丹陽真人的道情進行考察，認爲元明雜劇散曲中的道情是道教與時代文學樣式相結合的産物，雜劇散曲道情受全真道思想浸潤影響頗深。從元代雜劇散曲道情的側面，可以看出全真道給予文學藝術和民間社會的深刻影響。

關鍵詞：全真道　道情　張三丰　雜劇散曲

作者簡介：張澤洪，四川大學道教與宗教文化研究所教授、博士生導師；張卓，四川大學道教與宗教文化研究所 2021 級博士研究生。

道情是道教弘道宣教的説唱藝術，唐宋以來道情與各種文學樣式相結合，成爲道教傳播與影響社會的重要方式。元代雜劇散曲中的道情關涉全真道，是全真道研究中值得討論的問題。關於全真道與唱道情的關係，國内外學界早已有所關注。日本學者澤田瑞穗《關於道情》、小野四平《關於道情》涉及全真道與道情關係的考察。[①] 車錫倫《"道情"考》一文亦考察了道情與全真道的關係。[②] 侯光復《元前期曲壇與全真教》從散曲受全真道影響展開分析，指出前期元曲家有不少與全真道士結交者，而元散曲表現"全真"思想意趣的作品更多。[③] 李日星《元人散曲的"道情"與"唱理"》認爲，元人散曲中表現仙風道骨的道情曲，欣賞守節抗俗人格美的隱逸曲，具有空靈幽曠意境的山林曲，充滿俳諧譏刺曲趣的詠物叙

① [日]澤田瑞穗：《關於道情》，東京：國書刊行會，1975 年；[日]小野四平：《關於道情》，《集刊東洋學》(東京)1964 年第 12 號。

② 車錫倫：《"道情"考》，《戲曲研究》第 70 期，北京：文化藝術出版社，2006 年，第 218～238 頁。

③ 侯光復：《元前期曲壇與全真教》，《文學遺産》1988 年第 5 期。

事曲,無不滲透了道家的精神。[①] 元人散曲受全真道影響,散曲中實際表現的是全真道的風骨精神。元代雜劇散曲中有大量道情題材的作品,更有全真道士唱道情的叙事,反映出金元時期全真道對道情的影響,因此有必要考察全真道與唱道情的關係。

一、元雜劇散曲唱道情與全真道的關係

(一)雜劇散曲中的全真道影響

金元全真道興起於北方,雜劇、散曲是元代流行的文學樣式,而雜劇、散曲中多有唱道情的記載,是道教道情漁鼓影響民間社會的反映。《元史・刑法志》載:

> 諸民間子弟,不務生業,輒於城市坊鎮,演唱詞話,教習雜戲,聚衆淫謔,並禁治之。諸弄禽蛇、傀儡,藏撅撇鈸、倒花錢、擊魚鼓,惑人集衆,以賣僞藥者,禁之。[②]

元代刑法禁止"擊魚鼓,惑人集衆",説明元代城市坊鎮漁鼓道情是頗吸引人的説唱。在金元全真道崛起的時代背景下,元代雜劇中已出現反映道教題材的劇目。元代鄭廷玉《風月七真堂》、李壽卿《鼓盆歌莊子歎骷髏》、紀君祥《韓湘子三度韓退之》、史樟《破鶯燕蜂蝶莊周夢》、岳伯川《吕洞賓度鐵拐李岳》、趙明道《韓湘子三赴牡丹亭》、趙文敬《張果老度脱啞觀音》、范康《陳季卿悟道竹葉舟》、楊景賢《馬丹陽度脱劉行首》等[③],就屬於雜劇中的神仙道化劇一類。我們知道元代馬致遠的《開壇闡教黄粱夢》《吕洞賓三醉岳陽樓》《馬丹陽三度任風子》雜劇,其思想内容就源於《純陽帝君神化妙通紀》《金蓮正宗記》等道書。元代雜劇藝術是社會生活的反映,這些在社會上流行的神仙道化劇,其受全真道思想影響至爲明顯。

元彭致中所輯《鳴鶴餘音》是元代道家的曲集,《自然集》是散曲中屬於黄冠體的作品。《道藏》本《自然集》未著録撰人,收録《道詞》41 首,其中有詠道情的套曲:

> 【呆骨朵】休言道堯舜和桀紂,則不如郝王孫譚馬丘劉。他每是文中子

---

① 李日星:《元人散曲的"道情"與"唱理"》,《湘潭大學學報》1988 年第 4 期。

② (明)宋濂等撰:《元史》卷一〇五,北京:中華書局,1976 年,第 2685 頁。

③ 元范康《陳季卿悟道竹葉舟》受全真道影響較深,反映出人生如夢、功名無益、入道成仙的隱逸思想。而明臧懋循《元曲選》的《陳季卿誤上竹葉舟》,則有較大的改動痕迹。

門徒,亢倉子志友。休言爲吏道張平叔,偃月的劉行首。則不如闡全真王祖師,道不如打回頭馬半州。

【醉太平】漢鍾離本是箇帥首,藍采和是箇俳優,懸壺子本不曾去沽酒,鐵拐李火焚了尸首。賀蘭仙引定箇曹國舅,韓湘子會造逡巡酒。吕洞賓三醉岳陽樓,度了一株緑柳。①

道詞崇尚全真郝、孫、譚、馬、丘、劉諸宗師,抒發以歸隱玄門爲榮的樂道情懷,其推崇全真七子之情溢於言表。元李壽卿《莊子歎骷髏南北詞曲》就頌揚全真道説:"塵世事飄飄,嘆浮生何日了? 不如我棄功名,學做個全真教,把家私撇了。穿一領道袍,每日看塵世中,拍手哈哈笑。"②

道教唱道情在經歷宋代的發展之後,在元代的雜劇散曲作品中,開始較多出現道士説唱道情的描寫,這是當時社會上道情説唱的文學表現。

(二)元雜劇中吕洞賓的唱道情

在唐宋時期的史籍道經中,道教八仙的吕洞賓、鍾離權和韓湘子,並無從事道情説唱的事迹,但在元明時期的雜劇、小説中,三位仙人都被刻畫爲説唱道情的仙真。社會上道士説唱道情的實況,成爲重新塑造吕洞賓、鍾離權和韓湘子形象的素材,由此吕洞賓、鍾離權和韓湘子的道情説唱成爲道教仙真虚實描寫的典型。早在宋代教坊就已有雜劇表演,北宋教坊例有獻香雜劇演出,在雜劇最爲盛行的元代,已不乏道教題材的劇目,並有道士説唱道情的描寫。元馬致遠《吕洞賓三醉岳陽樓》雜劇第三折,描寫男主角吕洞賓持愚鼓簡子,上場説唱表演道情:

披蓑衣,戴箬笠,怕尋道伴;
將簡子,挾愚鼓,閑看中原。
打一回,歇一會,清人耳目;
念一回,唱一回,潤俺喉咽。
穿茶房,入酒肆,牢拴意馬;
踐紅塵,登紫陌,繫住心猿。
跨彩鸞,先飛到,西天西裏;
駕青牛,後走到,東海東邊。

---

① 《道藏》第25册,北京:文物出版社、上海:上海書店、天津:天津古籍出版社,1988年,第497頁。

② (明)杜蕙撰:《新編增補評林莊子歎骷髏南北詞曲》卷二,明陳奎刊本。書首題録:"毗陵舜逸山人杜蕙編,同邑仰文陳奎刊。"

靈芝草,長生草,二三萬歲;
娑羅樹,扶桑樹,八九千年。
白玉樓,黄金殿,煙霞靄靄;
紫微宫,青霄閣,環珮翩翩。
鸚鵡杯,鳳凰杯,滿斟玉液;
獅子爐,狻猊爐,香噴龍涎。
吹的吹,唱的唱,仙童拍手;
彈的彈,舞的舞,劉衮當先。
做廝兒,做女兒,水煎火燎;
或雞兒,或鵝兒,醬炒油煎。
來時節,剛纔得,安眉帶眼;
去時節,只落得,赤手空拳。
勸賢者,勸愚者,早歸大道;
使老的,使小的,共結良緣。
人身上,明放著,四百四病;
我心頭,暗藏著,三十三天。
風不著,雨不著,豈知寒暑;
東不管,西不管,便是神仙。
船到江心牢把柁,箭安弦上慢張弓。
今生不與人方便,念盡彌陀總是空。①

以愚鼓來命名唱道情的漁鼓,象徵漁鼓道情的演唱,有著警醒世人、開度頑愚的意義。明沈泰《盛明雜劇二集》卷二九就説漁鼓簡板:"是軒轅皇帝製成,廣成仙子習翫,能敲醒極愚癡的昏昧,能敲息極伶俐的無明,能敲動極得意的我見,能敲破極失意的窮愁!上而三十三天,下而十八重地獄,中而四大部洲,無數的衆生,但一聽此敲動,無不人人如燈明黑夜,個個似夢醒黄粱。"②元雜劇中"愚鼓"一詞的使用比較普遍,這隱約反映出元代士人憤世嫉俗但又對社會政治無可奈何的複雜心態。元代雜劇刻意將漁鼓寫爲愚鼓,其警醒世人的用意至爲明顯。

① 王季思主編:《全元戲曲》第2卷,北京:人民文學出版社,1990年,第177～178頁。
② (明)沈泰編:《盛名雜劇》(二),濟南:山東畫報出版社,2004年,第208頁。

二、金元全真道士的唱道情

(一)金元全真道士的苦修風氣

全真道作爲金元時期興起的新道教,倡行三教合一是其思想的顯著特點。全真宗師王重陽就説:"禪僧達性而不明命,儒人談命而不言性,余今兼而修之,故號全真。"[①]全真教的道德性命之學,吸收了儒釋二家的思想。金元好問《紫虚大師于公墓碑》説:

> 予聞之今之人,全真道有取於佛老之間。故其憔悴寒餓,痛自黥劓,若枯寂頭陀然。及其有得也,樹林水鳥,竹木瓦石之所感觸,則能事穎脱,縛律自解,心光曄然,普照六合,亦與頭陀得道者無異。[②]

金元好問《太古觀記》説:"全真家,其謙遜似儒,其堅苦似墨,其修習似禪,其塊然無營又似夫爲渾沌氏之術者。"[③]元許有壬《龍德宫記》説:

> 全真者,恬澹無爲,全其本真。其學倡于其師重陽真君,至是玄風播而道化行,徒衆盛而宫觀興矣。[④]

以上金元時期三位文士關於全真特點的叙事,都肯定了全真融攝儒釋的特質。元高德基《平江記事》載:

> 泰定中,有一道翁,自稱古無極,不知何許人。攜一竹籠,荷一竹杖來,假居葑門道堂後,架小室數椽,栖息其中,四圍上下,皆以白堊塗之,正中設小木榻,出籠中瓢笛、漁鼓之類懸壁間,以書一束爲枕,市酒一甕置於床頭,自釀自飲,人有求飲,摇手弗許。[⑤]

---

① (元)祥邁撰:《至元辯僞録》卷三,《大正新修大藏經》第52册,臺北:財團法人佛陀教育基金會出版部,1990年,第766頁。

② (金)元好問撰:《遺山集》卷三一,《景印文淵閣四庫全書》第1191册,臺北:臺灣商務印書館,1986年,第347頁。于公即洛陽長生觀道士于道顯,自號離峰子,事長生真人劉處玄。正大中被旨提點亳州太清宫,賜紫虚大師。

③ (金)元好問撰:《遺山集》卷三五,《景印文淵閣四庫全書》第1191册,第409頁。

④ (元)許有壬撰:《圭塘小稿》卷七,《景印文淵閣四庫全書》第1211册,第630頁。

⑤ (元)高德基:《平江記事》,《景印文淵閣四庫全書》第590册,第468頁。

此自稱古無極的道士，以漁鼓自娱的隱修風氣，是當時全真道士修煉的典型例證。金元全真道“以識心見性、除情去欲、忍恥含垢、苦己利人爲之宗”[①]。唱道情或許有助於此修行風氣的形成。元戴善甫《玩江亭》雜劇中出家的牛員外打漁鼓簡子唱道情云：“年少青春正好修，一口咬破鐵饅頭。滋味得時合著口，穩取白日赴瀛洲。”[②]明胡文焕《群音類選》清腔類卷五收録王陽明所撰【步步嬌一套】《歸隱》：“【園林好】脱下了團花戰袍，解下了龍泉寶刀，卸下朝簪烏帽，布袍上繫麻絛，把漁鼓簡兒敲。”[③]這充溢對全真山林隱修生活的肯定與嚮往之情。

元代雜劇、小説、道經中，都有對全真道士唱道情形象的描寫。元戴善甫《玩江亭》所載唱道情全真道士的形象：“頭挽雙髽髻，身穿粗布袍，腰繫雜彩絛，脚下行纏八答鞋，手拿漁鼓簡子。口念著《黄庭》《道德真經》。”[④]《玩江亭》還以出家全真道士口吻説：“俺出家人，閑來坐静，悶來遊訪，尋仙問道，飡松啖柏，遊山玩水。簪冠披氅，惜氣養神，飲風吸露。打漁鼓，擲簡子，挽髽髻，懸織袋，誦《南華》，尊太上，講《道德》，説真言，無榮無辱無拘繫。”[⑤]明吴承恩《西遊記》第二十五回《鎮元仙趕捉取經僧，孫行者大鬧五莊觀》描寫孫悟空變身爲全真道士：“穿一領百衲袍，繫一條吕公絛，手摇麈尾，漁鼓輕敲。三耳草鞋登脚下，九陽巾子把頭包。飄飄風滿袖，口唱月兒高。”[⑥]元彭致中《鳴鶴餘音》卷八【折桂令】其四：“試看青門外鋤瓜邵平，東籬下栽菊淵明。午醉初醒，獨坐茅亭。打一會簡子漁鼓，誦一篇《道德》《黄庭》。”[⑦]這是道經所載全真隱修之士的生活情調。明朱權《冲漠子》第四折載道士冲漠子打漁鼓念：“羅浮道士誰同流，草衣木食輕王侯。世間甲子管不得，壺内乾坤得自由。數著殘棋江月曉，一聲長笑海山秋。飲餘回首話歸路，遥指白雲天際頭。”[⑧]此可視爲全真道士安貧樂道心態的告白。金元全真道士苦修的精神風貌，與道情漁鼓演唱的思想境界相契合，最能表達全真道的仙道特色和道教精神。

---

① (元)徐琰：《廣寧通玄太古真人郝宗師道行碑》，(元)李道謙集：《甘水仙源録》卷二，《道藏》第19册，第740頁。

② 徐徵、張月中、張聖潔、奚海主編：《全元曲》第9卷，石家莊：河北教育出版社，1998年，第6955頁。

③ 《續修四庫全書》第1777册，上海：上海古籍出版社，1995年，該影印本無頁碼。參見束景南、查明昊輯編：《王陽明全集補編》，上海：上海古籍出版社，2016年，第46頁。

④ 徐徵、張月中、張聖潔、奚海主編：《全元曲》第9卷，第6953頁。

⑤ 徐徵、張月中、張聖潔、奚海主編：《全元曲》第9卷，第6956頁。

⑥ (明)吴承恩：《西遊記》上册，北京：人民文學出版社，2005年，第304頁。

⑦ 《道藏》第24册，第301頁。

⑧ 王季烈等校訂：《孤本元明雜劇》第2册，北京：中國戲劇出版社，1958年，第9頁。

（二）全真宗師的唱道情

道經中有全真宗師唱道情，以抒發修道樂趣的記載。清金桂馨《逍遥山萬壽宫志》卷一三載全真龍門派第八世法嗣徐守誠，“暮年謝棄宫事，一意習静參玄。性嗜酒，醉則擊漁鼓，唱醉思仙歌。塔然而卧，灑然而悟，海闊天空，有飄飄欲仙之致。人多稱爲醉仙，究莫測其陶然自得之趣”①。明代文士沈鯉《扶杏館記》自稱：“間或招道童侑酒，擊漁鼓歌方外曲，使人欲翩翩遠舉也。”②李志常《長春真人西遊記》卷上載：

> 王覯逢辰，王直哉清甫，亦與其遊。觀居禪房山之陽，其山多洞府，常有學道修真之士棲焉，師因挈衆以遊。……其地爽塏，勢傾東南，一望三百餘里。觀之東數里，平地有湧泉，清冷可愛，師往來其間，有詩云：
>
> 午後迎風背日行，遥山極目亂雲横。
> 萬家酷暑熏腸熱，一派寒泉入骨清。
> 北地往來時有信，東皋遊戲俗無争。
> 溪邊浴罷林間坐，散髮披襟暢道情。③

最後兩句是長春真人丘處機唱道情的情狀。元耶律楚材《壬午西域河中遊春十首》之一曰：

> 幽人呼我出東城，信馬尋芳莫問程。
> 春色未如華藏富，湖光不似道心明。
> 土床設饌談玄旨，石鼎烹茶唱道情。
> 世路崎嶇太尖險，隨高逐下坦然平。④

該詩作於金宣宗興定六年(1222)，用丘處機詩《司天臺判李公輩邀遊郭西歸作》韻。丘處機《磻溪集》卷二《八月十日自昌樂縣還濰州城北玉清觀作中秋詩》之十一曰：

> 雲去雲來不暫停，朝昏恍惚變陰晴。
> 今宵幸對嬋娟質，剩作新詩暢道情。⑤

---

① 《藏外道書》第 20 册，成都：巴蜀書社，1992 年，第 821 頁。
② (清)黄宗羲編：《明文海》卷三三七，《景印文淵閣四庫全書》第 1456 册，第 704 頁。
③ 《道藏》第 34 册，第 482 頁。
④ (元)耶律楚材撰，謝方點校：《湛然居士文集》，北京：中華書局，1986 年，第 95 頁。
⑤ 《道藏》第 25 册，第 821 頁。

元代散曲道情擅長表現道教出世思想,全真道士也運用社會流行散曲的形式,撰寫道情詞曲以抒發其修道樂道的情懷。全真宗師所撰寫大量詞曲歌讚,就收録在明代編纂的《正統道藏》中。如重陽真人王中孚《重陽全真集》,收遺文詩詞千餘篇,《重陽教化集》收王重陽和馬丹陽的唱和詩 300 餘篇;長春真人丘處機《磻溪集》,收詩詞歌曲 450 餘首;長生真人劉處玄《仙樂集》,收詩詞歌讚 500 餘首;王處一《雲光集》,收詩詞歌賦 600 餘首;譚處端《水雲集》,收詩詞歌頌 200 餘首;丹陽子馬鈺《洞玄金玉集》,收詩歌千餘首,馬鈺《漸悟集》收詩詞 300 餘首。金元全真宗師撰寫大量散曲,這與當時散曲創作時尚相一致。全真宗師匯通儒釋道三教,其散曲中融匯三教術語,對儒釋二教有著清楚認識。元劉履編《風雅翼》卷六《觀丘壑美》説:"道情謂拯溺之情,由道心而發者。"[①]這大致説明元代全真道士唱道情,是當時抒發道心的一種表達方式。

三、明代道士張三丰的道情

全真道士既爲道情説唱者,也參與道情詞曲的創作。全真道士中創作道情者,以明代張三丰最爲著名。張三丰《道情歌》説:"道情非是等閒情,既識天機不可輕。先把世情齊放下,次將道理細研精。"[②]就道情蘊含的道教思想而言,此《道情歌》可謂精辟的概論。

(一)張三丰道情的内丹修煉主旨

張三丰以修道武當山而聞名,自稱張天師後裔,爲道教武當派開山祖師。張三丰曾經在貴州傳道,貴州平越府有其修道的宫觀。清乾隆《貴州通志》卷三二載張三丰在平越府高貞觀修道事説:"嘗有《了道歌》《無根樹》詞二十四首。四季止一破衲,草履科頭,時人呼爲邋遢仙。今禮斗亭,即其故址。"[③]張三丰是一位充滿傳奇色彩的道士,以皇帝屢召而不得見的隱仙風範,在道門擁有很高的聲望和地位。

漢嘉長乙山人李西月重編《張三丰先生全集》,收録《道情歌》1 篇,《五更道情》六體凡 37 首,《九更道情》9 首,《歎出家道情》7 首,《天邊月道情》9 首,《一掃光道情》12 首,《無根樹道情》24 首,《四時道情》4 首,《青羊宫留題道情》4 首。張

---

① 《景印文淵閣四庫全書》第 1370 册,第 114 頁。

② 《張三丰先生全集》卷四《玄要篇上》,《藏外道書》第 5 册,第 433 頁。

③ 《景印文淵閣四庫全書》第 572 册,第 161 頁。

三丰共撰寫 108 首道情,故史有三丰道情之説。

《張三丰先生全集》卷八《水石閒談》載張三丰曾作“混元仙曲”與弟子唱和,其中説:

> 張子以韓仙漁鼓按節傳情,唱《塵海蒼凉之曲》曰:
>
> 飛龍子,在天遊。開口不離忠孝,往來盡是瀛洲。欲傳道,把人求。嘆因緣處處不偶,嘆人生幾個回頭。風前燭,水上舟,容易熄,往下流。勢利家園誰個久?兒孫交好盡成仇。轉眼便落無常手,荒煙蔓草埋髑髏。樵人伐木往來走,牧童磨壞碑石頭。問野人,此是誰家墓?道幾句不知不知,鬼淚啾啾,噫嘻乎!騎鶴仙人歸去休。[①]

張三丰不僅寫作道情詞,還即興唱道情以抒發胸臆。《張三丰先生全集》卷八《水石閒談》還説:“這道情是你的初步仙梯。笑呵呵傳與你,三丰道人走筆題。”[②]《張三丰先生全集》卷三《玄要篇上》之《道情歌》唱誦内丹修煉步驟説:

> 未煉還丹先煉性,未修大藥且修心。心修自然丹信至,性清自然藥材生。藥材生,緊加功,雷聲隱隱震虚空。電光灼處尋真種,風信來時覓本宗。霞光萬道籠金鼎,紫雲千丈罩天門。若還到此休驚怕,穩把元神守洞門。如貓捕鼠兔逢鷹,急急着力又加勤。萬般景象皆非類,一顆紅光是至真。此箇紅光是春意,其中有若明窗塵。中懸一點先天藥,遠似葡萄近似金。到此全憑要謹慎,絲毫念起喪天真。待他一點自歸伏,身中化作四時春。一片白雲香一陣,一番雨過一番新。終日綿綿如醉漢,悠悠只等洞中春。遍體陰精都剥盡,化作純陽一塊金。此時氣絶如小死,打成一片是全真。到此功成纔了當,却來塵世積功勛。行滿功成天命詔,陽神出現了真靈。此言休向非人説,不逢達者莫輕論。其中切切通玄理,此真之外更無真。收拾行囊牢封固,他日成功可印心。可印心,五十二句要君尋。若有虚言遭天譴,説與非人鞭喪身![③]

道教内丹修煉的玄妙真諦,在此《道情歌》中有精彩凝練的闡述。詹石窗就認爲

① 《藏外道書》第 5 册,第 554 頁。

② 《藏外道書》第 5 册,第 555 頁。

③ 《藏外道書》第 5 册,第 433 頁。

張三丰道情的思想内容在述説修真煉性之理，暗示内丹功法與境界兩個方面。[①]

《張三丰先生全集》卷三《玄要篇下》之《四時道情》，詠唱神仙故事，引用神仙典故，講述涉及春夏秋冬的六個神仙故事：王子晋吹笙，純陽遇鍾離權，牛郎與織女，嚴君平賣卜，林逋隱居，韓湘子度韓愈。《張三丰先生全集》卷三《玄要篇下》《四時道情》之《自記》説："道情四首，乃吾隱終南山作以自唱者。其體帶《竹枝》，節節硬逗，看似不接，其妙正在不接之接也。"[②]三丰道情贊神仙可學，詠誦内丹修煉方法，是道士以道情詠唱大道的名篇。傳世的三丰道情是研究全真道史的珍貴資料，反映出明代全真道將内丹與道情相融攝會通的時代特點。《張三丰先生全集》卷三《玄要篇下》之《五更道情》五首唱具體功法，詠誦道教内丹修煉，多用比喻象徵表現手法。其曰：

一更裏，入禪房，清浄身心不用忙，心猿意馬休輕放。守定靈台白玉光，無事真人裏面藏。主翁端坐崑崙上，黄婆勾引入洞房。嬰兒姹女配成雙，三家會合曲江上。

二更裏，上蒲團，思念父母未生前，本來面目常發現。採取先天補後天，三關運轉至泥丸。華池神水頻吞嚥，水火相交煖下田。偃月爐中至寶煎，三回九轉把丹煉。

三更裏，一陽生，坎離交媾結婚姻，無牽無挂常清浄。海底泥牛直上奔，綿綿一炁透崑崙。金水夫妻來交並，白雪長生在黄庭。煉就金丹不壞身，方纔識透玄關性。

四更裏，覓宗風，西來大意在其中，時時常把功夫用。皓月當空徹頂紅，照看自己主人翁。方知爐内鉛投汞，玲瓏塔裏現真宗。金丹煉就了真空，千年萬載身不動。

五更裏，合天機，玄關一竅少人知，誰人識得生死地！全憑戊己産嬰兒，金光燦爛現牟尼。至寶收在丹田裏，養就靈根與天齊。陽神妙體同太虚，黍珠一粒包天地。[③]

張三丰從入禪房、上蒲團的修煉入手，指出修煉的目標是通過静坐，培養先天命門真氣，以補後天逐漸衰弱的身體。同時，道情詞還描寫了静功中真氣運轉、冲

① 詹石窗：《道情考論》，《宗教學研究》1996 年第 4 期。
② 《藏外道書》第 5 册，第 455 頁。
③ 《藏外道書》第 5 册，第 456～457 頁。

尾閭、過大椎、上玉枕、達於泥丸宫的景象。“三回九轉把丹煉”就明確説明，他所描述的乃是煉九轉神丹的要領與景象。當精氣被匯聚丹田煉成内丹之際，人仿佛置身於太虚妙境，小小的一粒如黍火大的内丹在自我感覺中却是廣袤無邊，足以包裹天地。在這種境界裏，世俗的時間被超越，而空間也被無限地延伸。以道情雋永的詞句來表達全真道修煉的境界，反映出張三丰在内丹學上的深厚造詣。張三丰嫻熟運用詞體道情，表達出道教内丹修煉的思想主旨。

（二）張三丰《無根樹道情》的思想意義

張三丰道情中有《無根樹道情》24 首，其名稱既反映佛道思想的混融，更説明佛道修煉方法的相互融攝。“無根樹”爲漢譯佛經之語彙，梵語“阿梨吒”就譯爲“無根樹”。于闐國實叉難陀所撰《華嚴經》卷七八，有“譬如有樹名曰無根，不從根生，而枝葉花果悉皆繁茂”[①]之説。在西南地區確有無根樹的存在，清曹樹翹《滇南雜志》卷二十載：“無根樹在元謀縣之苴寧村，二樹並立。牧童焚斷其根，即附旁樹而生，其茂益盛。乃知寄胎長生，物理且然，張三丰無根樹之歌，非無據也。”[②]傳世的張三丰道情，以《無根樹道情》最爲有名，史籍中有張三丰歌《無根樹詞》的傳説，清檀萃《黔囊》載張三丰在貴州平越之遺迹説：“三丰在平越，每好歌《無根樹詞》，音如鸞鳳，上徹雲霄。”[③]如此看來，張三丰撰寫《無根樹道情》之説，似乎並非空穴來風。《張三丰先生全集》卷三《玄要篇下》之《無根樹道情》二十四首曰[④]：

無根樹，花正幽，貪戀紅塵誰肯修？浮生事，苦海舟，蕩去飄來不自由。無邊無岸難泊繫，長在魚龍險處游。肯回首，是岸頭，莫待風波壞了舟。

無根樹，花正微，樹老將新接嫩枝。桃寄柳，桑接梨，傳與修真作樣兒。自古神仙栽接法，人老原來有藥醫。訪明師，問方兒，下手速修猶太遲。

無根樹，花正青，花酒神仙古到今。煙花寨，酒肉林，不犯葷腥不犯淫。犯淫喪失長生寶，酒肉穿腸道在心。打開門，説與君，無酒無花道不成。

---

① 《大正新修大藏經》第 10 册，第 434 頁。

② （清）王錫祺輯，《小方壺輿地叢鈔》第七帙第 3 册，清光緒十七午（1891）上海著易堂排印本，第 204 頁。

③ 高國祥主編：《中國西南文獻叢書》第一輯第 64 册，蘭州：蘭州大學出版社，2003 年，第 220 頁。

④ （原注）題義：“無根樹者，指人身之鉛氣也。丹家於虚無境内養出根株，先天後天都自無中生有，故曰‘説到無根却有根’也。煉後天者，須要入無求有，然後以有投無；煉先天者，又要以有入無，然後自無返有。修煉根蒂，如是而已。二十四首皆勸人無根樹下細玩仙花，其藥物、氣候、栽接、採取之妙，備載其中，此道情之不朽者也。”原評：“世上有《無根樹》二解，發明元妙，殆無遺藴，有志於道者覽觀之。”（《藏外道書》第 5 册，第 452 頁）

無根樹,花正孤,借問陰陽得類無?雌雞卵,難抱雛,背了陰陽造化爐。女子無夫爲怨女,男子無妻是曠夫。嘆迷徒,太模糊,静坐孤修氣轉枯。

無根樹,花正偏,離了陰陽道不全。金隔木,汞隔鉛,陽寡陰孤各一邊。世上陰陽男配女,生子生孫代代傳。順爲凡,逆爲仙,只在中間顛倒顛。

無根樹,花正新,産在坤方坤是人。摘花戴,採花心,花蕊層層艷麗春。時人不達花中理,一訣天機值萬金。借花名,作花身,句句《敲爻》説得真。

無根樹,花正繁,美貌嬌容似粉團。防猿馬,劣更頑,挂起娘生鐵面顔。提出青龍真寶劍,摘盡牆頭朵朵鮮。趁風帆,滿載還,怎肯空行到寶山!

無根樹,花正飛,卸了重開有定期。鉛花現,癸盡時,依舊西園花滿枝。對月纔經收拾去,又向朝陽補衲衣。這玄機,世罕知,須共神仙仔細推。

無根樹,花正開,偃月爐中摘下來。延年壽,減病災,好結良朋備法財。從兹可成天上寶,一任群迷笑我獃。勸賢才,休賣乖,不遇明師莫强猜。

無根樹,花正圓,結果收成滋味全。如朱橘,似彈丸,護守隄防莫放閒。學些草木收頭法,復命歸根返本元。選靈地,結道庵,會合先天了大還。

無根樹,花正亨,説到無根却有根。三才竅,二五精,天地交時萬物生。日月交時寒暑順,男女交時姙始成。甚分明,説與君,只恐相逢認不真。

無根樹,花正佳,對景忘情玩月華。金精旺,耀眼花,莫在園中錯揀瓜。五金八石皆爲假,萬草千方總是差。金蝦蟆,玉老鴉,認得真鉛是作家。

無根樹,花正多。遍地開時隔愛河。難攀折,怎奈何,步步行行龍虎窩。採得黄花歸洞去,紫府題名永不磨。笑呵呵,白雲阿,準備天梯上大羅。

無根樹,花正香,鉛鼎温温現寶光。金橋上,望曲江,月裏分明見太陽。吞服烏肝並兔髓,换盡塵埃舊肚腸。名利場,恩愛鄉,再不回頭空自忙。

無根樹。花正鮮,符火相煎汞與鉛。臨爐際,景現前,採取全憑渡法船。匠手高强牢把舵,一任洪波海底翻。過三關,透泥丸,早把通身九竅穿。

無根樹,花正濃。認取真鉛正祖宗。精炁神,一鼎烹,女轉成男老變童。欲向西方擒白虎,先往東家伏青龍。類相同,好用功,外藥通時内藥通。

無根樹,花正嬌,天應星兮地應潮。屠龍劍,縛虎縧,運轉天罡斡斗梢。煅煉一爐真日月,掃盡三千六百條。步雲霄,任逍遥,罪垢凡塵一筆消。

無根樹,花正高,海浪滔天月弄潮。銀河路,透九霄,槎影横空泊斗梢。摸著織女支機石,踏遍牛郎駕鵲橋。遇仙曹,膽氣豪,盗得瑶池王母桃。

無根樹,花正雙,龍虎登壇戰一場。鉛投汞,配陰陽,法象玄珠無價償。此是家園真種子,返老還童壽命長。上天堂,極樂方,免得輪迴見閻王。

無根樹，花正奇，月裏栽培片晌時。拏雲手，步雲梯，採取先天第一枝。飲酒帶花神氣爽，笑煞仙翁醉似泥。託心知，謹護持，惟恐爐中火候飛。

無根樹，花正黄，產在中央戊己鄉。東家女，西家郎，配合夫妻入洞房。黄婆勸飲醍醐酒，每日醺蒸醉一場，這仙方，返魂漿，起死回生是藥王。

無根樹，花正明，月魄天心逼日魂。金烏髓，玉兔精，二物擒來一處烹。陽火陰符分子午，沐浴加臨卯酉門。守黄庭，養谷神，男子懷胎笑煞人。

無根樹，花正紅，摘盡紅花一樹空。空即色，色即空，識透真空在色中。了了真空色相滅，法相長存不落空。號圓通，稱大雄。九祖超昇上九重。

無根樹，花正無，無影無形難畫圖。無名姓，却聽呼，擒入中間造化爐。運起周天三昧火，煅煉真空返太無。謁仙都，受天符，纔是男兒大丈夫。①

張三丰《無根樹道情》二十四首，從標題到内容，都用比喻，且喻中有喻，重重相扣，形成了意味深長的暗示效果。對"無根樹"的解釋，《張三丰先生全集》卷三《玄要篇下》之《無根樹道情》二十四首末附棲雲山劉悟元注稱："人生在世，生老病死，忽在忽亡，百年歲月，石火電光，亦如樹之無根也。仙翁二十四詞，以'無根樹'爲名，叫醒世人，使其看破浮生夢幻，早修性命耳。"②

清代道士劉一明，道號悟元子，别號素樸散人，是全真道龍門派第十一代宗師。他在《道書十二種》中撰《無根樹解》一卷，對《無根樹道情》所言内丹修煉的思想意藴，從修道的角度進行深入的闡釋。劉一明認爲《無根樹道情》藏造化之機，泄性命之源，言簡理明，包括丹道始終之序，吐露火候前後之秘。《張三丰先生全集》卷三《玄要篇下》之《無根樹道情》二十四首末附長乙山人李涵虚釋無根樹説：

"無根樹"以人身氣言。人身百脈皆生於氣，氣生於虚無之境，故曰"無根"。丹家於虚無境内養出根荄，先天後天，皆自無中生有。是無根乃有根之原也。煉後天者，須要入無求有，然後以有投無；煉先天者，又要以有入無，然後自無返有。修煉根因，如是而已。但人身之氣有少、壯、老之不同；修煉之氣有前、中、後之各異。二十四章，合一年氣候，皆勸人無根樹下，隨時看花，此道情之盡善盡美者也。③

---

① 《藏外道書》第5册，第452～454頁。

② （清）李西月重編，盛克琦、芮國華點校：《張三丰全集》，北京：華夏出版社，2017年，第455頁。

③ （清）李西月重編，盛克琦、芮國華點校：《張三丰全集》，第455頁。

李涵虚這段話道出了《無根樹》的深刻隱意。《無根樹》教人“隨時看花”，道情的中心意象是“花”，此“花”隨時隨境而有變化，呈現幽、微、青、孤、偏、新、繁、飛、開、圓、亨、佳、多、香、鮮、濃、黄、紅等情狀，作者根據花的這些象徵符號，賦予《無根樹》之花不同的隱喻。張三丰以無根之樹起興，比喻人壽有限，其花易枯。道情詞又以生命比舟，以生活喻海，勸人回頭是岸；還以樹木嫁接，老樹著花，比喻得道後人又新生，勸勉世人立刻下手修煉。張三丰《無根樹》，確乎是道情之盡善盡美者。

四、託名重陽真人、馬丹陽真人的道情

明代有託名重陽真人的羽士，其生平不詳，與重陽子王喆非同一人。明代選輯的《樂府群珠》收録重陽真人以《道情》爲題的小令，【北中吕迎仙客】《道情》曰：

迎仙客，李老君，闡開無爲衆妙門。演道德，五千文，分明説破，都有神仙分。

訓中華，化胡人，世世獨爲第一尊。聖賢祖，天地根，十分法界，處處同混融。

迎仙客，西王母，得道遭逢太上祖。度東華，爲教主，大羅天上，永劫真常住。

樂自然，享天福，慶設蟠桃聖會普。聚諸天，集仙侶，瑶池會上，不論男和女。

迎仙客，祖東華，相遇瑶池王母家。住終南，伴烟霞，逍遥快樂，世事無牽掛。

迎仙客，漢鍾離，無生化的五祖爲。假中真，真中假，空色同體，道德通天下。

迎仙客，漢鍾離，不做將軍自悟得。遇東華，傳妙機，頭盔放下，挽起雙丫髻。

度吕公，一夢裏，漏泄天機明道理。混虚無，通天地，蓬萊三島，一住閑遊戲。

迎仙客，吕洞賓，貫世文章萬事通。悟無爲，自然功，邯鄲店上，識破黄粱夢。

度重陽，過山東，大闡全真爲祖宗。超法界，樂雲空，遍遊天下，到處人欽重。

迎仙客，劉海蟾，燕國宰相清又廉。遇鍾離，義和兼，看國壘殤，猛悟歪斜嶮。

離俗苦，樂道甜，絶利休名再不占。去遊方，到處潛，真常自在，獨把清閑占。

迎仙客，王祖師，飲水心明求生死。死中活，活中死，死活墳裏，下了三年志。

開惑教，捉馬兒，七朵金蓮十九枝。四海通，天下知，尋將知友，了道無凝滯。

迎仙客，馬祖師，海上文章第一儒。黜聰明，學愚鹵，守墳三載，一志居環堵。

度門人，心量普，不論賢愚貧與富。指根源，超九祖，十方道衆，共應三清舉。

迎仙客，譚師傅，猛悟玄妙秘密語。有志行，無庵住，逍遥自在，雲水無拘束。

脱體空，無一物，勝似石崇敵國富。不度人，獨自住，清風明月，照徹無生路。

迎仙客，劉師父，浪子風流世上無。悟天光，伏龍虎，洛陽瓦裏，自在安閑住。

任人魔，不迴顧，一志如山無捨取。了真心，度門徒，三開三井，透盡玄元路。

迎仙客，丘師父，昔在蟠磎獨自居。六年中，度賢愚，龍門七載，了道歸鄉路。

授皇宣，去化胡，救了生靈萬餘苦。闡全真，大教普，門人無限，盡上三天路。

迎仙客，王師父，自幼神仙來引度。鐵查山，嶺上處，金雞獨立，一志超凡所。

授皇宣，見帝主，妙用神仙通化愚。露玄機，明今古，門徒多少，盡赴蓬萊路。

迎仙客，郝太古，頓悟過頭獨自住。任無言，持不語，趙州橋下，一志無憂慮。

化自然,人自伏,廣度門人心量普。不分明,男和女,無人無我,共習長生路。

迎仙客,孫姑姑,棄了家緣兒女夫。離鄉到,河南府,轆轆巷中,勸化教人悟。

去朝元,登仙路,翫賞蟠桃西王母。跨翱翔,混太虛,長春不夜,無來亦無去。

迎仙客,道家風,歷代宗師理一同。悟無爲,自有功,清清凈凈,本來元無動。

合自然,了真空,三界十方總一通。至玄玄,妙無窮,虛靈洞徹,衆聖皆同混。

縱君袍,戀妻妾,兒女牽纏無休歇。遇真師,傳妙訣,斬釘截鐵,恩愛俱抛捨。

再提起,天機泄,把握陰陽牢固結。添水火,烹日月,往來上下,满满一壺雪。

日常圓,月有缺,青龍白虎精皎潔。謝黄婆,匹配也,送入中宫,一處同歡悦。

真截話,與君説,只要降伏心火滅。鉛又凝,汞又結,大藥煉就,指日朝金闕。

體自然,養疏拙,金身透出霄漢月。快活也,無生滅,脱殼騰空,此理難言説。

騎鐵馬,賞明月,玉女金童香花接。赴蓬萊,諸聖悦,禮拜高真,舞箇迎仙客。①

這首長篇道情以迎仙客爲主旨,先從道教教祖李老君創教化胡,到西王母度東華爲教主,過渡到唐代道教的鍾呂傳道,再到金元全真七子的修道,對歷代宗師的修道都有提綱挈領的叙述,儼然一組散曲化的道教神仙創教史,而全真七子的修道故事,道情中更有符號化的典型叙事。

明代還有託名馬丹陽真人的羽士,此人生平亦不詳,但與丹陽子馬鈺非同一人。明代選輯的《樂府群珠》收録馬丹陽真人小令【北中吕迎仙客】《道情》曰:

① 謝伯陽編纂:《全明散曲》(增補版)第2册,濟南:齊魯書社,2016年,第1543~1548頁。

一九至，草木衰，敗葉殘紅滿逕堦。琴棋罷，歸去來，修真學道，倒大無災害。

二九至，冷風寒，初下功夫認祖關。塵環士，總不貪，茅庵獨坐，好把黄庭看。

三九至，雪花飛，百衲遮寒度日期。飢來飯，悶後棋，閑觀門外，幾朵紅梅戲。

四九至，雪又飄，滚滚銀花墜九霄。明窗下，土坑燒，清虚冷淡，此是全真教。

五九至，雪漫漫，陽火河車爐内搬。丹成就，跨鸞鳳，千真萬聖，不離常爲伴。

六九至，雪無邊，散滿三千及大千。功成就，得自然，仙童相接，引入長生殿。

八九至，律陽回，對舞高歌把笛吹。幢幡蓋，引導歸，千真作禮，普赴蓬萊會。

九九至，景堪圖，離火中宫整藥爐。浮生事，我自無，清閑自在，勝如爲官禄。①

這首小令對全真道士的内丹修煉，以自然界九九之期的變化，來叙述内丹循序漸進的修煉過程。小令道情以頗爲簡潔的語句，描寫全真道十修真學道、茅庵獨坐、清虚冷淡、清閑自在，經過漫漫嚴寒的艱苦修煉，終得丹功成就而獲得自然之道。

餘　論

道情是道士弘道、化緣時演唱的道歌，後來逐漸發展爲一種民間説唱。五代沈玢《續仙傳》記藍采和踏歌道情，歷來被學界視爲唱道情的起源。南宋宫廷張掄道情鼓子詞的演唱，昭示宋代道情在社會上的盛行。道教的唱道情並非等閑之情，而是藴含著深邃的人生哲理，我們從全真道與唱道情關係的考察，不難覺察出全真道思想對道情浸潤影響頗深。金元全真道苦行修煉的創教諸宗師，被道門人士奉爲修道之楷模，當時道情説唱者的清苦打扮，固然出於點化世人的需

① 謝伯陽編纂：《全明散曲》第 2 册，第 1551～1552 頁。

要，但與金元全真道苦修的價值取向不無關係。道教自唐代興盛發展以來，已肇開與時代文學樣式相結合之路，唐詩中的涉道詩，宋詞中的道情鼓子詞，乃至元明雜劇散曲中的唱道情，都是道教與文學相結合的結果。道教在中國社會的影響無處不在，衹要是社會流行的文學樣式，總會打上道家影響的時代烙印。本文考察全真道與唱道情的關係，從元代雜劇散曲的側面不難看出，全真道確乎給予文學藝術和民間社會以深刻影響。

（責任編輯：張琰）

進程·類型·文人化：清代道士詩人詩歌述論

□鍾志輝

摘要：清代道士詩歌的發展進程可以分爲三個階段。第一階段在順治康熙間，爲道士詩歌的過渡時期，詩人主要由遺民道士組成，詩歌多抒發亡國之痛。第二階段在康熙以後到鴉片戰爭之前，爲道士創作的鼎盛期。在此階段，宗教思想與宗教體驗滲入道士詩歌中，出現大量抒情詠懷之作，江南道士詩人構成該階段的創作主體。第三階段爲鴉片戰爭後到民國前，爲道士詩歌的衰微時期。清代道士詩歌類型主要有三種，分別是山水詩、抒情詩與論道傳道詩，其中既有與世俗文人創作的共通點，又有受道士身份影響而展現出的獨特風貌。清代道士詩人對詩藝的自覺與熱情、與外界結社、參與群體唱和、兼善其他藝能，表現出明顯的文人化傾向。

關鍵詞：清代　道士詩人　發展進程　詩歌類型　文人化

作者簡介：鍾志輝，男，1987 年生，廣東梅州人，現爲武漢大學文學院特聘副研究員，主要研究魏晋南北朝隋唐五代文學與文化，宗教文學，在《文藝研究》《安徽大學學報》等發表論文若干篇。

清代道士詩歌屬於中國古典詩歌的有機組成部分。從共時性的角度來説，與僧詩、文人詩相比，清代道士詩壇中没有湧現傑出的詩人，也没有數量龐大的作品，這或許是到目前爲止學界很少關注的原因。我們固然不能特意拔高其意義，但也不能忽略其價值。道士經歷、交遊、身份、心態與詩歌創作主題、内容、風格等方面，既有與世俗文人共通之處，又有其自成一體的特色。鑒於目前缺少對有清一代道士詩歌的整體性研究，本文將從道士詩歌發展進程、詩歌類型與道士詩人的文人化傾向三個角度切入，探討清代道士詩歌，以期呈現其面貌，定位其價值。

一、道士詩歌的發展進程

清代道士詩史大致可以劃分爲三個階段。第一個階段時間大致在順治、康熙期間,成員主要爲明入清的遺民道士。第二階段爲康熙到鴉片戰争爆發前夕,這個階段的道士詩人與詩作,占據清代道士詩壇的主體。第三階段是鴉片戰争後到民國建立前,在這個階段,無論是總集收録還是别集留存,所反映的道士詩壇都是極爲衰微的。

第一階段,明清之際有大量逃禪的士人遁入空門,以此保存民族氣節,逃避政權迫害,拒絶與清廷合作。相比之下,入道的士人相對比較少,但其中也不乏名人高士,如傅山、黄周星、朱耷都曾短暫或者長期遁身道門,背後的原因多與避難、避仕有關。經歷過國破家亡,他們的詩歌中充滿了悲愴之語。李延昰《放鵰亭稿》收録《樂府變》《崇禎宫詞》《九峰作》三組詩,堪稱明清易代的詩史。作者有明確的以詩記史、史詩互證的意識,詩句概述重要歷史事件,輔以較爲詳細的自注,來説明詩歌所涉史事,如《樂府變》之《鳳陵變》:

> 鳳陵鬱葱高徹天,胡爲賊鋒穿及泉(自注:崇禎八年十一月十五日丙寅賊犯鳳陽,遂焚皇陵)。留守捐軀(自注:中都留守朱國相被害)太守辱(自注:賊杖死鳳陽知府顔容暄於堂下),淮鳳中丞空局促(自注:淮鳳總督楊一鵬論死)。日月雙懸事豈誣,隱然光怪何時無。君不見漢德未衰周鼎在,北極朝廷終不改。[①]

《鳳陵變》涉及崇禎八年(1635)張獻忠率兵攻破鳳陽、焚毁皇陵之事,明將朱國相、知府顔容暄被害,鳳陽巡撫楊一鵬瀆職論死,可與史書記載相互印證。結尾兩句透露出李延昰堅信明王朝德政不衰的心理。詩歌情思深沉,風格沉鬱。傅山《霜紅龕集》亦可見亡國之痛,如《甲申守歲》云"戀著崇禎十五年"[②],表達出對故朝的依戀,又如《甲申避地過起八兄山房令兒眉限韻率意寫尊垣諼門昆五字同又玄作》其二:

> 重傾黯黮舊芳尊,淚眼相瞠望帝垣。獨立自憐南國橘,偷生同爲北堂

---

① (清)李延昰:《放鵰亭稿》卷上,中國國家圖書館藏民國華雲閣鉛印本。

② (清)傅山:《霜紅龕集》卷一〇,太原:山西人民出版社,1985年,第279頁。

> 諼。四時容此長鮮菜,一室何須不鑿門。爾我久忘賓亦主,悲歌率爾弟酬昆。[①]

詩作於甲申之變後,淚眼、悲歌中隱藏國破的傷痛。黄周星的《九峰先生集》之《秋日與杜於皇過高座寺登雨花臺》也可見强烈的家國之痛與黍離之悲:

> 被髮何時下大荒,河山舉目共淒凉。客來古寺談秋雨,天爲幽人駐夕陽。去國屈原終悻直,無家李白只佯狂。百年多少憑高淚,每到西風灑幾行。[②]

詩中充滿了山河破碎、國破家亡的悲感,發出了遺民詩人的共同心聲。

這個階段的道士詩人,入道往往帶著避世的動機,因而存在諸如朱耷那樣先入佛門再入道門的案例。而傅山借道士身份從事抗清活動,其《龍門山徑中》詩云:"貧道初方外,興亡著意拼。入山直是淺,孤徑獨能盤。却憶神仙術,無如君父關。留侯自黄老,終始未忘韓。"[③]用張良不忘故國的典故自明心志,説明入道僅爲權宜之計。他們的詩有一部分是以道士身份創作的,但似乎大部分都是以非道士身份創作的,而且這兩類詩歌不容易區分。比較特殊的是苗君稷,他遭遇國破家亡、被擄掠至盛京的悲劇,雖然不肯出仕清廷,但也没有反清復明的行爲。他在盛京入道,初衷是避仕,但久而即真,成爲當地著名道士,與盛京權貴保持較多交往。苗氏入道時間較長,其《焦冥集》收録的基本都是入道後創作的詩歌。以經歷、身份、時間與詩作論,苗君稷體現出更爲明顯而純粹的道士身份,詩中充滿了因思鄉、憶友、流寓而産生的孤獨與痛苦。[④]。

在這個階段還有一個特殊的道士,即身處嶺南的黄寬。他的生活、創作時段與上述遺民詩人有重疊之處,主要在順治康熙期間,似當歸入遺民詩人群。然而,他的詩歌很少表現亡國之痛,没有對新政权的抵觸情緒,也没有像苗君稷那樣被擄掠至異地的經歷,他的一生大部分都是在故鄉度過的,因而没有那麽强烈的孤獨與痛苦情緒。從創作風貌上來講,黄寬與第二階段詩人更爲相似,屬於兩個階段的過渡性詩人。

第二階段湧現的道士詩人與詩作數量是前後階段所無法比擬的。这一階段

---

① (清)傅山:《霜紅龕集》卷一〇,第 275 頁。

② (清)黄周星撰,謝孝明校點:《黄周星集》,長沙:嶽麓書社,2013 年,第 79 頁。

③ (清)傅山:《霜紅龕集》卷八,第 213 頁。

④ 參見劉剛:《順治朝東北貳臣流人與方外流人研究》,東北師範大學,博士學位論文,2014 年,第 234～243 頁。

的道士詩人出家的動機更加多元,如因緣際會、仕途不順、慕道修煉、貧困疾病等,主要是受到道教的文化、思想與職責感召,是出於對道教的認可,而非以之爲掩護。有部分道士是因貧病或人生挫折而棲身道觀,但大都保持穩定的宗教身份,屬於比較純粹的道士。大體而言,康熙之後清王朝的統治進入穩定時期,士人對清朝的認可也逐漸增强,對政权的抵觸情緒逐漸削弱。受到這種時代背景的影響,道士的生活、心態、創作也展現了新變化。第一,宗教思想滲入詩歌中,論道詩有所增加,一些高道加入詩歌創作群體中,擴展了道詩的内容與風格。如傅金銓《赤水吟》,爲論述丹道思想之集。又如劉一明創作了大量論道闡真的詩詞。基於道士的宗教體驗、宗教職責如齋醮祈請、布道傳道而作的詩歌也有所增加。第二,涉及社會、政治等公共性事件的詩歌大量減少,而描摹山水、抒情詠懷等私人性色彩較重的作品大量增加。道士以個人生活、宗教體驗爲中心,其詩歌中隨處可見登山臨水、詠物寫景、明心見性的行爲舉止。他們與方外僧道、世俗文人結社酬酢,保持較爲緊密的文學聯繫。承平時代培養起來的平和悠然的心態,影響到他們的詩風,使之呈現出平淡温和的共性。

從地域上來講,以江浙爲主的江南道士詩人構成這個階段的創作主體。江南區域地理位置優越,交通發達,自然資源豐富,民衆生活相對寬裕,這就爲宗教的發展奠定了深厚的基礎。同時,江南文化素來發達,無論是本土文士還是外來文士,數量之多,是其他地方難以媲美的。這些外在因素在促進道教發展的同時也直接或者間接影響了道詩的風貌。無論是道士别集留存還是總集收録,江南道士詩歌都是最多的。從總集來看,《道家詩紀》清朝部分,時間下限爲道光十四年(1834)左右,收録清代道士詩人 105 位,詩歌 700 餘首,以江南地區的道士爲最多,僅海鹽、嘉興、平湖一帶就近 40 人,録詩近 200 首。[①] 如果説編纂者出於就近取材的便利(張謙是海鹽人),導致後人對道詩地域色彩的判斷出現偏差,那麽今存别集數量同樣以江南道士爲夥的事實,則可以進一步支持這個判斷。江南道士别集至少有榮漣《洞泉詩鈔》、王至淳《清凉山房詩概》、朱福田《嶽雲詩鈔》、賀炳《雲濤散人集》、施遠恩《環山房詩鈔》、水上善《高隱山樓詩鈔》、張臨《冰壺小草》、吴浩《倚石吟詩集》、俞體瑩《萍舟剩草》、高韞珍《出凡遺稿》等,數量遠超同時代的任何區域。從品質上來看,江南道士多潛心詩藝,長年累月吟詠不輟,保證了其詩歌藝術水平。他們的創作内容也相對集中,圍繞個人生活與交遊而作

① 參見吴光正主編《清代道教文學史》(未刊稿)第七章《道教詩歌總集〈道教詩紀〉的編纂》(羅争鳴執筆)相關論述。

的山水詩、抒情詩,數量最多,論道闡真詩則相對較少。

第三階段是道詩的衰微時期,目前能看到的道士詩集主要有三種,分別是洪中和《清虚詩集》、高仁峒《雲水集》、張永亮《來鶴亭詩稿》。洪中和《清虚詩集》上卷爲證道悟道之詩文,下卷則爲山水、詠史、懷人、題贈之作。高仁峒爲北京白雲觀住持,《雲水集》所收都是論道證道以及記録自身修道歷程的詩歌。從目前保存的文獻來看,這一階段的道士詩歌在内容主題上與前期相比,没有多大差異,但是就詩人與詩作數量而言,則大大遜色於第二階段。究其原因,一是道教自身發展所遭遇的外界困境。在鴉片戰争之前,清王朝對道教的抑制政策愈來愈嚴苛,道教在上層社會的地位逐漸低落,清廷甚至中止道教與朝廷的一切聯繫,標誌性事件就是道光元年(1821),朝廷敕令第五十九代天師不准來京朝覲。第二,晚清以來,先後發生的兩次鴉片戰争、太平天國戰争、中日戰争、中俄戰争、義和團運動等事件,在打擊清政府統治的同時,也嚴重動摇了道教生存的基礎。在承平時期,政府、民衆對道觀、道士的經濟支持,是保證道教發展的重要外力,而當這些經濟基礎遭受重創時,作爲上層建築的宗教的發展不可避免要受到很大限制。尤其是太平天國對佛道二教的衝擊最爲嚴重,參與者在把道教斥爲妖邪的同時,還大量破壞道教賴以生存的宫觀庵院。[①] 太平天國之後,各地被毁壞的宫觀多得到修復,但是在此之前出現的道教中興進程畢竟被阻斷了,道士詩歌生存的基礎也被動摇了,這些都會影響道士的創作。第三則涉及文獻保存的問題。據陳尚君考證,《道家詩紀》定稿時間約在道光十四年(1834)前後[②],該書所收清代道士詩歌,基本都是道光之前的。《道家詩紀》是目前所見收録清代道士詩歌最多的總集,據此可以比較充分地認識其涉及時段的道士詩歌創作面貌。而目前發現的鴉片戰争以後的道士詩歌總集、别集數量相當少,這嚴重地限制了我們對第三階段道教詩歌的認識和判斷。因此,本文對清代道詩的分期,與其説是基於歷史真實的考察,不如説是基於現存文獻的判斷。

二、清代道士詩歌類型

在中國詩歌史上,道士的文學創作有悠久的傳統,吟詠山水、抒寫情懷,是歷

---

① 以上參見卿希泰主編:《中國道教史》(修訂本)第四卷,成都:四川人民出版社,1996年,第211～222頁。

② 陳尚君:《〈道家詩紀〉"解題"》,《上海圖書館未刊古籍稿本》第58册,上海:復旦大學出版社,2008年,第4頁。

代道士創作最常見的詩歌類型,這兩類詩歌與論道傳道之作構成清代道詩的三大類型。

1.山水詩

道士創作山水詩的熱情不亞於世俗文人,究其緣由,大概有以下幾點:第一,道士們熱衷於創作山水詩,是由道士的修煉環境決定的。道觀一般建築於山林郊野,遠離世事,清幽寧静。對於止觀而修的道士而言,他們朝夕面對的除了道觀師友,就是花草樹木、山川風雲。自然景觀是他們消遣詩興的最直接題材。如俞體瑩,結廬穹隆之巔,"穹隆秀甲吴中,凡夫靈岩、支硎、漁陽、鄧尉諸山,羅列若兒孫,煙雲出没,峰巒變幻,而具區之浸,雪濤萬頃,蕩胸震魄,足以供其抒寫"[①],變化多姿的山巒震蕩其胸魄,助發其詩興。對於散居道士而言,他們多居住在遠離鬧市的鄉野城郊,雖然擺脱了道觀清規戒律的約束,但是在性情與言行方面,仍然深刻地保持著道士的本色,遠離塵囂、愛好幽静、欣賞山水成爲他們日常生活的重要構成。第二,許多道士有雲遊經歷,如傅金銓"嘗泛洞庭,歷三湘,望九嶷,覽峨眉巫峽之奇觀,騁匡廬武彝之逸足"[②];榮漣"遍遊名山,所至以詩筒畫笥自隨"[③];洪中和"棄儒慕道,遍訪名山……鑿龍門,探禹穴,遨遊名山殆遍"[④];嚴克真"思遊名山……航海至普陀,復入天台,信宿桐柏宫,仰慕元風,有終老之志……著《浙東遊記》一卷"[⑤];朱福田曾遊歷杭州與黄山,途中經歷見聞多見於其詩集《嶽雲詩鈔》。遊歷山水是刺激詩人創作的重要機緣,此不待詳論而可知。第三,自然山水是道士證道悟道的對象,山水詩則是證道悟道的産物。在欣賞山水的同時,道士也常從山水探道,以山水證道,借山水明道。在這個時候,山水不僅僅是一個獨立自足的欣賞對象,而且是與道合一的意象。一方面,作者能從中發掘仙道意藴,激勵、强化其修道意志;另一方面,山水中融入了作者的宗教體驗、宗教想象與宗教感悟。洪中和《閑遊偶作》形象地説明遊歷山水與悟道的關係:

幼進玄門篤志修,東西南朔任遨遊。芒鞋訪道穿三峽,竹杖挑經歷九

---

① (清)韓是升:《萍舟剩草序》,(清)俞體瑩:《萍舟剩草》,上海圖書館藏嘉慶十一年(1806)刻本。

② (清)傅金銓:《爲綺臺王公寫石竹三册戲書卷首》,(清)傅金銓撰,周全彬、盛克琦編校:《證道秘書・赤水吟》上册,北京:宗教文化出版社,2014年,第140頁。

③ 《國朝耆獻類徵・孝友》,轉引自(清)榮漣:《洞泉詩鈔》,民國二十三年(1934)排印本。

④ (清)楚恩芳:《清虚詩集序》,(清)洪中和:《清虚詩集》卷下,華東師範大學圖書館藏光緒二十四年(1898)刻本。

⑤ 《道家詩紀》卷三七,《上海圖書館未刊古籍稿本》第60册,上海:復旦大學出版社,2008年,第167～168頁。

州。萬里關山閑作客,一肩風月淡如鷗。源頭悟徹天人理,五嶽歸來百慮休。[①]

作者在遍歷五嶽之後得以徹底領悟天人之理,説明了遊歷與證道的因果關聯。又如徐本衷《曉登青城山絶頂觀雲氣作》:

青城山頂登無涯,俯視衆嶺生朝霞。天風浩蕩虚槖籥,奪岩觸石浮雲花。身世濛濛若太古,混沌一色長空遮。耳目所到無南北,千峰萬峰交横斜。繽紛想或拂仙袂,摇曳恍若擁神車。山靈有意現瓊島,忽爲輪囷忽披麻。靄靄白衣來何所,翩翩青鳥飛誰家。泠然御風懷鄭圃,駐顔豈必吞丹砂。[②]

早晨登覽青城山,觀賞朝霞,浩蕩的雲氣引發了作者對仙界的想象,使得壯麗的自然景觀中充滿了神秘的色彩。又如黄鶴《觀音巖》:

攬衣躡危岩,浩視千萬里。滯懣豁然開,元悟在止止。石像隱藤蘿,渺渺江光起。潮聲海上來,梵唄良可擬。伊余慕遐度,嘯歌藐九地。青牛似蟪蛄,吾身亦螻蟻。瞿曇同此生,大士亦可異。視豕亦如人,萬物等一己。列子呼髑髏,未生悟未死。欲參死與生,要知生死理。笑撑白華傘,慧光燎欝壘。[③]

登覽高陡的巖石,開闊了作者的視綫,他内心的滯懣也隨之豁然開朗,並領悟《莊子·人間世》所云:"瞻彼闋者,虚室生白,吉祥止止",即郭象注"夫吉祥之所集者,至虚至静者也"[④]之意。詩歌結尾關於萬物齊一與生死無别的議論,是作者把在遊覽過程中産生的感想,與《莊子》《列子》的思想相印證的結果,這正是證道的一種方式。

詠物詩是道詩常見類型,道士詩人對梅、蘭、竹、石等明心見性之物,表現出非同尋常的熱情。高韞珍《出凡遺稿》都是詠梅詩,賀炳《梅花雜詠》共 81 首,也都是吟梅之作。道士居止所在的物象尤易成爲其遣興、寄託對象。除了對物體

① (清)洪中和:《清虚詩集》卷下,華東師範大學圖書館藏光緒二十四年(1898)刻本。
② 《道家詩紀》卷三八,《上海圖書館未刊古籍稿本》第 60 册,第 265 頁。
③ 《道家詩紀》卷三八,《上海圖書館未刊古籍稿本》第 60 册,第 245～246 頁。
④ (晋)郭象注,(唐)成玄英疏:《南華真經注疏》上册,北京:中華書局,2011 年,第 83～84 頁。

形貌作肖像式的刻繪之外,道士也往往營造情境來烘托物象,這在賀炳《梅花雜詠》中表現得最明顯,如《早梅》《孤梅》《寒梅》《瘦梅》[①]分别營造"早""孤""寒""瘦"等場景、情境來詠寫梅花。肖像式的刻繪是如實地再現,而賀炳是先構思特定意境,然後將梅花置入其中,這種創作接近於表現或者説是虚構想象,作者考慮的重點不在於如實地描摹物象形貌,而在於將其内心的構思呈現於文本。另一種詠物詩,是通過寫物來明心見性、體道悟道,物在保持其獨立性的同時也被寄寓情志,用以印證道教思想,如施遠恩《老樸行》:

> 環山百年樹,其名曰沙樸。婆娑煙雨姿,樾蔭到鄰屋。具玆干霄材,應入工師目。托根不得地,遠棄在南服。繩尺恐難施,擁腫更捲曲。鴟鴞巢其巔,螻蟻穴其腹。生意良已盡,雨露非不渥。未充梁棟選,頗避斧斤斵。安知終天年,非以不材福。至哉莊生言,寧甘老荒谷。[②]

此詩題詠作者居所附近的百年老沙樸,詩意可分三個部分。第一部分是描寫其形態與處境,具有煙雨婆娑之姿與干聳雲霄之材,却因生長不得其所而被棄。第二部分寫其生態,樹幹臃腫捲曲不中繩墨,鴟鴞與螻蟻隨意築巢穴其中,樹的生意已盡。第三部分轉入體道,與《莊子・逍遥遊》中物因無用而遠害的思想相印證。對於道士而言,《莊子》是修習經典,對其中的道理自然不陌生。書本得來的領悟,倘若能借助生活經驗,互相比對、驗證,往往能産生醍醐灌頂的效果。施遠恩感歎"至哉莊生言",正體現了這一點。詠物與體道相結合,與前面所論的借山水明道的詩歌,在本質上是一樣的,是道士對於修道體驗的有感而發,亦是最能體現其當行本色的詩歌類型。

2.抒情詠懷詩

抒情詩是中國古典詩歌的大宗,無論是直接抒寫,以景物烘托渲染,還是通過議論敘述來傳達,情感往往是詩歌必不可少的成分。在諸多類型中,抒情詩最具直接感染力。從廣義的角度來説,所謂的情包括情意思慮,基於人的喜怒哀樂而産生的抒情、詠懷、言志、感遇、漫興、遣興等詩作都可以統攝到抒情這一大類之下。

道士創作了大量抒情詩。與世俗文人相比,道士的情感表達比較節制,更加符合中和之美,尤其是在剔除經歷家國劇變的遺民道士這一特殊群體後,這個特

① (清)賀炳:《梅花雜詠》,《雲濤散人集》,上海圖書館藏抄本。
② (清)施遠恩:《環山房詩鈔》,南京圖書館藏刻本,刊刻時間不詳。

點就更爲明顯了。一方面,他們經常在詩中表達恬淡無欲、悠然忘機、自足自適的心理;另一方面,道士在幽居獨處時,常生發憂愁、感傷、孤獨、思念等悲情哀思,但表達在詩歌中,則經過過濾與净化而呈現相對平和幽淡的風格。修静閒居是道士的一種常態,在這種狀態中,"閒居百感生"[①],"静則心孤多感思"[②],容易産生幽思愁情。道詩中被冠以即事、漫興、雜興、偶吟、感時、述懷諸題的作品,多是在這種狀態下創作的,數量非常多。如張臨《三十述懷》其一:

卅年心事付塵埃,問道崆峒夢幾回。近榻松聲供嘯傲,入窗花影伴徘徊。殘燈照讀秋多感,長笛倚樓志半灰。歲月漸驚人自老,無端落葉上莓苔。[③]

這首詩是道士抒情詩的典型。一方面,它表達了作者棲隱的樂趣,另一方面,它創作於特定空間。獨居環境中的花影伴人、殘燈照讀,内心頓生頗多感思,加上作者時年三十,再結合該組詩的第四首"蹉跎歲月""寒暑暗催霜鬢改"[④]等語,可以感受到作者對歲月流逝的焦慮與志氣灰冷之意。詩中情感複雜,但是比較平和。以"山居""村居""幽居"爲題的作品,或是直接詠懷,或者通過寫景傳達情感,亦是道士典型的抒情詠懷詩。其中,以閑適、自得情感的抒寫最爲普遍,如:

倚杖衡門下,遐觀意在兹。暮山銜落日,微雨滴疏籬。市遠僮歸晚,溪深客渡遲。奔波名利者,此樂幾曾知。[⑤]

愛此隱身世,棲遲興頗佳。山廚依竹澗,門徑掩藤崖。眼倦常抛卷,心清不夢槐。四時好花月,盡可遣吟懷。[⑥]

這兩首詩的主題是相通的,都是描繪山居生活與景觀的若干側面,渲染清幽寧静的居所氛圍,烘托内心怡然自得的情感。

值得注意的是,道士情感常發生於特定的時間節點。獨居者對於時節變化非常敏感,尤其在那些具有蕭條、衰變、轉變意味,以及特定文化内涵與人生記憶的時間點,如秋冬時節,與之相關的寒夜、秋月、月夜、歲暮、除夕,以及作者生日、

---

① (清)張臨:《雨窗夜坐有感》,《冰壺小草》,浙江省圖書館藏道光十五年(1835)刻本。
② 《大清中黄真經》,(清)張君房編:《雲笈七籤》卷一三,北京:中華書局,2018年,第334頁。
③ (清)張臨:《冰壺小草》,浙江省圖書館藏道光十五年(1835)刻本。
④ (清)張臨:《冰壺小草》,浙江省圖書館藏道光十五年(1835)刻本。
⑤ (清)楊通幽:《山居》,《道家詩紀》卷三五,《上海圖書館未刊古籍稿本》第60册,第20頁。
⑥ (清)俞體瑩:《山居》,《萍舟剩草》,上海圖書館藏嘉慶十一年(1806)刻本。

晚年等。秋冬是一年四季由盛到衰的轉變階段，是四季輪回的末尾，萬物進入蟄伏、衰颯、枯萎、凋零的狀態。對於棲隱山林的道士而言，這種變化尤爲明顯，他們的内心也容易生發種種悲情哀思。如：

> 驚届初冬候，憑臨欲斷腸。西風吹日短，北雁度天長。林染寒楓赤，籬閑殘菊黄。最難堪此景，院落度斜陽。[①]
>
> 漏轉欲三更，雲房夢不成。窗知明月上，簾動覺風生。山鬼夜深嘯，海潮人静鳴。吟懷何寂寞，一半感秋聲。[②]
>
> 人間日月苦相催，辭却黄花又訪梅。爆竹傳聲驚歲晚，桃符换舊喜春回。幽閒石室敲棋譜，僻静松軒把酒杯。堪歎年華今漫去，詩人擱筆意徘徊。[③]

第一首詩寫冬天到來，白日變短、北雁南飛、霜林漸染、殘菊黄落的環境變化，烘托作者欲斷腸的悲傷情緒。結尾寫令作者"難堪"的冬日斜陽，它充滿象徵意義，既是季節的末尾，又是白天的末尾，兩者疊合在一起，强化了消逝、衰頽與終止的意味。第二首詩寫作者在秋夜無眠時感知到的月亮升空、秋風吹簾、鬼魅呼嘯、海潮鳴動的秋景，其寂寞的情緒躍然紙上。第三首詩寫作者在除舊迎新的節日裏，感歎年華消逝、日月相催的無情。時間會造成自然物候的變化，刺激人的生理反應，進而攪動人的精神和意識。同時，它自身藴含的象徵意義或特殊印記，又會促使人對自己的過往、現在與未來的回憶、反省與憂慮，這就導致道士的時間書寫中總是充盈著豐富細膩的情愫。

從修道的角度論，道教以離世爲宗，提倡清心寡欲、寂滅情緣、知足保和，這是得道成仙的前提。然而，道士作爲人，他首先是感情動物，其情性諸多側面是天生的、難以摒棄的。道教提倡通過静居修習來克制情念，以實現"内絶所思，外絶所欲"，進而達到"元氣自足"。[④] 這是理想的狀態，但對於大多數道士來説是難以做到的。遠離塵世固然可以避免世俗的干擾，但這並不意味著心靈能永遠處於波瀾不驚的狀態，"心起萬端，隨物所動"[⑤]，習静狀態下仍然會有外物攪擾道士的思慮。鬧熱的時候心緒多動，習静的時候未必就能内心虚寂，道教對此也早有認識。道教認爲修道者倘若未根除在人體内作祟的三屍神，在真正進入"三屍既

① (清)楊通幽:《冬日感賦》,《道家詩紀》卷三五,《上海圖書館未刊古籍稿本》第60册,第21頁。

② (清)吴教一:《秋夜不寐》,《道家詩紀》卷三九,《上海圖書館未刊古籍稿本》第60册,第324頁。

③ (清)王維惠:《歲暮》,《道家詩紀》卷三八,《上海圖書館未刊古籍稿本》第60册,第249～250頁。

④ 《大清中黄真經》,(清)張君房編:《雲笈七籤》卷一三,第327頁。

⑤ 《大清中黄真經》,(清)張君房編:《雲笈七籤》卷一三,第327頁。

亡,永無思慮”[①]的狀態之前,是不可避免“萬端齊起摇子心”[②],“静則心孤多感思,擾則心煩怒多起”[③],心神動摇,感思煩怒。這些都是修道進程的障礙,但也是詩歌創作的動力。清代道詩中有大量的情感書寫,正與作者的修道體驗、修道歷程密切相關。

如前所論,道士在詩中表達的情感是比較温和平淡的,這是道詩的共性。這種共性的形成,自有其原因。儒家傳統一方面賦予詩歌“動天地、感鬼神”的意義,另一方面又提倡温柔敦厚的詩教與中和美學,“喜怒哀樂之未發,謂之中;發而皆中節,謂之和”[④],强調符合禮度的情感表達。這種理念對古人審美意識影響深遠。不過,具體到創作中,對於士大夫的約束效果則不可一概而論,我們之所以能看到大量不符合中和之美的抒情詩,原因就在於此。從文學角度來説,詩中承載的情感越真摯、越深厚、越激烈,就越容易産生感染力。文人詩表現的激烈情感,主要來源之一是其仕宦經歷。仕宦的困頓,以及與之相關的對政治、時事的不滿、憤慨,往往會强烈地刺激作者的内心,表現在詩歌中就會有很多激揚剛烈的情感。與之相反,道家反對癡迷功名,道士的身份決定了他們不能像世俗文人那樣追求仕途。他們遠離塵世,很少關懷時政,因此不會受塵俗干擾而産生過多過大的情緒波動,這使得其詩歌情感抒發比較温和平淡。

3.論道傳道詩

論道傳道詩,是以詩歌爲媒介論述作者修道經歷、體驗,或闡述修道心得、宣揚道教思想以引導後學的特殊類型。與前論山水抒情詩不同,這類作品包含作者的現實訴求,即以詩載道、以詩明道,是有爲而作的産物。

傳道詩與論道詩面對的群體有所差别,風格因之而變化。傳道詩内容以“天道福善禍淫,人世惠吉逆凶之理”[⑤]爲主,多面向普通大衆或者道行較淺者。作者會選擇相對直白顯豁的語言詞彙,傳達比較淺顯的道理,以便受衆理解和接受。下舉數詩爲例:

人行善事鬼神欽,舉念常存濟世心。許氏賑饑天早報,羅家閉糴禍先臨。

① 《大清中黄真經》,(清)張君房編:《雲笈七籤》卷一三,第334頁。

② 《大清中黄真經》,(清)張君房編:《雲笈七籤》卷一三,第332頁。

③ 《大清中黄真經》,(清)張君房編:《雲笈七籤》卷一三,第334頁。

④ (漢)鄭玄注,(唐)孔穎達疏:《禮記注疏》卷五二《中庸》,(清)阮元校刻:《十三經注疏》第三册,北京:中華書局,2009年,第3527頁。

⑤ (清)陶森甲:《清虚詩集序》,(清)洪中和:《清虚詩集》卷上,華東師範大學圖書館藏光緒二十四年(1898)刻本。

積而能散洵仁範，富轉爲貧是往箴。一死一榮真確據，穹蒼果報意彌深。[①]

高人視俗視如仇，誰肯終身作馬牛。割斷一痕名利鎖，迷津有路喜回頭。[②]

這兩首詩都有勸世警世之意，勸導世人多行善事，救濟貧困，捨棄名利枷鎖，回頭是岸，内容曉暢，風格顯豁。

論道詩比較特殊，在道教詩史上有悠久的傳統，其特點是以隱喻的方式傳達作者的丹道思想、修道體悟，風格隱晦深奥。從數量上來看，論道詩在整個清代道教詩歌中所占比例較小，主要創作者爲道教修爲或道階較高者，如傅金銓、洪中和、劉一明、高仁峒等，他們的詩集中保存較多論道闡真詩。

論道詩在形式上有兩個特點。第一個特點是運用大量隱語，如龍虎、刀圭、陰陽、水火、坎離、河車、黄芽等。這類詞彙意象在世俗文人的詩作中比較罕見，但在道教内部却有獨特的意義，自成體系。李其寯評高仁峒的論道詩云："金丹心法者，入道之門也，有圖又有象，且多隱語，愚者昧之，智者會焉。"[③]他認爲對由道教隱語組成的詩歌的接受會因人的愚智而異，這個觀點同樣適用於其他論道詩。對於普通讀者而言，論道詩的語意似是而非、撲朔迷離，有陌生化的效果。對於修道者尤其是有一定修爲的人而言，他們往往能參悟其中的深刻意義，獲得啓示，助益修煉。

第二個特點是多以組詩的形式展開，如洪中和《修真有得（十絶）》《破迷指謬十律》《詠道玄微十二律》《玄機妙訣（十三章）》[④]，傅金銓《七言律詩十四首以應藏經之數》《七言絶句三十首以應三十日月一周天之數》[⑤]，高仁峒《參諸經之要因識修真之弊成十六首》《心印經乃入道之丹梯修真之金鑒不揣冒昧作偈五十首以證仙家最上一乘之妙法》[⑥]……由數首至數十首組成。組詩内部在意義上存在並列或相承的關係，彼此聯合起來，則能系統連貫地闡述作者的修道體悟與思想。在此可舉洪中和爲例稍作説明。洪氏《清虚詩集》分兩卷，收入《藏外道書》中的衹是其中一卷，裏邊的詩歌基本都是論道傳道詩，前面列舉的三組組詩就是代表。又如《元功次序九

① （清）洪中和：《勸世十首》其八，《清虚詩集》卷上，華東師範大學圖書館藏光緒二十四年（1898）刻本。

② （清）高仁峒：《善友有問道之意無修道之心特賦五絶勖之》其二，《雲水集》，哈佛燕京圖書館藏光緒十一年（1885）刻本。

③ （清）高仁峒：《雲水集》，哈佛燕京圖書館藏光緒十一年（1885）刻本。

④ 以上出自洪中和《清虚詩集》。

⑤ 以上出自（清）傅金銓撰，周全彬、盛克琦編校：《證道秘書・赤水吟》，第61、64頁。

⑥ 以上出自高仁峒《雲水集》。

律》分別論述修道的9個階段:《立志》《調藥》《煉精》《採藥》《結胎》《脱胎》《乳哺》《面壁》《飛昇》①。《玄機妙訣》共13章,分述習静、鑄劍、築基等主題,每一章又包含兩首詩,分論該主題的兩個方面,如《起首習静(定心寂念、展竅開關)》:

入手功夫要認真,勿忘勿助養元神。疏開關竅河車路,粉碎虚空野馬塵。片念不留心地朗,萬緣俱寂性天純。自然對境能忘境,免墮情魔愛賊輪。

妙妙,静中一竅。輻輳胎元,無爲朕兆。絶慮忘思,入門秘要。周流上下任天然,有此行持方載道。②

分別論述習静的兩個方面:定心寂念與展竅開關。後人評論道:"字字精微,實得金丹之骨髓;言言透徹,足爲後學之津梁。有緣得遇,身體力行,其由此成道不難也"③,指出其所具有的導引作用。

從情感上來講,論道詩缺乏感染力,這是其不受文學研究者重視的原因。如果從形式上來講,隱語的使用,造就了詩歌陌生化效果,增加了耐人尋味的玄思深意,屬於最能體現道士身份的別具一格的詩歌類型。

三、道士詩人的文人化傾向

道士詩人的生活離不開詩歌創作,他們本身也可以歸入文人群體。本文强調他們的文人化傾向,是基於以下思考。世俗文人大都抱持學而優則仕的理念,憑藉文章進入仕途。在仕宦生涯中,文學同樣是其必不可少的藝能,具有重要的現實功用。在日常生活中,文學建立起與他人、社會溝通的管道。因此,對於文人而言,文章與其身份有著本質性的關聯。道士詩人的特殊性則在於其宗教身份,這是他們的本職。與之相關的是,煉丹習法、齋醮祈禳、驅邪治病等宗教活動應當成爲他們日常生活的重心。然而考察清代道士詩人後就會發現,他們的言行、觀念與意識似乎很難僅用或主要用宗教身份來解釋,甚至還會表現出對道教、道士的某些屬性、職責的疏離與質疑。如王至淳,爲人狂妄,作《風狂》詩自道

① (清)洪中和:《清虚詩集》卷上,華東師範大學圖書館藏光緒二十四年(1898)刻本。
② (清)洪中和:《清虚詩集》卷上,華東師範大學圖書館藏光緒二十四年(1898)刻本。
③ 正道子跋,(清)洪中和:《清虚詩集》卷上,華東師範大學圖書館藏光緒二十四年(1898)刻本。

“道士風狂不煉丹，一椽容膝易爲安。……生憎跨鶴升天去，十二瓊樓怯曉寒”[①]，不煉丹，甚至憎怕昇仙，迥異於虔誠求仙的道士。又如賀炳，有人向他請教丹鼎之術，他答道：“吾解塵縛住此，惟意所適，不知拘束，若參元坐功，是解一縛增一縛矣。人生天地間，隨其去來，以造化還造化而已，何須丹鼎哉。”[②]他認爲出家的初衷是解脱塵世的束縛，自適其意，煉丹反而是背離這個初衷。王至淳、賀炳對丹鼎術的背離，是主動自發的。對於一些道士而言，他們早年曾篤志修玄，隨著年齡漸長，長生成仙的理想遥遥無期，他們也會産生質疑、失落與失望。如苗君稷《立秋夜》“自憐頭已白，無處覓丹丘”[③]，朱福田《題道裝小像》“學仙五十餘年久，辟穀無方尚課耕”[④]就表達了失落與無奈，是認識到修道無成而清醒的表現。這兩種情況，在清代道士詩歌中都有表露。與上述現象構成對比的是，道士對藝術尤其是詩歌的熱衷乃至癡迷的態度，由此衍生出的文學行爲，與世俗文人没有多大差别，具有明顯的文人化傾向。

文人化傾向的最重要表現，就是對詩藝的熱衷與自覺。這可以從觀念、心態與創作實踐兩方面來分析。就心態而言，相較於宗教職責，詩歌衹是道士閑暇的消遣，然而他們在詩藝中傾入的精力之多，往往超過修道，以至於出現顛倒本末的現象。如賀炳自叙對詩歌的堅持，“幼學儒不及成，去學道亦無所成，乃學詩，詩何嘗有成。忽忽數十年已老矣，不能更一端以竟所學，惟始終學詩”[⑤]，無論是儒還是道，都没有堅持到底，衹有學詩始終不變。他們對於詩藝的强烈期許以及由此而産生的焦慮，在作者的自叙或者他人的評論中亦比比皆是。苗君稷學詩於著名詩僧函可，被後者委以重望，苗君稷也以此自命，“沉吟慷慨，晦暝不輟”[⑥]。在懷念早逝的函可時，他常表達類似“詩學於今愧未成”[⑦]的感慨，這正反映出作者對詩藝的自覺。施遠恩“嗜讀書、工詩”[⑧]，吴樹人論其作詩爲“原不欲與文人學

① （清）王至淳：《清凉山房詩概》卷上，北京圖書館藏清道光二十二年(1842)刻本。

② 《月軒剩稿》後附朱重光識語，（清）賀炳：《雲濤散人集》，上海圖書館藏抄本。

③ （清）苗君稷：《焦冥集》，《中國古籍珍本叢刊·廣東省立中山圖書館卷》第53册，北京：國家圖書館出版社，2015年，第124頁。

④ （清）朱福田：《嶽雲詩鈔》卷七，上海圖書館藏嘉慶刻本。

⑤ （清）賀炳：《杖藜集自序》，《雲濤散人集》，上海圖書館藏抄本。

⑥ （清）陳易：《焦冥集叙》，（清）苗君稷：《焦冥集》卷一，《中國古籍珍本叢刊·廣東省立中山圖書館卷》第53册，第121頁。

⑦ （清）苗君稷：《清明心簡過我同懷剩公》，《焦冥集》卷一，《中國古籍珍本叢刊·廣東省立中山圖書館卷》第53册，第131頁。

⑧ 《施雨山尊師傳》，（清）施遠恩：《環山房詩鈔》，南京圖書館藏抄本。

子競其短長於划度吐屬之間,思以自名其一家"[①],自名一家的心理,説明施氏對詩的焦慮與願景。前引賀炳自序中,他坦言自己到了晚年仍然"吟興頗不減",目的"以自適其適而已"[②],且自謙不敢以存世自期,但作者對於詩藝顯然有更高的追求。他堅持數十年作詩的嗜好,陸續整理詩集,目的是"用自考功夫淺深,學力進退"[③],比較詩藝的進退,恰恰反映出他對詩歌的焦慮與執著,希望"執鞭弭從事於騷人之壇"[④]。此外,道士整理、結集甚至刊刻詩集的意識也非常强烈。《道家詩紀》記載的清道士詩文集有40多種,尤其以詩集爲巨。道士詩集,有些是在作者去世後由朋友、弟子、後人整理的,有些是作者生前自行結集、乞序、刊刻的。賀炳生前將自己的詩歌整理成4種。鄒永煌、楚恩芳受洪中和邀請爲其詩集作序,"既乃出詩一帙,屬余點定"[⑤],"出鈔本全集向际,屬余點定並作弁言"[⑥]。這些行爲反映了道士期待詩歌能存世的心理,與其對詩藝的自覺息息相關。對詩藝的期許和焦慮,對於後文將要論述的道士熱衷於創作、參與群體唱和、結社請業等行爲的影響至關重要。

與心態相關的是道士對創作實踐的熱衷。清代道士詩人中不乏道觀住持等高階或者在思想上有所建樹的高道,如婁近垣、惠遠謨、傅金銓、高仁峒等。從詩歌藝術角度來説,上述道士的貢獻不如苗君稷、黄寬等普通道士。後者或許踐行了一定的宗教本分與社會職責,但是在道教義理上缺乏造詣。綜觀其詩文,除了偶爾爲之的以仙道鉛汞語入詩之外,很少以詩論道、以詩傳道。在詩歌創作方面,他們表現出極大的熱情。在相關的記載中可發現他們不乏苦吟者,如韓是升稱俞體瑩爲詩"專事推敲,有賈閬仙(即賈島——筆者注,下同)之癖"[⑦],黄寬自詡爲"方外狂吟客"[⑧],黄鶴"尤溺苦於詩"[⑨]。《道家詩紀》中常常可見編纂者對傳主"工詩""長於詩""善詩""長詩文"的評語,説明他們在詩藝上是有一定成就的。傅金銓《赤水吟》、高仁峒《雲水集》等收録的詩歌,基本都是論道傳道之作。如果

① (清)吴樹人:《環山房詩鈔序》,(清)施遠恩:《環山房詩鈔》,南京圖書館藏刻本。

② (清)賀炳:《杖藜集自序》,《雲濤散人集》,上海圖書館藏抄本。

③ (清)賀炳:《月軒存稿自序》,《雲濤散人集》,上海圖書館藏抄本。

④ (清)賀炳:《拾古吟自序》,《雲濤散人集》,上海圖書館藏抄本。

⑤ (清)鄒永煌:《清虚詩集序》,(清)洪中和:《清虚詩集》卷上,華東師範大學圖書館藏光緒二十四年(1898)刻本。

⑥ (清)楚恩芳:《清虚詩集序》,(清)洪中和:《清虚詩集》卷下,華東師範大學圖書館藏光緒二十四年(1898)刻本。

⑦ (清)韓是升:《萍舟剩草序》,(清)俞體瑩:《萍舟剩草》,上海圖書館藏嘉慶十一年(1806)刻本。

⑧ (清)黄寬:《喜晤吴爾桂》,《自然堂遺詩》卷二,上海圖書館藏民國十五年(1926)黄文藻刻本。

⑨ 李格:《杭州府志》卷一七一,民國十一年(1922)刻本。

説這類詩歌衹是道的媒介,因而缺乏獨立性,那麽在大部分道士詩人筆下,文學不承擔載道的重任,而多用於吟詠山水、獨抒性靈,是自適其適的創作,體現了爲藝術而藝術的自覺。在本職上缺乏可稱道的成就,在副業上却表現出癡迷與自覺且獲得較高的評價,這種現象足以説明,道士的文人化傾向是比較明顯的。

文人化傾向的第二個表現,是道士積極向人請教詩學、參與群體唱和結社切磋,這是與一般文人相同的社會活動。詩藝的進展離不開個人的參悟與名師的指點。當道士希望在詩歌上有所成就時,他們需要大量的擬作。賀炳《拾古吟》是作者在學詩初級階段,通過模擬古題、古詩而創作的詩集,這類詩源自個人體悟,缺乏同時代人的影響,屬於個體詩學的範疇。[①] 個人悟性是其詩學進程的重要因素,而拜師求教、接受群體詩學的影響,則是另一要素。清代道士與名詩人交遊學詩的現象並不罕見。苗君稷親炙僧人函可,朱福田學詩於姚鼐[②],而王至淳,"達官長吏,樂與遨遊,就中親炙最久,唯隨園(袁枚)、惜抱(姚鼐)兩先生"[③],水上善學詩於陸小酉[④],張臨學詩於顧劍峰[⑤],錢選"從西山施真人(施遠恩)遊,傳以韻語"[⑥],陳敬"學詩於鄭孝廉伯塤,氣韻絶塵,得所指授"[⑦]……在道士的請教對象中,不乏袁枚、姚鼐這樣的文壇巨匠,他們參與道士詩學歷程中,對道詩藝術水平的提高有積極作用。

道士常與他人交往唱和,對象包括世俗文人與方外僧道。例如,尤采"以道術擅名,後主康親王邸,與諸道士唱酬"[⑧];宋昭明"晚年築小瀛洲仙館,與同袍張蘭溪應軫、鍾琴臺正修觴詠其中"[⑨];李芳"與沈桐溪友善,以詩文酬答幾二十年"[⑩];劉敏"嘗與邵鈺庭玘、張巨來夢鼇咸相唱和"[⑪];水上善"與當代畸人碩士

① 關於個體詩學與群體詩學的概念,參見錢志熙:《從群體詩學到個體詩學——前期詩史發展的一種基本規律》,《文學遺産》2015 年第 2 期。

② (清)朱福田:《七君詠・桐城姚太史姬傳》,《嶽雲詩鈔》卷六,上海圖書館藏嘉慶刻本。

③ (清)秦耀增:《清凉山房詩概序》,(清)王至淳:《清凉山房詩概》,北京圖書館藏清道光二十二年(1842)刻本。

④ (清)水上善:《高隱山樓詩鈔自序》,《高隱山樓詩鈔》,上海圖書館藏嘉慶二十三年(1818)刻本。

⑤ (清)周旭:《冰壺小草序》,(清)張臨:《冰壺小草》,浙江省圖書館藏道光十五年(1835)刻本。

⑥ 《道家詩紀》卷三八,《上海圖書館未刊古籍稿本》第 60 册,第 218 頁。

⑦ 《道家詩紀》卷三九,《上海圖書館未刊古籍稿本》第 60 册,第 290 頁。

⑧ 《道家詩紀》卷三六,《上海圖書館未刊古籍稿本》第 60 册,第 104 頁。

⑨ 《道家詩紀》卷三六,《上海圖書館未刊古籍稿本》第 60 册,第 115 頁。

⑩ 《道家詩紀》卷三六,《上海圖書館未刊古籍稿本》第 60 册,第 125 頁。

⑪ 《道家詩紀》卷三七,《上海圖書館未刊古籍稿本》第 60 册,第 141 頁。

遊”[①]；陸振育“工詩善弈，名流往來，殆無虚日”[②]；曹志道“少時同人會文於院樓，每課詩題，必爲擬作”[③]；仰蘅“嘗與項君秋子，小顛、松江兩上人昕夕倡和”[④]。

結社現象也存在於道士詩壇中。苗君稷參與函可組織的冰天詩社，黄寬參與廣州城西的雙橋詩社[⑤]，韓承晋在康熙間“與同袍夏白嚴、賀雲濤、僧杲山……（夏）惠霖公結方外社，俱以詩名”[⑥]，榮漣“與杜雲川、石林長老結詩社，倡和泉石間”[⑦]，施遠恩“與名流鄭板橋、侯夷門（嘉繙）、厲樊榭（鶚）、杭大宗（世駿）、吴西林（穎芳）、張滌岑（暘）輩結詩社”[⑧]，張應軫“少工吟詠，與沈昶、劉璟、宋梅溪、何弈昌結社”[⑨]，黄鶴“嘗與郡中胡葑塘、項秋子諸詩人結社唱和”[⑩]，許湘“常與郭頻伽（郭麐）、丹叔兄弟，黄退庵子未、喬梓結社吟詩倡和”[⑪]，李柱“乃紅杏社友也”[⑫]。從中可以看到，道士結社對象不乏鄭板橋、厲鶚、郭麐等名流。

參與群體性的結社酬酢，周圍文人的審美趣味、創作傾向會規範、引導道士詩學趣尚，並促其詩藝進步。

文人化傾向的第三個表現，就是在詩之外，他們往往還有更爲豐富的雅好，琴棋書畫，皆有所擅。傅金銓“博學工文章，於畫得荆關三昧，結構幽深，運筆古雅”[⑬]；王至淳“好詩詞，而琴棋繪事，各臻其妙”[⑭]；樊鎮工琴棋，“多材多藝”[⑮]；張臨“醫效十全，丹筆晨清，畫工六法”[⑯]；夏時“明天文，精琴學，善畫工詩”[⑰]；夏霖

① （清）鮑廷博：《高隱山樓詩鈔序》，（清）水上善：《高隱山樓詩鈔》，上海圖書館藏嘉慶二十三年（1818）刻本。

② 《道家詩紀》卷三七，《上海圖書館未刊古籍稿本》第60册，第176頁。

③ 《道家詩紀》卷三七，《上海圖書館未刊古籍稿本》第60册，第186頁。

④ 《道家詩紀》卷三八，《上海圖書館未刊古籍稿本》第60册，第252頁。

⑤ （清）黄寬：《重開雙橋社》其二，《自然堂遺詩》卷二，上海圖書館藏民國十五年（1926）黄文藻刻本。

⑥ 《道家詩紀》卷三五，《上海圖書館未刊古籍稿本》第60册，第41頁。

⑦ （清）秦毓鎏：《聽莊圖記》，（清）榮漣：《洞泉詩鈔》，民國二十三年（1934）排印本。

⑧ 《施兩山尊師傳》，（清）施遠恩：《環山房詩鈔》，南京圖書館藏刻本。

⑨ 《道家詩紀》卷三七，《上海圖書館未刊古籍稿本》第60册，第189頁。

⑩ 《道家詩紀》卷三八，《上海圖書館未刊古籍稿本》第60册，第238頁。

⑪ 《道家詩紀》卷四〇，《上海圖書館未刊古籍稿本》第60册，第375頁。

⑫ 《道家詩紀》卷三六，《上海圖書館未刊古籍稿本》第60册，第160頁。

⑬ （清）張昱峰：《題詞序》，（清）傅金銓撰，周全彬、盛克琦編校：《證道秘書》，第131頁。

⑭ （清）朱福田：《清凉山房詩概序》，（清）王至淳：《清凉山房詩概》，北京圖書館藏清道光二十二年（1842）刻本。

⑮ （清）章笙餘：《鶴唳編選序》，（清）樊鎮：《鶴唳編選》，南開大學圖書館藏道光二十七年（1847）刻本。

⑯ （清）陳兆清：《冰壺小草序》，（清）張臨：《冰壺小草》，浙江省圖書館藏道光十五年（1835）刻本。

⑰ 《道家詩紀》卷三五，《上海圖書館未刊古籍稿本》第60册，第30頁。

“工八法,尤長琴學”[①];韓承晋“工二王書法,尤長於詩”[②];金鼎“尤工擘窠書”[③];王彰“工詩書,善繪事,人稱‘蘭皋三絶’”[④];張雲龍“世業醫,工詩,善畫山水墨蘭”[⑤];張遠“工吟詠,與王湘草齊名。尤善六法,嘗臨摹宋元本家,真僞莫辨,兼善花鳥草蟲”[⑥];錢選“嗜酒工詩,尤擅手彈,杭郡善弈者,無能與之勝角”[⑦];陳敬“今古文詞俱臻卓越,兼寫梅蘭”[⑧]……將一種愛好發展爲特長,是需要投入大量心血精力,經過長時間的潛心磨煉的。如王至淳學棋,“幼而英穎,喜弄黑白道(即圍棋),戰不勝,輒泣,有知恥之勇。由是不數年,而國中幾無與敵者”[⑨],不勝輒泣且有知恥之勇,正説明對藝能矻矻不歇的執著。道士對藝術的追求,表現的形式或許有所不同,但是個中的執著態度應該是普遍的。這些雅好與其創作緊密相關,他們的很多詩歌就是圍繞其藝術體驗、感悟而作。

道士的宗教體驗與職責比較複雜,不能因疏遠、背離一兩個側面就否定其對其他方面的恪守與篤信。本文所論的文人化傾向,不是建立在完全背離道教身份職責的基礎上,而恰恰是基於道士身份所做的一個判斷。道士對於作詩的癡迷熱衷、對詩藝的執著與期待,以及參與群體文學活動,體現出對文學的自覺意識,是本文所論文人化傾向的主要内涵。當然,因爲文人與道士對待入世、出世的態度存在本質差異,文人的生活、趣尚包含的内容比上述更爲廣泛,表現在各自的文學活動中,這種差異也就更加明顯,所以本文所論道士的文人化傾向不是全面性的文人化,而是基於兩者的趨同性來談的。同時,道士的文人化傾向不必然適用於每一個道士詩人,而是説這種現象比較普遍地存在於清代道士詩人群體中,這可以深化對清代道士詩人特殊性的認識。

[本文爲國家社會科學基金重大招標項目“中國宗教文學史”(項目編號:15ZDB069)階段性成果]

(責任編輯:秦國帥)

① 《道家詩紀》卷三五,《上海圖書館未刊古籍稿本》第 60 册,第 35 頁。
② 《道家詩紀》卷三五,《上海圖書館未刊古籍稿本》第 60 册,第 41 頁。
③ 《道家詩紀》卷三五,《上海圖書館未刊古籍稿本》第 60 册,第 68 頁。
④ 《道家詩紀》卷三五,《上海圖書館未刊古籍稿本》第 60 册,第 69 頁。
⑤ 《道家詩紀》卷三六,《上海圖書館未刊古籍稿本》第 60 册,第 106 頁。
⑥ 《道家詩紀》卷三八,《上海圖書館未刊古籍稿本》第 60 册,第 215 頁。
⑦ 《道家詩紀》卷三八,《上海圖書館未刊古籍稿本》第 60 册,第 218 頁。
⑧ 《道家詩紀》卷三九,《上海圖書館未刊古籍稿本》第 60 册,第 286 頁。
⑨ (清)郁長亮:《羽士王樸山》,《清代詩文集彙編》第 380 册,上海:上海古籍出版社,2010 年,第 545 頁。

劉一明道教文學創作略論

□蔣艷萍

摘要：清代著名全真道宗師劉一明將修道理論、宗教實踐、宗教體驗融入文學創作中，把文學創作當作内丹修煉的試驗場，在各種文體中滲透自己的丹道之思。一方面借文學以宣教，向世人傳播道教義理，勸善規過，另一方面借文學以闡真，言説自己的修道體驗，還通過文學創作展示自己一生行藏的方方面面，其中既有日常的起居也有凡俗的交往，更有人生種種經歷的再現和對生命的感喟。透過丹道之學浸潤出的文字充滿脱俗的靈氣，與其深邃的丹道理論互相呼應，爲我們展現出一個真實而偉大的丹道修煉者和宗教實踐家的高潔靈魂。其以文學傳道，以俚語入詩，不僅建構起獨特的自在自樂的審美人格風範，也使其道教思想走下神壇，貼近人間，充滿民間氣息和生活氣息，從側面反映出清代全真道教世俗化、民間化的發展趨勢。

關鍵詞：劉一明　文學傳道　自樂之境

作者簡介：蔣艷萍，女，1976 年生，湖南耒陽人，現爲廣州大學人文學院副教授，廣府文化研究中心研究員，主要從事文學理論、道家道教文化與文學等研究，代表性研究成果有專著《道教修煉與古代文藝創作思想論》。

劉一明(1734～1821)，道號悟元子，道教全真龍門派第十一代宗師，清代乾嘉年間著名的道教内丹修煉家、易學家、醫學家、書畫藝術家。精通丹法與易理，博學多才，著作等身，文筆流暢通俗，思想精深廣博，所著《道書十二種》被視爲内丹學集大成之作，於甘肅棲雲山開壇演教 40 多年，醫病濟人，傳教布道，修造宫觀，普化一方，對我國西北地區道教的發展做出了不朽功績。

劉一明不僅撰寫了上百萬字道教經典注疏和修道理論著作，而且留下了上千篇道教文學作品。劉一明將修道理論、宗教實踐、宗教體驗融入文學創作中，一方面借文學以宣教，向世人傳播道教義理，勸善規過，另一方面借文學以闡真，言説自己的修道體驗，還通過文學創作展示自己一生行藏的方方面面，其中既有日常起居也有凡俗交往,更有人生種種經歷的回憶和對生命無常的感喟。其創作的文學作品體裁多樣,文風自然樸實、生動流暢,閱讀這些作品,後人可以更深刻地瞭解其恬淡樂足、高妙玄遠的人格魅力和砥礪傳道、鐵肩道義的精神風範。

一、生平及創作概述

劉一明雍正十二年(1734)九月十九日生於山西省平陽府曲沃縣(今屬山西臨汾市)一個"家累萬金"的藥商之家,俗名劉萬周,道光元年(1821)正月初六日歿於甘肅省蘭州市榆中縣棲雲山,享年88歲。

根據其自述及弟子張陽志所作《素樸師雲遊記》(又名《悟元老師劉先生本末》)可知,其生平大致可分爲四個階段:

(一)因病慕道階段(19歲前)

早年劉一明父母希望其考取功名,他讀書刻苦,經史子集無不涉獵,對醫卜星相、地理字畫等雜書也頗爲留意,但從小身體羸弱,有傷勞之症,久治不愈,遂因病慕道。他曾説:"余世間一大不肖人也,幼時習儒,年未二十,大病者三,幾乎殞命,因病有悟,遂而慕道。"[①]"悟元自十三四歲,即知世間有此一大事因緣,可恨自己福緣淺薄,未得早遇高人。亂學亂問,裝了滿肚皮古董雜貨。17歲身得重病,百藥不效,次年赴甘省南安養病,愈醫愈重。當年所學,百無一用,直至卧床不起,幸喜真人賜方,沉疴盡除,死裏逃生,如在輪回走了一遭,可懼可怕。"[②]17歲時,身得重病,百藥無效,對功名已生消沉之心,一日閑看《吕祖傳》至黄粱夢故事,於是生發出"人生在世,富貴榮華,百年歲月,瞬息間耳!古往今來,誰人打破?昔祖師因夢大覺,出塵超凡,得證天仙,至今一千餘年,普度群生,隱顯莫測,不知熬煞多少世路英雄,真乃出乎其類,拔乎其萃者。我求功名,將欲何之"[③]的感歎,對吕祖因夢而悟、得證天仙、普度衆生的行迹充滿仰慕,因而生發"物外之思",萌生學道之念想。

(二)求師問道階段(19～35歲)

劉一明19歲時告别母親離家遠行,一則赴甘肅探訪外出經商、多年未歸的父親,二則尋覓良醫,調治沉疴。機緣巧合之下,遇道士傳授藥方和煉氣方法,從

---

① (清)劉一明:《悟道破疑集原序》,《藏外道書》第8册,成都:巴蜀書社,1992年,第582頁。

② (清)劉一明:《會心内集》,《藏外道書》第8册,第660頁。

③ (清)張陽志:《悟元老師劉先生本末》,丁述學編著:《劉一明與興隆山》,北京:華夏出版社,2018年,第6頁。

此與道門結緣。之後在雲遊中先後拜龕谷老人、仙留丈人爲師,得授丹道修煉法訣,從此走上求道學道之路。其在《會心内集》卷下《窮理説》中自述道:“十九歲外遊訪道,自發誓願,若不究明大事,絶不干休。二十二歲,榆中遇吾師龕谷老人,劈破傍門,口授心印。從此狐疑,冰消瓦散。後奉師命,暫盡人事。參看丹經,疑信各半,不能徹底通曉。蓋以離師太早,未聆細微,故有窒礙。因爲此事,京都住居四年,河南二年,堯都一年,西秦三年,來往不定者四年,經十三年之久。三教經書,無不細玩,絲毫理路,無不搜求,未嘗一日有忘。然究於疑難處,總未釋然。壬辰復遊漢上,又遇仙留丈人,挖出造化根苗,揭示天地心竅,當下從萬丈深溝,提上千峰頂上。山河大地,如在掌上,黄芽白雪,即在眼前,逆順是道,左右逢源。舉步跳過苦海,展手扭轉斗稍,十三年疑團,到此一棒打爲粉碎矣。”[①]自22歲師從龕谷老師學道,至仙留丈人指點迷津,歷經13年艱難的學道生涯,此時劉一明年已35歲。

(三)雲遊磨礪階段(36～46歲)

劉一明36歲時經歷父喪師逝,之後拋家去舍,化名滅迹,四方雲遊。“返晋至里,擇日送葬。大事完畢,辦理家務整齊,意欲滅跡,遂裝瘋賣癲。日久,家人不防,一日夜半,换穿暗藏舊衣,日常所穿衣服盡皆拋丢滿院,連夜出門,渡過汾河,及明已到絳州地界,無人認識。自此緩行,渡禹門,過蒲城、慶陽、延安、定邊,至靈州,遂居焉,易名金寓吉,時年三十六歲矣。”在靈州居一年,“明則醫道濟世,暗而打煉身心,混俗和光,方圓應物”。[②] 後又至寧夏、鳳翔、岷州、蘭州等地雲遊、掛單,甚至“易形變相,破衣垢面,歌笑於鬧市,睡卧於街衢,人皆以瘋漢目之”[③]。在此期間,劉一明居無定所,遍訪西北能够磨礪身心之地。乾隆二年(1737)地震數月,他曾在寧夏三清臺歷練身心,“神殿牆垣俱皆摇塌,道場變成廢地矣。師於臺下搬磚弄瓦,壘砌小塔,自歌自唱,伴月煉魔,外雖辛苦,内實快樂。後移西北城角觀音堂,日夜不睡,亦如三清臺之苦”[④]。又曾獨至秦嶺麻峪河數月,修橋補路,與虎狼爲伍,魍魎爲鄰,鍛煉志氣。還曾在風雪天忍痛獨行,“師去岷,行至嚴家大莊古廟掛單。其夜大雪尺餘,明日冒雪而行,忽然天晴雪消,脚踏泥水而行。至黄香溝,夜宿山坡方神廟,又無門窗遮風,依壁而蹴之。天明遂行,不知鞋襪已

① (清)劉一明:《會心内集》,《藏外道書》第8册,第660頁。
② (清)張陽志:《悟元老師劉先生本末》,丁述學編著:《劉一明與興隆山》,第11頁。
③ (清)張陽志:《悟元老師劉先生本末》,丁述學編著:《劉一明與興隆山》,第11頁。
④ (清)張陽志:《悟元老師劉先生本末》,丁述學編著:《劉一明與興隆山》,第11頁。

凍成冰,脚跟裂破,忍疼而行。至狄道西南城角寺,喇嘛僧不肯留單,連夜行走"[①]。途中經歷非常之苦,但劉一明絲毫没有怨言,肉身經歷痛苦,精神却富足且快樂。

(四)定居傳道階段(46～88 歲)

劉一明 46 歲時"由西寧旋至河州、狄道,轉金縣,聞有棲雲山,乃秦李二仙修道之處,即赴山往訪仙跡"[②],至此與棲雲山結下不解之緣,重建道場,開壇設教,直至坐化於此。觀其一生,以入棲雲山爲節點,前半生因病慕道,雲遊天下,遍訪高道,和光同塵;後半生隱居棲雲山、興龍山 42 年,建廟修觀,重修東西兩山殿宇樓閣 70 多座,一方面開壇設教,度化世人,另一方面著注經書,闡揚道脈。據弟子張陽志載:"師四十餘年,四次整南臺,三次開棲雲,非圖沽名,乃自行苦行耳。前四十年行爲,乃師常自述經歷事蹟,勉勵學人者;後四十年行爲,乃弟子常隨左右,親目所睹者,非有裝點虛造,俱是真實行藏。""師在棲雲,修造廟宇三十餘年,著解經書三十餘年","師初居棲雲,開山建廟,非僅修工而已,特借修工,苦煉身心耳。以故,日則打塵勞,監管修造,夜則注經書,闡揚道脈,日夜辛苦,無有寧時,然師樂在其中,苦不知也"。[③] 由此可以看出,劉一明不僅以豐富的著述充實了道教文化的寶庫,而且以其實踐家的精神重建了西北道場,興龍、棲雲兩山敗而復興,形成完整的道教叢林,對道教文化在西北地區的傳播有著巨大貢獻。

劉一明一生著述頗豐,對道教義理、内丹、易學等思想有深入的闡述,"其書則《三易注略》《周易闡真》《參悟直指》《道德會要》《西遊原旨》《指南針》《會心集》《指南三書》《棲雲筆記》……儒釋道三教書籍凡二十二種。或解或注,破群仙之隱語,揭丹經之寓言,劈旁門之邪説,指大道之源流,略詞藻而就常言,去文章而示實意,言愈淺,理愈明,語甚俗,意甚顯。可爲學人之階級,志士之炬燈"[④]。據丁述學考證,其全部著作至今可考者凡 33 種,可從創作方法角度將其分爲三類:第一類爲自撰,包括《修真辨難》《修真九要》《神室八法》《通關文》《象言破疑》《會心集》《西遊原旨》《悟道録》《棲雲筆記》等 9 種;第二類爲注釋,包括《周易闡真》《孔易闡真》《羲易注略》《周易注略》《孔易注略》《周易參斷》《陰符經注》《參同直指》《悟真直指》《黄庭經解》《百字碑注》《敲爻歌直解》《金丹四百字解》《無根樹解》《道德經會義》《道德經要義》《金剛經解目》《心經解蘊》等 18 種;第三類爲整

---

① (清)張陽志:《悟元老師劉先生本末》,丁述學編著:《劉一明與興隆山》,第 13 頁。
② (清)張陽志:《悟元老師劉先生本末》,丁述學編著:《劉一明與興隆山》,第 14 頁。
③ (清)張陽志:《悟元老師劉先生本末》,丁述學編著:《劉一明與興隆山》,第 16～17 頁。
④ (清)張陽志:《悟元老師劉先生本末》,丁述學編著:《劉一明與興隆山》,第 16～17 頁。

理,有《眼科啓蒙》《沙脹全書》《經驗雜方》《經驗奇方》《雜疫症治》《瘟疫統治》等6種。[①] 嘉慶年間曾將其中20餘種書集結爲一書,名爲《道書十二種》,所謂"十二"爲虚指,並非衹有12種書。此叢書在嘉慶年間刊行後,至光緒、民國時續有刊印,主要有嘉慶"常郡護國庵"、光緒"上海翼化堂"、民國"上海江東書局石印本"三種版本。此書被譽爲内丹學集大成之作,在業界有深遠影響。目前常用的版本有中國中醫藥出版社之影印版,以及書目文獻出版社之點校簡排版,此二者均是結合以上版本而來。[②]

從内容上看,其著作大體可分爲三類,一是闡釋和整理類,即對道學、醫學典籍的整理、注釋及闡發;二是專著類,即作者對道教義理、丹道等方面的理論闡述;三是藝文類,即作者對人生經歷、修道體驗的紀實性記録與感悟式言説。三類著作皆圍繞著其内丹修道理論體系的建構而服務。第一類是基石,劉一明所處時代道門各派都已得到長足的發展,留下了大量經典,他必須融會貫通前人的經驗教訓,對經典有足够的理解纔能更好地提出自己的獨到見解。第二類是主體,劉一明廣泛吸收各家學説,融會儒釋道三家理論,結合自己的修道實踐,以性命雙修、後天返先天爲核心,寫出《修真辨難》《修真九要》《神室八法》《象言破疑》《通關文》等集大成的理論著作,這些構成其内丹研究的靈魂。第三類是升華,大量藝文類作品豐富了劉一明的審美空間和心靈世界。這些作品看似信手拈來,却是劉一明内丹理論的實踐與運用,是劉一明"道眼"看世界的産物,是其傳道生活的記録,也是其情感世界的外化,是其内在審美體驗的呈現與藝術人生的體現,也是其人格魅力的展示。正如賈來生所評述的:"一個衹有在靈魂深處徹底超脱並感到快樂的人,纔能從'家累萬金'的富貴生活中毅然拋妻離子,纔能在風雪中數遭劫難仍踟躕前行,纔能自覺地過著青衣枯燈、寒磣簡陋的道門生活,纔能在千里冰封、萬里雪飄的大西北的冬夜裏揮灑生花妙筆,洋洋萬言而精神矍鑠,光彩依然。"[③]可以説,劉一明的丹道、醫學、易學類著作給後人留下豐厚的思想財富,而藝文類作品則讓後人更能體會到劉一明一生弘道、堅持苦行的强大内心,闡揚玄理、抒寫情懷的滿腹才華,甘於淡泊、樂於救世的高尚人格。

正如吴光正所説:"道教是一種信仰實踐,文學是心靈的呈現,道教文學應該

① 參見丁述學編著:《劉一明與興隆山》,第2～3頁。

② 參見趙相彬:《劉一明内丹思想研究》,碩士學位論文,華東師範大學,2008年,第4～5頁。

③ 賈來生:《鐵肩道義——劉一明大傳》,北京:宗教文化出版社,2011年,第3頁。

是道教實踐中的心靈呈現。"[1]亦如香港學者文英玲所説，道教文學題材須反映道教的宗教活動或氣氛境界，還應具有文學的特質，即作品的經驗性、藝術性和强烈的感情色彩。[2] 以此作爲甄選依據，本文所研究的文獻主要集中在劉一明的藝文類著作即《會心内集》《會心外集》和《棲雲筆記》，也會旁涉其他類著作中的序跋、詩詞歌賦等具審美性或記事性的文字，如《悟道録原序》《悟道破疑集原序》《重刊悟道破疑集序》《歎道歌七十二段》《指南針序》《神室八法序》《無根樹解序》《三丰張真人源流》《西遊原旨序》《西遊原旨詩結》一百首及《西遊原旨歌》等。劉一明不僅著作豐富，而且有强烈而清晰的編撰和文體意識，他對自己藝文類作品進行編輯時，就體現出明顯的分類意識。大體來看，《會心内集》所收録的作品更傾向於直接闡發道教玄理，《會心外集》所收録的作品更多聯繫自己身世談悟道體會或修煉體驗，《棲雲筆記》則主題更駁雜，生活氣息更濃厚，除了以上主題，還有大量生活起居、應和酬答之類的作品。如詹石窗所認爲的，這些作品既反映了劉一明注重日常生活起居的心性修養内涵，也表現了一個修道者不同尋常的思想旅程。[3]

劉一明道教文學作品至今尚存 1000 多篇，其創作的文學作品種類繁多，初步統計後大致有如下分類：

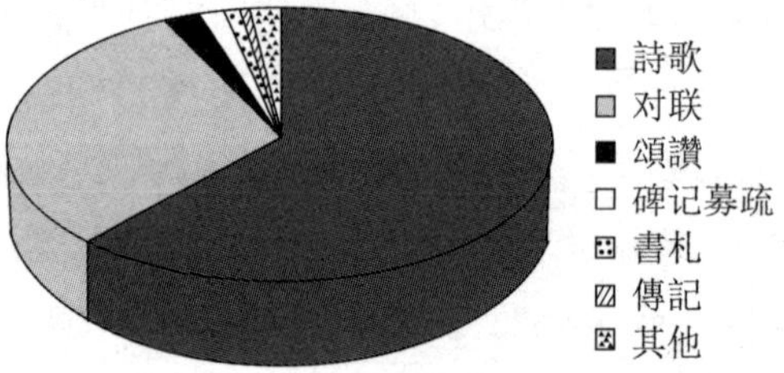

圖 1　劉一明道教文學作品體裁分類

其中，詩歌（包括近體、古體、曲、詞）811 首，占 62%。對聯 400 副，占 31%；銘讚 31 篇；碑記募疏 19 篇；書札 15 篇；傳記 8 篇；其他如論、説、辨、序等 24 篇。由此可見，劉一明道教文學創作的主體是詩歌。下文將以詩歌爲主，兼及其他文

---

① 吴光正：《民族本位、宗教本位、文本本位與歷史本位——〈中國道教文學史〉導論》，《貴州社會科學》2014 年第 5 期。

② 參見文英玲：《陶弘景與道教文學》，香港：聚賢館文化有限公司，1998 年，第 112～113 頁。

③ 參見詹石窗：《論劉一明詩歌的道教内涵及其審美旨趣》，《商丘師範學院學報》2012 年第 4 期。

體,從丹道勸化和抒懷寫志兩方面,探討劉一明道教文學作品的思想内涵、審美意趣,經由意象紛呈的文學世界,抵達劉一明更深邃的精神世界和自得人生。

二、丹道與勸化

作爲清代中葉著名的内丹修煉家,劉一明"既有内丹修煉的實證體悟,又有較强的理論思辨能力","對内丹各派進行系統梳理,對各重要丹經認真研讀,綜合總結各家之長,形成了一個宇宙觀、生命觀、價值論、丹道論等各方面均有所闡述,體系完整龐大,邏輯嚴謹的修道理論體系,可謂道教修道理論之集大成"。[①]其内丹思想完整、系統而不乏創新,是繼王常月後乾嘉年間全真龍門派最有影響力的人物之一。其内丹學以性命之學爲核心,吸收儒釋道三家哲學以探討内丹性命之理,具有濃厚的三教合一思想。其《指南針序》言:"性命之學,中正之道也。中正之道,在儒謂之'中庸',在釋謂之'一乘',在道謂之'金丹',乃貫通三教之理也。知之者,在儒可以成聖,在釋可以成佛,在道可以成仙。"[②]其在《百字碑注》中對"養氣忘言守"進行注解:"性命之道,始終修養先天虚無真一之氣而已,别無他物。"[③]從總體來看,劉一明的修道思想主要集中在三個方面:一是以先天一氣爲核心的宇宙觀、生命觀,二是以性命雙修爲主的修煉觀,三是以混俗和光爲主的修道法。這些思想在其文學作品中也有所反映,根據其内容,可細分爲闡玄勸化與悟道修煉兩類。

(一)闡玄勸化——闡道旨玄意,勸世人修道

這類作品直接闡述道教玄理,理論性較强,甚至有些寡淡無味,但也不乏佳作。以文學形式傳道,較之長篇的純理論著作,更便於傳播。如《西江月五首》之一:"丹道至簡至易,恐怕人遇看輕。天機一些鬼神驚,須要求師點醒。一言半句便悟,道在坐卧住行。知的造化何處生,舉步即超上等。"[④]短短 50 字,已包含劉一明修道思想的核心内容:其一,丹道之法如老子大道,追求至簡至易;其二,丹道之法需明師指點,不能盲修瞎煉;其三,丹道之法强調日用之道,坐卧住行處處可以得道。此處與《悟真直指》中所説"道不遠人,人之爲道而遠人。蓋性命之道,常道也,常道者,日用之道,特百姓日用而不知耳。……即在日用常行處逆而

① 卿希泰:《中國道教思想史》第四卷,北京:人民文學出版社,2009 年,第 45、68~69 頁。
② (清)劉一明著,羽者等點校:《道書十二種》,北京:書目文獻出版社,1996 年,第 321 頁。
③ (清)劉一明著,羽者等點校:《道書十二種》,第 481 頁。
④ (清)劉一明:《會心内集》,《藏外道書》第 8 册,第 637 頁。

求之,則大地塵沙盡是真寶,頭頭是道,左之右之,無不宜之矣”[①]如出一轍,明顯受到明末心學思想的影響,强調道不遠人,性命之道即是日用之道,不是非遁入山林或棄家出世纔能修道。

除了闡發玄理,劉一明更希望通過文學的方式勸人修道。由於宣教的對象大多爲文化水平不高的普通百姓,故劉一明多用歌、曲等通俗曉暢、活潑有趣的體裁寫就。例如《不是路四曲》:

> 遊遍了四方,見了些糊塗漢,要到仙鄉。也有那假裝像,閉目定息想中黄。也有那坐禪床,存心守腎圖氣爽。還有那寂滅無爲,却了來往。看這些,亂修養,個個都把真寶喪。怎知道神仙們浪蕩,真人們彈唱。
>
> 多少的愚狂,不知這元關兒在那廂。也有説是頂上,泥丸宫裏真人房。也有説是明堂,眉攢中間非孟浪。還有説腎前臍後休輕放。似這等亂猜想。件件都是虚假樣。怎知道對面的法相,眼前的拄杖。
>
> 金丹的妙方,大地山河盡藥王。識得了外五行,花酒風流有何妨。明得了真陰陽,窮困災難還了前賬。認得了太極,那怕他魔障。勸學人休静養,一塵不染非向上。怎知道妙有的陽長,真空的小往。
>
> 叫醒了賢良,再休去發呆弄强。我勸你細參想,未生身處誰是娘。我勸你細思量,生死機關誰執掌。我勸你辨明造化何處放。假若是不承當,弄盡旁門都瞎障。怎知道一些兒竅亮,百般兒不講。[②]

此曲運用俗語俚句,以直接的勸説口吻入曲,節奏明快,適合傳唱。先盤點有哪些糊塗漢做下什麽糊塗事,最後再直接點醒世人,接連用三個“我勸你……”幫助人們認清正道,明辨生死造化之機,可謂直指人心,易爲世人所接受。

《駐雲飛》二十四曲更以龐大的組曲體系勸人迷途知返,堪稱其《通關文》的歌曲版本。在這 24 首曲中,劉一明以“浮生假事”起,以“萬般旁門”結,認爲“傲慢欺心、自恃聰明、懶惰偷閒、入山避世、三峰邪行、爐火丹法、打坐參禪、求神添壽、度煉符咒、摇骨擺髓、辟穀絶糧、服氣餐霞、投胎奪舍、俠客事務、搬精補腦、開關展竅、濁陰濁陽、著空事業、定養陰靈、醉仙假丹、紅鉛閨丹、孤修性宗”等都是旁門邪道,都應該將其“一筆勾”。每首曲遵循同樣的程式,首先以警示開頭,接著解釋爲什麽要發出警示語,講明“真修行”的要義是什麽,最後以“勸學人你

① (清)劉一明著,羽者等點校:《道書十二種》,第 182 頁。
② (清)劉一明:《會心内集》,《藏外道書》第 8 册,第 639~640 頁。

把……一筆勾"結語。每一首既可獨立成篇,也是整個組曲的有機組成部分。譬如第一首:"急早回頭,莫在幻夢境裏遊。今朝街頭走,明日棺内朽,只説是現世的人流,誰知道來劫鳥獸。真修行,機關早參透。勸學人你把這浮生假事一筆勾。"①告誡世人要及早回頭,不要一直沉迷在幻夢般的人世中,因爲生死無常,今天還在街上走,明天也許就變成棺中人,真修行的話越早參透機關,越能早日成真,故勸大家要把"這浮生假事"一筆勾銷。可以看出,此曲語意連貫,通俗易懂,將看透浮生假事的道理説得絲絲相扣,讓人無從質疑。而以"你學人"作爲勸道的對象,一下子拉近了傳道人與被傳道人之間的距離,似乎一得道老者與你推心置腹地講述人生體悟,故而更能唤起人們内心的覺醒,進而接受其傳道的内容。

(二)悟道修煉——述悟道經歷,言内丹體驗

劉一明不僅從多方面闡述了修道的玄理,勸人修道,還在詩中談到自己的悟道經歷和修煉體驗。這類作品較之純粹説理融入了更多的個人體悟,讀來更親切自然,也更有説服力。

如《漢上遇師》:"一十三年未解愁,仙留鎮上問根由。而今識得生身處,非色非空養白牛。"②前兩句叙事,講述自己自從遇到龕谷老人得授真經後,又經歷13年苦修,但仍有些謎團打不開,直到遇仙留丈人,纔一語點破夢中人,從而認識到丹道修煉的真諦既不是色身欲界的實有,也不是四大皆空的空無,而是如老子所言"惚兮恍兮,其中有象;恍兮惚兮,其中有物"的先天真一之氣。

再如他38歲離開寧夏,南下固原、平凉等地雲遊,曾於丙申年中秋雲遊到岷州,夜宿二郎山菩薩洞,正值八月,西北陰冷,長途跋涉後體乏腿軟,睡了一夜便病倒了,一連七日昏昏迷迷,無知無識,恍惚中有兩道童送藥給他,服藥完畢,頓覺精神暢快,百病消除,原來是仙留丈人門徒元真師兄前來相助。事後,他作《度迷歌》記述菩薩洞中之事:"丙申年,正中秋,悟元道人歇岷州。夜半忽有風雷吼,四大恍惚太虚遊。大關口,真咽喉,生死路上翻跟頭。若非恩師曾訣破,此身霎時葬荒坵。"③這樣曲折的經歷,著實能讓世人感其身世,爲其遭際而動容。

劉一明有著深切的内丹修煉體驗,除了泛泛而談丹道玄理,還善用各種意象和修煉術語描述自己在修煉過程中滋生的内在審美體驗。這些内丹詩是一種特殊的道教詩,與單純的説理詩呈現出大不一樣的審美意趣,往往借助色彩絢麗的意象隱晦地表達内丹修煉的體驗,充滿神秘氣息。這類詩主要集中在《會心内

① (清)劉一明:《會心内集》,《藏外道書》第8册,第641頁。
② (清)劉一明:《會心内集》,《藏外道書》第8册,第630頁。
③ (清)劉一明:《會心外集》,《藏外道書》第8册,第692頁。

集》,如《醒眼詩十六首》《破迷正道二十四首》《煉志》《煉睡魔》《求元關》《求先天鉛》《下手作用》《採取藥物》《默運火功》《演道二十四首》《鑄劍歌》《煉睡魔歌》《鍛煉陰精》《血化白膏》《金丹直指歌》《修真訣》《下苦歌》《證道歌》《道要歌》《真要歌》《慨歎歌》《金丹歌》等。

如《破迷正道二十四首》以 24 首七言絶句將煉丹的過程、丹成的效驗、修煉的注意事項等一一道來,既有大道修煉的闡述與勸化,也有自己修煉内丹體驗的細緻描述。他引入了諸多意象來描繪煉丹體驗,如"性命天機理最微,一陽發處透簾幃。乘時採入黄庭院,結朵金蓮五彩飛","調和水火採先天,大小無傷兩國全。捉得龜蛇歸一處,霎時月裏太陽躔","白虎藏身在坎方,搜求窟穴不尋常。待他半夜風聲吼,捉住牽來到本鄉"。[①] 詩中的黄庭、金蓮、水火、龜蛇、白虎等都是具有特定含義的道教内丹術語。大量隱語的使用,使内丹詩充滿迷幻色彩,在外行看來是不明就裏的,但成爲教内人士互相交流内丹經驗的通用語。正如姜遊所言:"丹道詩是最能够體現道士詩'以術顯道,道術合一'這一宗教性質的文學題材,它形象地反映了道教修煉者内心强烈的宗教情感、描述了能够付諸感官的宗教體驗過程,呈現出一種超凡入聖、迷離恍惚的美學特徵。作者往往自神其教,采用大量的隱語和修煉術語,這些隱語和意象虚構其實是作爲一種具有符號學意義的角色出現在詩人的藝術思維中的,具有非常强烈的引人迷狂、使人如醉如癡的美學與心理學功能。"[②]這樣的道教隱語由具體的物象構成,又包含超出物象的象徵意義,出入於詩詞之中,給人以神秘莫測而又瑰麗絢爛之感,特别在描述人們的内在審美體驗中積澱了豐富的經驗。

三、抒懷與寫志

劉一明除了創作大量的修道勸化類作品,也樂於將自己的生活軌迹、心路歷程、志向追求向衆人坦露。此類作品歸入抒懷寫志類,根據其具體創作,又可細分爲歎世、寫景、自況(寫志)三類。

(一)歎世——於人世間修出世法

劉一明一生經歷豐富,奉行於人世間修出世法,不論是其雲遊四方還是定居棲雲山傳道,都表現出强烈的現世關懷。他以出世之心觀照芸芸衆生時,爲世人

① (清)劉一明:《會心内集》,《藏外道書》第 8 册,第 632 頁。

② 姜遊:《北宋道士詩研究》,博士學位論文,華中師範大學,2016 年,第 121~122 頁。

執迷不悟的現實追求感到惋惜和痛心，於是寫下很多歎世之作。

世間的凡俗追求諸如榮華富貴、功名利禄，甚至日常衣食住行，在修道人看來都不過是過眼雲煙，他在詩中感慨："人將衣食重，性命看爲輕。翻個跟頭過，何愁道不成。"(《見人圖利有感》)"高官厚禄足榮身，那曉身榮是辱因。何若山人嘗米飯，高眠石室不生塵。"(《歎某官有憂事》)"人爲功名朝日忙，我因富貴隱山場。清閒急迫兩般事，到底誰强誰不强。"(《歎爲名日忙者》)[①]無論是衣食之事，還是功名利禄，在他看來，都不如清清閑閑、平平淡淡、不染世塵、修性命之道更接近道的真諦。"終朝病者不離門，盡是貪財酒色根。何若牽纏都脱卸，身心爽快少災迍？"[②]正如他在《通關文》"恩愛關"中告誡世人要看淡世事恩愛，"既無實濟，則知恩愛爲人生之大苦，須要早早看破"，"吾勸真心學道者，速將恩愛關口打通，無牽無扯，脱脱灑灑，一心學道，自有助益。否則，恩愛捨不的，常掛心胸，妄想明道，難矣！"[③]他在《歎人爲恩愛受傷者》二首中對世間認假爲真、爲恩愛牽絆的人也給予了同情："世事人情俱不真，要嘗滋味細留神。此身到了猶抛丢，局外諸般何足親？"[④]對作惡者，他予以規勸："作惡偏能作善難，天堂怕走地獄鑽。若將好事認真做，無禍無災心亦歡。"對失信之人予以警示："輕諾多無信，謹言是妙方。若還圖口爽，終必破行藏。"告誡人們不要癡迷貪戀於物，"穿了是衣死是妻，癡迷爲甚積東西？一時氣絶他人用，將爾誰常口裏提？"[⑤]當用則用，當棄則棄，要拿得起放得下。

劉一明時不時會遇到一些求道、求方者，他對那些没有悟性的學人有一種悲天憫人的無奈，如《歎修真不識真》："釋子每觀空，道人多執相。具此相空心，總非那個樣。"《歎學人不會意》："大道本無言，借言演道源，有言猶不會，何况絶言喧。"[⑥]對悟性不够、勤勉不够的學道者，劉一明會進一步指點，直至其開悟。但對於那些外表出家但内無慈心的假修行者，劉一明會予以尖鋭的諷刺和批判："出家先學好心腸，物我同觀大藥王。若是慳貪多毒惡，何如在俗養皮囊。"[⑦]認爲其没有好心腸，不如還俗繼續擔負一身臭皮囊，混身濁世。

可以看出，劉一明歎世類作品均因與其有過交集的人或事而發，歎世人多陷

① (清)劉一明：《會心外集》，《藏外道書》第8册，第671、678頁。
② (清)劉一明著，孫永樂評注：《棲雲筆記》，北京：社會科學文獻出版社，2009年，第10頁。
③ (清)劉一明著，羽者等點校：《道書十二種》，第200、201頁。
④ (清)劉一明著，孫永樂評注：《棲雲筆記》，第19頁。
⑤ (清)劉一明著，孫永樂評注：《棲雲筆記》，第11、4頁。
⑥ (清)劉一明：《會心外集》，《藏外道書》第8册，第672頁。
⑦ (清)劉一明著，孫永樂評注：《棲雲筆記》，第11頁。

迷途,勸世人早日醒悟,較之泛泛的勸道詩有更强的針對性。

(二)寫景——於自然界觀大道運行

但凡高道都善於從自然的四時變化、風物景觀的變遷中找尋大道運行的規律,劉一明也善於在雲遊、山居中將所見之景物融入自己的生活和修道體驗,由此寫下了大量道意濃濃的寫景之作。

劉一明前半生處於雲遊狀態,遊覽了西北、華北大部分名山大川。他的雲遊並不是衹遊山玩水,而是要追求如全真道王重陽祖師所説的"真雲遊":"凡遊歷之道有二:一者,看山水明秀,花木之紅翠,或玩州府之繁華,或賞寺觀之樓閣,或尋朋友以縱意,或爲衣食而留心;如此之人,雖行萬里之途,勞形費力,遍覽天下之景,心亂氣衰,此乃虚雲遊之人。二者,參尋性命,求問妙玄,登巇嶮之高山,訪明師之不倦,渡喧轟之遠水,問道無厭;若一句相投,便有圓光内發,了生死之大事,作全真之丈夫,如此之人乃真雲遊也。"[①]當他帶著道眼去觀山觀水,山山水水無不成爲其悟道的工具。如他雲遊至鳳翔東湖,東湖的水清波蕩漾,影映著藍天白雲,塘邊柳樹成蔭,繁花似錦,令他有宛在出塵之地的感覺:"方塘一片本源泉,綠水清波映碧天。花柳旁開妝美景,魚鳶樂趣引飛仙。伊人宛在出塵地,君子興懷養性禪。半夜天心明月照,寒光佈滿錦城邊。"[②]隨後他又攜友登上鳳翔著名的道教宫觀凌虚臺:"閑來獨步上凌虚,四望清幽與世疏。聲色場中真静地,風塵境裹最高廬。應當佛印開心鑒,何怪東坡醉酒醨。若個知音能尚志,天邊鸛鶴水中魚。"[③]相傳蘇東坡和佛印常於此處講道,其時與劉一明同遊的是仙留丈人弟子李鼎實,兩人談吐投緣,以伯牙子期相許,劉一明在這首詩裹用東坡佛印的典故寄託了與知音者共同訪道的樂趣和期許。

劉一明後半生選擇在棲雲山、興龍山重修道場,弘揚道法。初登此地,就爲其"一嶺一壑俱帶秀氣,一峰一峙皆有奇觀"的美景所吸引,在他筆下,兩山的人文、自然景觀得到了盡情的展示。但是促使他下决心留下來的不是其美景,而是其道場的衰敗。此地廟觀經多次兵燹,加上年久失修,風雨飄摇,破敗不堪,盡顯滄桑之象,劉一明覺得很是心痛。出於重建道場的强大責任心,再加上衆多信善的支持,他選擇擔此重任,復興西北道場。

要重建道場首要的就是開路修橋。劉一明帶上弟子和信士,上山砍荆棘,劈山路,《遊棲雲後山》和《修路歌》等詩記載了當時的狀况:"杖藜到後山,滿路茨枝

① 《重陽立教十五論》,《道藏》第 32 册,第 153 頁。

② (清)劉一明著,孫永樂評注:《棲雲筆記》,第 26 頁。

③ (清)劉一明著,孫永樂評注:《棲雲筆記》,第 26 頁。

攀。火速磨鐮斧,來春一概删"[①],"説修路,委實難。千辛萬苦非一端。……懸崖陡壁難以過,荆刺葛藤滿山峰。脚底頑石重重壘,眼前茅草處處蓬"[②]。修路的過程是艱辛的,但是劉一明和他的信徒們却克服重重困難,從立春修到深秋,終於修通了峽谷和兩山的道路,他們將修橋鋪路視爲磨煉心志、積功累行的大事:"修路莫作輕易看,功完行滿上天堂。修路不是名利路,此路裏面有陰陽。修路不是凡間路,此路一直達仙鄉。若能悟得修路訣,脱胎换骨壽命長。"[③]除了修路,他後來還重建了迎善橋:"旁岩修棧道,就石作橋工。形似一鈎月,勢如五色虹。遊人登涉利,善士往來通。有此雲中路,香煙滿太空。"[④]路橋爲遊人善士的到訪提供了便利,爲道教道場的復興打開了通途。

在修路的同時,劉一明還四處募捐,籌劃重修兩山的宫觀。在繁忙的復建工作之餘,他也將棲雲山、興隆山的各個角落都走了個遍。在他筆下,兩山的人文、自然景觀得到了盡情的展示。在《棲雲山二十四景·寄調金人捧露盤》中,他以洗練的筆法嵌入棲雲二十四景的名字,既清新雅致,也以名會意,抓住了各處景點的神韻:"棲雲峻秀,天梯冲虚透。白雲窩,藏靈岫。朝陽談道因,清波洗心疚。翻影庵,借風月煉真復舊。　三臺九宫全,五圖七星凑。蒼龍蟠,靈龜伏。寂静生偃月。面壁捨身肉。脱灑時,均利橋繼前接後。"[⑤]而在《棲雲山二十四景》中則通過24首五言絶句對二十四景(均利橋、洗心亭、上天梯、風月嶺、灑脱臺、翻影庵、寂静巖、五圖峰、潮陽洞、棲仙巖、偃月爐、七星嶺、蒼龍嶺、冲虚臺、面壁石、三臺嶺、靈龜石、談道石、捨身巖、九宫臺、清波澗、白雲窩、煉真巖、藏靈壁)逐一進行了具體描述,融寫景、説理、抒情於一爐,給人深刻的印象。例如《脱灑臺》:"足下煙雲起,座邊松柏栽。更無塵俗染,脱灑似蓬萊。"《洗心亭》:"亭前旋碧水,屋後起高山。洗却塵緣垢,白雲任往還。"[⑥]這兩詩語言明白如話,前兩句描述脱灑臺和洗心亭周圍清幽之景,後兩句點題,洗去塵俗,纔能成就更脱灑的人生至境。洗心亭和脱灑臺雖是分離的兩處景點,但因洗心而脱灑,兩者又有了必然的聯繫,在遊觀景點的過程中,遊者也似乎經歷了精神的洗滌。

劉一明在棲雲山、興隆山著書立説,悠遊四十載,白天打塵勞,晚上纔有清静

---

① (清)劉一明:《會心外集》,《藏外道書》第8册,第671頁。
② (清)劉一明:《會心内集》,《藏外道書》第8册,第648頁。
③ (清)劉一明:《會心内集》,《藏外道書》第8册,第648頁。
④ (清)劉一明著,孫永樂評注:《棲雲筆記》,第22頁。
⑤ (清)劉一明:《會心外集》,《藏外道書》第8册,第683頁。
⑥ (清)劉一明:《會心外集》,《藏外道書》第8册,第673頁。

之時。他經常晚上登山，與清風明月共語，“獨坐山岡上，悄然四面空。抬頭睜眼看，明月在天中”，“旁晚上雲山，三清殿轉彎。明月松間照，步步玉連環”，“黄昏回舊路，緩步上高岑。明月松稍出，光輝忽滿林”，“拄杖上山坡，欲回自在窩。轉彎來斗殿，半月透林科”。除了登山，他也喜歡在洞門打坐，“偃月山頭掛，清風洞口飄。能嘗真趣味，獨坐亦逍遥”。[①] 無論行走還是静坐，明月都是山間修道人最忠實的夥伴，無論什麽時候抬頭，她都在那裏默默地陪伴，静静地守護。

除了月之外，雪也是劉一明鍾意的大自然的饋贈。他贊雪爲“物之至清高者”：“雪之爲物也，高而能下，其體純白，其德至净。白則無染，净則無塵，當其自無生有，飛揚虚空，如天花亂墜焉。既而落於山川，大地一色，萬物素淡，如銀妝世界焉。又既而日照中天，溶化爲水，山川滋潤，如華池神水焉。萬物榮旺而藏，剥落而現，不戀浮華，獨著樸素，物之至清高者也。”[②]雪是天地間最白净素淡之物，又最能滋潤萬物，故其性是“物之至清高者”，而從觀感上雪又給人以天地一色之無限美感。他細緻地描寫不同狀貌的雪景，如雪夜之景：“早起開門望，山川盡是銀”；數日未消之雪景：“天晴三四日，積雪未曾消。樹掛綿花絮，簷懸鐘乳條”；立春大雪之景：“懸崖倒掛珍珠帳，平地普鋪瑰石磚。瓊閣玉樓盈眼底，琪花瑶草滿山前。”[③]道人在這天地純然的無限美景中，或踏雪尋春，或洞中静坐，或取雪烹茶，或邀友笑談，白雪粉飾了人間，也蕩滌了心田。

（三）自況——於苦修中求自在之境

劉一明對自己有著清晰的定位，還有著堅定的信念和百折不撓的精神。他自願放棄優渥的生活，選擇最艱苦的修行方式，不管是雲遊中經歷各種危險和困苦，還是隱居中恪守自己的極簡生活方式，他始終保持著内心的自在與快樂。通過劉一明自況自題自歎自證方面的作品，我們可以進一步瞭解劉一明恬静淡泊、自在快樂、充實豐盈的内心世界。

劉一明把自己的隱居之處命名爲“自在窩”。自在窩是劉一明在興隆山居住的一個石窟，小而簡陋，僅能容身，卧床則是一個用草泥抹平的石砌火炕。劉一明在這個簡陋的石窟住了 39 年，他美其名曰“自在窩”，有多首詩題爲“自在”，如《自在窩吟》十六首、《自在窩四寶》十六首、《自在窩銘》等。自在窩的條件艱苦，一旦遇到雨雪天氣，與山下數月不通行，但是劉一明却樂在其中，他在《自在窩吟》中説：“我居自在窩，清静少風波。地僻人情遠。如如養太和。”“我居自在窩，

---

① （清）劉一明著，孫永樂評注：《棲雲筆記》，第 3 頁。

② （清）劉一明：《會心外集》，《藏外道書》第 8 册，第 699 頁。

③ （清）劉一明，孫永樂評注：《棲雲筆記》，第 3、22、25 頁。

石磴路難過。不許常人到，白雲嶺上拖。"正是因爲交通不便，一般人不常來，所以纔更利於自己清静養和。在這裏，"餓處烹朱鳳，渴時煉白醛"，"春採黄芽藥，冬觀白雲坡"，"睡去閉三寶，起來唱一歌"，"諸慮皆忘却，萬緣一手摩"。[①] 不管是餓處還是渴時，不管是春去還是冬來，不管是睡去還是醒來，一切都那麽隨性自然，仿佛天地萬物盡隨我意、盡如我心。正如他爲"自在窩"所題對聯所説："山高洞僻無應酬無扯拖此間正是安神地，事少心閑常快樂常舒坦何處再尋保命丹"，"地僻人稀無是無非常快樂，心清意静少思少慮永安閒"。[②] 在自在窩，劉一明找到了自己最想要的自由、清静、遠離塵囂的自在生活方式，但這並不表示他謝絶人世。他在此地煉丹解經，編撰著作，炮製草藥，治病救人，謀劃興山建觀，廣交天下信士。可以説，劉一明追求的自在是一種内心的自由和率性，也是其自苦其形、修煉内丹而獲得的一種大自在的内在審美體驗。"我居自在窩，隨心口詠哦。無字亦無調，音聲出大羅。""我居自在窩，天地在包羅。日月壺中轉，風雷手裏搓。""我居自在窩，敢把太虚拖。鬼怪不能近，龍蛇莫奈何。"[③]即使年老，心猶少年，天地日月風雷盡在我的掌握中，我隨口詠唱，音聲都仿佛天籟。可以看出，這種内在的審美體驗使其充滿樂觀自信，有一種活潑潑的生命活力。在自在窩，劉一明"有時自歌，有時自嘯。有時自眠，有時自跳。噫！興來岩頭吼一聲，恍惚空中有人叫。這個自在口難言，捧腹呵呵一大笑"[④]，所有行動率性而爲，自然天放，與天地如同一體，這種無拘無束、自我滿足與豐盈的感覺是任何金錢和權勢都换不來的。

劉一明還創作了數首自歎或自題類作品，以表達身世之歎，並進一步完成對自我形象的定位，如《自題形樂》《自題形樂歌》《自題形樂像讚》《自題生辰三首，時年四十》《除日自歎》《自歎年老》等等。在易逝的時光面前，他時時感慨"自想韶光如過箭，暗悲靈藥未凝胎"[⑤]，"一年更比一年老，鬚髮眉毛如雪皓。惟有原來那點真，寂然不動光明好"[⑥]。但是即便一年比一年老，他也堅持最初的本真。正是對大道的體悟和内丹的實修，使他獲得了實實在在的快感："逍遥遊，逍遥遊，無是無非度春秋。今日方知出家好，纔悔當年作馬牛。想恩愛俱是夢幻，説妻子

① (清)劉一明：《會心外集》，《藏外道書》第 8 册，第 674～675 頁。
② (清)劉一明，孫永樂評注：《棲雲筆記》，第 110、109 頁。
③ (清)劉一明：《會心外集》，《藏外道書》第 8 册，第 674～675 頁。
④ (清)劉一明：《會心外集》，《藏外道書》第 8 册，第 687 頁。
⑤ (清)劉一明：《會心外集》，《藏外道書》第 8 册，第 682 頁。
⑥ (清)劉一明，孫永樂評注：《棲雲筆記》，第 18 頁。

都是魔頭。怎如我赤手單瓢,怎如我過府穿州,怎如我無掛無礙,怎如我無貪無求,怎如我瀟瀟灑灑,怎如我蕩蕩遊遊。終日快活無人管,也無煩惱也無憂。饑了食,困了休,名山勝境任吾投。……"[1]這是他在學道訪師13年之後,在仙留老人那裏有所悟之後寫下來的長詩,從中可以看出劉一明悟道後盡吐内心的快樂和瀟灑,脱了俗緣了無牽掛,隨緣度日逍遥自在。山林與俗世有著天然的隔離,山林幽居是很多修道者和隱逸人士喜好的生活方式,他在《山中清閒高强歌》中傾吐了山中閒居的快樂:

山中清,山中清,萬緣不到好修行。眼前浮雲輕富貴,庵邊流水無困亨。是是非非不著我,長長短短没人争。惟有些子動情處,領頭一曲谷應聲。

山中閒,山中閒,士農工商俱不關。名利絶去心無惱,恩愛斬斷有誰扳。瀟瀟灑灑無掛礙,快快活活常笑顔。有時困倦睡一覺,神遊紫府出塵寰。

山中高,山中高,看來侯王讓我曹。蓬頭傲他飛纓帽,破衲賽過錦緞袍。淡淡泊泊有真趣,逍逍遥遥没塵勞。閒步走出煙霞外,王母瑶池赴蟠桃。

山中强,山中强,内有四季花芬芳。蒼松堅實度寒歲,緑竹硬節欺雪霜。行行步步無俗境,時時刻刻在天堂。情忘不知世間事,翻身跳入空廓鄉。[2]

山裏的清閒與世無争,使他避開名利是非、恩愛情仇的牽纏,在棲雲山瀟灑淡泊,忙著自己想做的事,内心充滿自足的快樂,"有時自歌自己和,有時行住或坐卧。萬緣俱空得自如,任他日月眼前過"[3],這纔是臻於人生至境的表現。

在羽化前兩年所作《自題形樂歌》《了願歌》等作品中,劉一明似乎已預知自己大限將至,八旬老人簡練地回顧自己一生行藏,從師學道—混迹和光—施藥修橋—建觀修廟—著述闡真,雲淡風輕中把自己最執著最本真最堅守的道義追求和盤托出,"非是圖虚名,却有真實干。利己兼利人,脱災亦脱難。八旬猶未閑,兩脚奔竄"[4]就是最好的寫照。他不是深陷玄理、不著實地的玄學家,而是脚踏實地、以身履道的實干家。《了願歌》作於其85歲時,詩中坦露了自己生平所爲,白日打塵勞,晚上勤著述,日夜辛苦衹爲抛磚引玉,引來更多同道好學,他用一字一點血的態度闡述真訣,衹爲後人能循序漸進有所了悟。如今大限將至,他終於可

① (清)劉一明:《會心外集》,《藏外道書》第8册,第690頁。
② (清)劉一明:《會心外集》,《藏外道書》第8册,第690頁。
③ (清)劉一明:《會心外集》,《藏外道書》第8册,第693頁。
④ (清)劉一明,孫永樂評注:《棲雲筆記》,第33頁。

以松一口氣,没拘没束樂逍遥,"逢場作戲敲竹韻,隨時度日撑法船。興來唱個太平樂,自和自賞自調弦。好快活,無事牵,自在逍遥學善卷"①。他終其一生以儒者的擔當、釋家的苦行,追求著道人的脱灑至境。

綜上所述,劉一明作爲清末道門高隱和易學、醫學大師,志向高遠,學識淵博,内丹修爲精深,給後世留下了大量道教文學佳作,内容豐富,種類繁多。他把文學創作當作内丹修煉的試驗場,在各種文體中滲透自己的丹道之思,透過丹道之學浸潤出的文字充滿脱俗的靈氣,與其深邃的丹道理論互相呼應,爲我們展現出一個真實而偉大的丹道修煉者和宗教實踐家的高潔靈魂。本文挂一漏萬,祇是擇其要者論之,僅以此抛磚引玉,期待更多的人關注其人其學。

[本文爲教育部人文社會科學研究一般項目"羅浮山文學空間書寫研究"(項目編號:19YJA751018)、國家社會科學基金重大招標項目"中國宗教文學史"(項目編號:15ZDB069)階段性成果]

(責任編輯:張琰)

① (清)劉一明:《會心外集》,《藏外道書》第8册,第696頁。

道教三仙信仰與明清民間宗教

□李志鴻

摘要:贛閩兩地,盛行"浮邱、王、郭三仙真君"信仰。兩宋時期,由於撫州地方士紳的努力,邱、王、郭三仙信仰崛起於華蓋山。宋元之間,三仙信仰跨郡越縣,向撫州之外傳播開來,遍及江西全境,並進入臨近的福建西北部。明清以來,道教與閩、贛兩省的民間宗教大乘門親密無間,共生共長,諸多供奉三仙的道教宮觀轉化成爲民間宗教經堂。

關鍵詞:三仙信仰　大乘門　閩贛地區

作者簡介:李志鴻,中國社會科學院世界宗教研究所研究員,中國社會科學院道家與道教文化研究中心秘書長。

贛閩兩地,盛行"浮邱、王、郭三仙真君"信仰,三仙信仰出於江西撫州崇仁縣華蓋山,是北宋道教天心正法派的本山。兩宋時期,由於撫州地方士紳的努力,邱、王、郭三仙信仰崛起於華蓋山。宋元之間三仙信仰跨郡越縣,向撫州之外傳播開來,遍及江西全境,並進入臨近的福建西北部。

美國學者韓明士(Hymes, Robert P.)在其著作 *Way And Byway* 中,對宋代道教天心派與華蓋山三真君信仰的關係問題進行了相當精彩的論述,指出南宋至元,撫州地方精英生活中不斷上升的地方主義,是華蓋山三仙信仰興盛的社會背景,三仙信仰的興起,表達了地方精英立足鄉里、關注地方的新定位,並借此反對中央權威。[①] 韓明士著眼於中國民間信仰神靈模式的理論探討,創造性地提出了中國民間信仰存在著兩大神靈模式,即官僚模式(bureaucratic model)與個人模式(personal model),亦即其書所言之道(way)與旁道(byway)。此種理論探討,固然有助於學界對中國民間信仰的深入研究,然而由於韓氏關注的重點不

---

① Hymes, Robert P. *Way And Byway: Taoism, Local Religion, and Models of Divinity in Sung and Modern China*. Berkeley: University of California Press, 2002.

同，其對於道教天心正法派的教派流傳及其道法與儀式在道教整體法術史中的位置却未曾研究，其所提出的兩種模式對於中國民間信仰世界的解釋力度也有待檢驗。①

一、明清时期三仙信仰在闽赣地区的流传

明清時期，作爲浮邱、王、郭三仙起源地的撫州府，府内各縣已經遍布三仙廟宇，撫州以東的饒州府南部及廣信府、撫州東南的建昌府均有三仙聖迹。從撫州往西，至南昌府南部、臨江府乃至江西省境偏西的吉安府東半部，亦廣建三仙祠廟。此外，贛南地區興國、雲都、石城、瑞金等縣亦盛行三仙崇拜。（見表 1）

表 1　明清時期江西浮邱、王、郭三仙廟宇分布情况②

府	縣	浮邱、王、郭三仙廟
撫州	崇仁	華蓋山三仙觀
	臨川	三仙行祠
		仙臨山集仙觀
		芙蓉山
		龍峰殿
		鳳桐山昭真觀
	宜黄	軍山三仙祠
	金溪	順政鄉三仙廟
		仙山
	樂安	靈應山三仙行祠
		西華山三仙殿
	東鄉	仙壇峰三仙壇
		金峰嶺三仙祠
		雄嵐峰

① 參見皮慶生對韓氏著作的書評，文載《唐研究》第十一卷《唐宋時期的社會流動與社會秩序研究專號》，北京：北京大學出版社，2005 年，第 680～686 頁。

② 林宏：《明清時期江西地區民間信仰的地域差異》，碩士學位論文，復旦大學，2011 年，第 59～61 頁。

續表

府	縣	浮邱、王、郭三仙廟
饒州	萬年	神應坊
		奎田村三仙廟
廣信	玉山	三清山
	貴溪	掃帚嶺三仙廟
		東華山
建昌	資溪	東仙山觀
	南城	三都大富山三仙祠
		福應山三仙殿
		飛爐峰
		仙王峰三真君祠
	南豐	軍山三仙祠
		東華山三仙祠
		五都蔓羅峰三仙祠
	瀘溪	出雲峰三仙殿
		中華山三仙殿
南昌	豐城	讓粟亭
		三角山
		吴珠塔
		儲山
		金華山
臨江	新淦	溢峰三仙壇
		古仙峰三仙壇
		廬嶺三仙壇
	新喻	瑪瑙山三仙壇
	峽江	覆箱峰仙壇

續表

府	縣	浮邱、王、郭三仙廟
吉安	吉水	中華山三仙壇
		仙女巖三仙壇
	廬陵	朝仙觀
		浮邱王郭三仙殿
	永豐	獻山
		迎仙觀
	泰和	馬頰山三仙閣
贛州	安遠	三仙廟
	興國	三仙觀
	會昌	莊埠
寧都	石城	李獵石三仙祠
		東華山三仙祠
		金龍峰三仙祠
		西華山
		七峰庵
	瑞金	三仙廟

明清以來，浮邱、王、郭三仙廟宇業已遍布閩贛兩地，尤以閩贛兩省交界的贛南、閩西北等地爲盛。東華山即屬此例。東華山，連接閩西寧化縣與江西石城縣，是閩贛交界處的名山。距寧化縣 35 公里，地處福建寧化與江西石城交界的武夷山南麓，最高峰海拔 1148.9 米。東華山原名白水頂、龍華峰、西華山。主脈向東沿寧化石壁、濟村兩鄉鎮邊界入濟村鄉長坊村，止於吾家湖；北支深入濟村鄉上龍頭村；南支入石壁鎮的鄧坊橋、隆坡、三坑、陳塘、桃金等村邊界地帶。石壁溪、武昌溪、劉村溪均發源於此山麓。

東華山山頂有一座聞名閩贛兩省的古刹“三仙祠”，祠内奉祀邱、王、郭三仙。(見圖 1)神祠由花崗巖建成，屋頂夾角近 70 度，瓦爲生鐵鑄造，以抗峰頂大風，是道教、佛教合一的宗教朝聖地。1965 年毁，1984 年重建。位於三仙祠下方有“東華山寺”一座，又稱“西華山寺”“金沙庵”，俗稱“脚庵”，建造於明朝隆慶年間(1567～1572 年)，由寧化縣濟村鄉大坊村張滿十郎公裔孫捐山助建。

圖 1　東華山山頂"邱、王、郭三仙"

東華山下的楊邊村,亦在"邱、王、郭三仙"的信仰圈内。楊邊村,隸屬於寧化縣石壁鎮,有廟宇兩座,一爲渡頭庵,一爲香火堂。渡頭庵又名"西望寺",明代萬歷年間已見記載,庵中供奉的是邱、王、郭三仙。楊氏宗族與渡頭庵關係密切,據《楊氏重修宗譜》記載,楊氏第四十代巢郎公已是渡頭庵的"檀越施主"。①

據楊氏族人所言,東華山的邱王郭三仙神像均由楊邊村楊氏宗族出資重塑。每年的"春會"與"冬會",楊邊村民皆有擡菩薩的"會期"。與此同時,每年村民皆會舉行朝拜神明的"朝華"活動。"朝華",也稱"朝大華",在寧化縣西南部鄉村異常普遍。"朝大華"時,信衆需挑著"大華祖師神位"的神位牌,"大華祖師"即"浮邱、王、郭三仙"。"朝大華"短則三五天,時常維持半個月或一個月,最長時則達半年之久。"朝華"經常去的地點包括福州鼓山湧泉寺、西禪寺、長汀朝斗巖、平原山等寺廟,以及寧化本地的東華山、昇仙臺、獅子峰、雙桂峰、龍華峰、圓墩山等,江西寧都赤明寨山、吉安中華山與大華山、南豐軍峰山等五座神山。②

二、明清時期三仙信仰與閩贛地區大乘門

明清以來,贛南閩西羅祖教大乘門往往在自己的經堂中供奉浮邱、王、郭三仙。

民國時期,大乘門以東華山浮邱、王、郭三仙崇拜爲核心,在東華山建造大乘門"麒麟山"經堂,刊印、傳抄寶卷。民國二十一年(1932)編《大乘傳燈宗譜》之《麒麟山記》對東華山三仙崇拜以及山中廟宇的修建皆有所描述,其文曰:

---

① 鍾晉蘭:《閩西客家的民俗信仰生活》,廣州:暨南大學出版社,2015 年,第 52～54 頁。

② 鍾晉蘭:《閩西客家的民俗信仰生活》,第 52～54 頁。

麒麟山發源於閩江兩省之東華山，蜿蜒由寧（寧化）、石（石城）邊界而來，至此頓起大座星峰，四山擁護，不壞成高，陟彼崔嵬。前望寧都牙峰翼翼，如虎兒之戲陣；左瞻瑞金文筆幹霄；右盼寧化螺髻鏘立；後有南華山矗頂腦作爲嶂樂；河水如虹，纏繞其前後案外。琴水接朝儼一麒麟中立，百禽拱衛，其支脚發流凝結九祠二市十餘村。山之靈秀鍾蔭，軍官師旅團營縣長，小則廩拔，文武庠生不可勝數。舊名"玉華山"，四鄰借此避難。昔年藏蛟，今則無之。厥有齋人姓謝，巔末搭一茅寮，欲此興庵，可惜力弱無成。其山草木蓁莽，人跡罕至，野獸飛禽藉爲淵藪。民國年間，張齋人慶洪師無故自發神童，謂大華山三仙跡踏，是山華美可嘉，神欲棲此以顯威靈，能構爲椽，地方可獲巨福。吾村謝壽興君父子内念發動，遂起募建之心，草創仙頂，刻塑三仙，後湊王、馬二將，幾乎幸賴張師斗餘君挺身出力，接建脚庵及飯堂、三官堂，粉飾雕刻塑像掛匾，兩旁牌聯煥然。……

本邑文庠生謝寅沐手拜撰。①

顯而易見，民國年間，先是有齋人張慶洪"自發神童"，浮邱、王、郭三仙借張慶洪之口説出要在東華山頂建造廟宇的願望，於是濟村村民謝壽興父子發動募捐，在仙頂草創三仙祠，刻塑三仙神像，此後又塑王、馬二位神將。張斗餘又募化錢財，在東華山上修建"東華山寺"以及"三官堂"各一座，"東華山寺"又稱"西華山寺""金沙庵"，俗稱"脚庵"。（見圖 2）

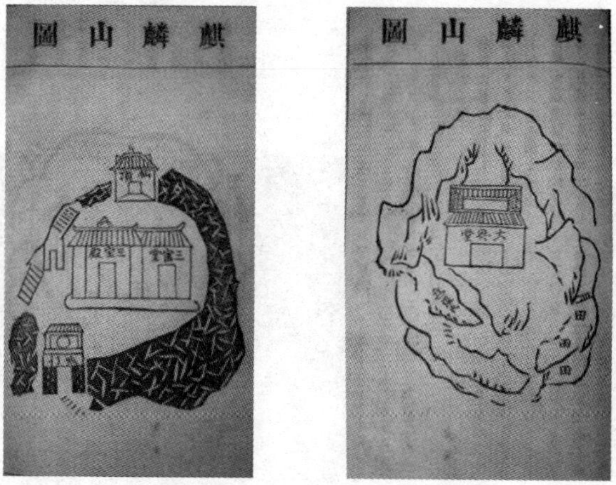

圖 2　麒麟山經堂圖

① 《大乘傳燈宗譜》第一册"麒麟山圖"，民國二十一年（1932）。

大乘門“大興山”經堂,原名“德隆山”經堂,也是閩西齋人段元英以浮邱、王、郭三仙信仰爲基礎修建起來的經堂,《大興山記》云:

> 大興山在汀寧化龍上里大坳背,是龍華山發龍之地,其山龍脈聳翠繚繞,青秀結氣。順治年間,有一齋人段元英至寧化龍華山朝拜三仙,在山經過,見此地清净,是好修行。元英四方募化,建造經堂,名“德隆山”,崇祀諸佛,興盛歷年。……
>
> 後學雷茂森謹識。①

如上所述,“大興山”經堂修建於閩西寧化縣龍華山之上,山上本建有供奉浮邱、王、郭三仙的廟宇,大乘門宗師段元英四處募化建造經堂。無獨有偶,“崇善堂”亦建基於浮邱、王、郭三仙廟之基礎上,《崇善堂記》云:

> 堂在汀寧龍上里“紫雲山”,其山高峰座三仙,神靈顯應。於同治十一年,官上靈、池悟顯二人往山朝拜三仙,見山青秀,乃是净地修行之所,與崇高師商議,紫雲山氣結真形,上山鳳形,立經堂必定有發。崇高師聽其言,充銀百餘兩,悟顯、徹馨二人倡首化緣四方,建造經堂,護三仙香燈,素人誦經禮佛,取名“崇善堂”。……
>
> 時光緒廿六年歲次庚子孟冬月之吉日。②

“崇善堂”位於寧化縣紫雲山,鄉人嘗於紫雲山頂建祠以奉三仙。清同治十一年(1872),大乘門宗師官上靈、池悟顯二人往山朝拜三仙,遂發心建造崇善堂,既護佑“三仙香燈”,又宣導鄉人“誦經禮佛”,一心向善。

图3　寧化縣紫雲山“三仙宫”

① 《大乘傳燈宗譜》第一册“大興山圖”,民國二十一年(1932)。

② 《大乘傳燈宗譜》第一册“崇善堂記”,民國二十一年(1932)。

如今紫雲山頂上,"三仙宫"尚在。門口樹立一聯曰:"紫峰高聳作仙宫,三仙顯應萬事通",盛贊三仙的靈驗。三仙神像兩旁,復立一聯,曰"混元仙主掌教護國普天樂,浮邱王郭秉天符命士民欽"。(見圖 3)在信衆看來,浮邱、王、郭三仙乃是混元仙主,即道教之上仙,三仙秉承上天符命,下降凡塵,護國佑民。閩西盛行三仙祖師靈籤,顯示底層民衆對三仙信之彌篤。(見表 2)

表 2 閩西邱、王、郭三仙祖師靈籤詩文

靈籤	詩文	靈籤	詩文
第一籤 (上)	東山高聳作仙宫,靈應無邊萬事通 賜你神仙出首選,須知百事福壽全	第五一籤 (上)	海闊天空任你飛,莫從林下人依己 大鵬早有冲霄志,萬里雲程棲紫薇
第二籤 (上)	東嶽魁鉞逼紫薇,仙靈赫赫顯神威 前程識得屢觀險,經劫定能有限塗	第五二籤 (下)	宴安無事不知羞,禍到頭來枉自然 衣食本然無憂慮,幾分快樂幾分憂
第三籤 (中)	名利兩途難雙全,須知窮苦要心專 所爲欲卜從何路,自度纔能任那邊	第五三籤 (下)	君子小人志不同,一懷私利一懷公 無殊冰炭難相合,共事何能有時終
第四籤 (中)	山間明月有清風,路不禁兮用不窮 萬物須知原有主,無緣景何任西東	第五四籤 (上)	明藏寶劍在途旁,幾度新秋掩作光 静待忠良將寶獻,除邪斬鬼鎮家邦
第五籤 (上)	威儀凜凜問堪親,習化天仙養惟成 識得人間今古事,自然應運一時興	第五五籤 (中)	神道仙佛不可虧,舉頭三尺有神明 忠厚存家安且吉,凡事三思莫胡爲
第六籤 (中)	不能見得還恩儀,天下誰人不樂親 鎮你家邦重仁義,若然懷利便生嗔	第五六籤 (中)	人心剖側却難防,自有神明鑒在旁 你若堅持終不改,一生掩蓋理應當
第七 (上)	江邊柳色正合煙,桃李依依爛漫鮮 滿眼春江真足樂,酣暢醉飲太平午	第五七籤 (上)	爲人不自欺心田,古今從來因果權 世上衹有修善好,積善之家福綿延
第八籤 (上)	閩中白水即清都,月影風光浪滚珠 君問前程休處事,所行得意有奇途	第五八籤 (中上)	人生五福壽爲先,淡泊明心可永年 惜物從來能積物,留得餘蔭從人延
第九籤 (中)	仙鶴翩翩格不同,豈隨凡鳥寄林叢 清潔羽衣棲玉樹,誰不羡見頂上珠	第五九籤 (下)	千拜萬拜拜張紙,千哭萬哭哭爐香 父母在堂不孝敬,後日榮華子孫狂
第十籤 (中)	靈山渺渺在西天,若肯修行在眼前 方寸福田無善念,彌陀苦誦亦徒然	第六十籤 (中)	東奔西走有何求,徒爲財利作馬牛 誰知兒孫自有福,由來積德善治謀
第十一籤 (下)	顯榮富貴本前修,不敢輕浮半點謀 僥倖一時不受苦,花間雨露似雲圻	第六一籤 (中下)	勸你作惡早回頭,屠刀放下佛可求 若然一念不懺悔,財破人危難歸路
第十二籤 (上)	應誕而生豈偶然,胸懷膽略可旋乾 有時得顯經邦策,吐氣揚眉作祖鞭	第六二籤 (上)	八月中秋月團圓,歲序迴圈似輪回 桂花芬芳舒志意,鴻鵠振翼冲九霄
第十三籤 (中)	福田必須積心田,不可世種不專賢。 除去胸前良莠草,方能善果得成全。	第六三籤 (中)	衣食從來有定緣,强求强取哪得全 忠厚本是傳家寶,何必勞心被利宰
第十四籤 (上)	教子成名有義懷,樂善之人方栽培 秀連燕山由德政,許君高折一紙回	第六四籤 (中)	爲人切莫日頭紅,早起三朝當一工 若是衆生都早起,免得求人落下空

續表

靈籤	詩文	靈籤	詩文
第十五籤 （中）	萬事如天莫强求，胡人苦苦空心頭 能依本分多安樂，分外貪圖多惹愁	第六五籤 （中）	性情浮濛一無成，謹慎勤勞到處行 改過自新勿念息，自然殃退慶重生
第十六籤 （下）	人間罪福莫相違，禍福注定不宜移 服罪於天枉祈禱，欺心昧理又作非	第六六籤 （上）	真誠向善朝神佛，普濟衆生在心田 待人接物尚倫禮，天災人禍化作塵
第十七籤 （上）	鳳鳴岐山出聖賢，蒼生共慶太平年 上和下睦干戈息，雞犬無驚安枕眠	第六七籤 （上）	世上浮財似亂沙，道德仁義現蓮花 風調雨順萬物長，善修心田世人誇
第十八籤 （上）	調來琴瑟鳳階鸞，宜家宜室此造端 梁孟齊眉皆白首，兒孫繞膝有餘歡	第六八籤 （中）	富人切莫貪債財，割剥貧人是可哀 空裏神明偏記録，切莫結此萬般災
第十九籤 （中）	雨露無私遍萬方，緣何草木分青黃 榮枯有異皆由己，善惡兩端莫逞强	第六九籤 （中上）	你祖你宗積善良，矧今你又冀施方 凡行功果能無懈，待看華年加熾昌
第二十籤 （下）	順天福報逆天凶，福禍由天人自知 你今所做皆不善，恐難逃脱網路口	第七十籤 （中上）	茫茫大海廣無邊，南海波濤翻作天 我報善男信女道，早日回頭修福田
第二一籤 （中）	五行休咎本無修，命裹前定莫强求 任你百般多計較，功名財利兩皆休	第七一籤 （中）	勝敗無常要看真，莫因困苦冷氣生 梅花不怕霜和雪，怎得人間格超稱
第二二籤 （中）	谷中蘭蕙自然香，莫讒花玉爛漫衣 衣錦風間門外客，無情女伴盡攔香	第七二籤 （中）	境遇窮通分定然，無勝無諂意前程 若因窮富將情改，自取卑污自惹愆
第二三籤 （下）	豐衣倉滿富貴榮，多財多怨兩相因 家中慢道還須散，方許終身禍不臨	第七三籤 （上）	仙人賜你好靈丹，不用機謀不用看 快把是非看白玉，清心賽過壽如松
第二四籤 （中）	登高岸險爾須知，莫逞英雄自將奇 謹慎最宜行坦道，四方穩步任奔馳	第七四籤 （上）	真意修行種福田，何須仔細置胸前 安心靜待麟兒賜，老蚌生珠顆顆全
第二五籤 （下）	忠厚在心福自綿，欺人欺心莫欺天 奸雄行事多危險，當時不報報運年	第七五籤 （中）	查你諸般不讓人，用心計較也難成 何如百忍張公義，福封汾陽不老春
第二六籤 （中）	孝子原爲百行先，古來行孝可動天 事生事死皆由禮，何必邀榮到我前	第七六籤 （中）	臨事如何有懼心，好謀量敵敵難侵 輕才魯莽終多險，養勇全須膽氣生
第二七籤 （中）	廉偶自立品稱奇，何苦人人爲利迷 富貴欲求求不得，越想富貴越呆癡	第七七籤 （中上）	功力不塗效不呈，學優登仕仕榮華 欣看釣渭溪邊叟，大器晚成自然豪
第二八籤 （中）	節操清潔整綱常，備受艱辛苦無光 春暖花開榮不久，歲寒松柏茂偏長	第七八籤 （中）	參差萬物有枯榮，莫怨天空莫怨人 雨露栽培同一休，奈何傾覆見虧心
第二九籤 （上）	元宵天長福宜長，莫爲時災便疏荒 一片閑雲將月掩，試看風散復生光	第七九籤 （中）	造成事業已千般，善惡難逃我分明 急把心田多積德，將功贖罪可無愆
第三十籤 （上）	亨通雲路奮鵬程，萬里風波轉規輕 志往沖霄攀月桂，滿天星斗不需照	第八十籤 （中）	化及生生雨露平，奈何傾覆有虧心 栽培草木榮枯别，自暴胡爲怨命蹇
第三一籤 （中）	利益推人萬火牛，江湖浪迹比沙鷗 不如老鶴松精操，固養精神壽無憂	第八一籤 （上）	山外行藏應識時，天時人意更兼知 色清舉矣靈如鳥，海闊天空任鳥飛

續表

靈籤	詩文	靈籤	詩文
第三二籤 （中）	貞幹二端力有餘，中孚定科奮膠魚 人而無信不可知，行阻如無輗軏車	第八二籤 （中）	雲間雁陣喜相依，兄弟偕行不可違 若被狂風吹兩地，無殊折翼怎能飛
第三三籤 （中）	天運初開萬象新，桃紅柳緑向陽匀 探花蝴蝶來宜早，切莫幽居惜過冬	第八三籤 （中）	天空降下一石麟，時爲名世出黄英 此兒未許輕將與，留賜凡間太平時
第三四籤 （中）	地利莫如天順時，和平人意更兼知 好花自有芬芳日，吩咐郎君仔細持	第八四籤 （中）	雨露恩深不計秋，仙凡保佑求無虚 臨來福禄人不識，可惜人心不肯修
第三五籤 （下）	臣道無虧秉性忠，奈何在位半奸雄 奸邪當道須知避，戀爵多因陷井中	第八五籤 （上）	明月一出照樓臺，光彩明亮是珍華 你若能够多積善，保你富貴萬人誇
第三六籤 （中）	黄鳥翩翩颺上林，牡丹芍藥可苦心 織蠶不業桑和寐，點綴春光等好音	第八六籤 （下下）	人生七十古來稀，水流東海難回意 若然青天被雲蓋，青草難怪霜雪霖
第三七籤 （中）	日影晴空午夢長，落花流水盡文章 時人若識風光好，將謂偷閒學院郎	第八七籤 （中）	蒼龍大海養精神，不是魚蝦不敢觀 時到春來行雨澤，風雲鼓震奮天潭
第三八籤 （上）	月逢三五正團圓，桂華蕊芬芳碧蓮 若得秋風吹欲動，蟾宫香味遍人天	第八八籤 （下）	生成一對好鴛鴦，朝日交歡戀草堂 勿被狂風將偶散，何時再與宿橋樑
第三九籤 （上）	星移斗轉禍成祥，天意化回在德章 不信但看丹桂籍，條條報應姓名揚	第八九籤 （上）	登高看見氣象新，你要氣象要心勤 忠厚本是傳家寶，平安吉慶真昌隆
第四十籤 （上）	光天化日任君遊，家室神歡得所求 知你生前多積善，從來福果也當修	第九十籤 （中）	圖事宜從本分中，貪高望遠枉勞動 一心要折蟾宫桂，足下無雲路怎通
第四一籤 （上）	陰陽由來降自天，合懷百滿孝悌先 人能刻苦定安泰，禄高終身福滿門	第九一籤 （中）	永言配命命由天，逆理横行自若愆 明有覆車前可鑒，急須學種並頭蓮
第四二籤 （上）	清風明月是晴空，瑞氣盈庭喜日臨 桂香蘭香李復柳，一門桃李醉春風	第九二籤 （中）	固本遺風自可安，何須無事起波瀾 若然厭舊從新業，欲得悠閒更不閑
第四三籤 （中）	交友須當識假真，莫因口蜜便相親 假人腹内多藏劍，後恐還被暗殺身	第九三籤 （中）	景福非人可强求，良緣善果力真修 平安若作欺心事，百計謀爲總是休
第四四籤 （上）	泰來否去志偏高，所欲從心不操勞 見義勇爲成大器，萬人頭上逞英豪	第九四籤 （下）	境秋多舛志偏高，名利具是枉費勞 説道己身無大過，祖宗餘孽未全消
第四五籤 （上上）	麟遊周里本非常，盛世昌明海不揚 且喜玉書口裏吐，蒼天有意降禎祥	第九五籤 （中）	遐邇便便姓氏揚，真非忠厚與賢良 要知端的何多福，不肯輕浮半點狂
第四六籤 （中上）	鳳凰好合貴子飛，上下和鳴舌轉聽 佳偶良緣天作主，風高梁孟樣前程	第九六籤 （上）	昌盛無非種善田，何須多計積金錢 若能隨處行方便，報你兒孫可象賢
第四七籤 （上）	呈祥瑞氣靄門閭，定有福星降來臨 可許桂蘭重吐蕊，詩書定可振家聲	第九七籤 （上）	桃園結義稱英雄，白馬烏牛禱天穹 誰名漢家承帝業，千秋萬世仰高風
第四八籤 （上）	神光灼灼自南來，彩應門庭壽城開 從無杖鄉還杖國，杖朝以後杖蟾宫	第九八籤 （中）	千古興亡理在天，葫蘆谷口起火煙 彼蒼有意興兵馬，洪雨滂沱火不燃

續表

靈籤	詩文	靈籤	詩文
第四九籤（上）	在河之洲有雎鳩，鳴得詩歌詠好逑 琴瑟和諧天作合，家家宜室喜悠悠	第九九籤（上）	門前桃李遇春風，四海英才赴瓊林 春色滿園關不住，一枝紅杏出牆來
第五十籤（上）	清雅風規君子儔，高山流水任汝遊 終身玩逸菊爲品，晚節飄香殿九秋	第一百籤（上）	汾陽府内慶華誕，鴻案齊眉福壽全 桑梓同朝沾恩澤，至今忠孝兩雙全

在民國二十一年(1932)重編《大乘傳燈宗譜》中，位於閩西寧化縣龍下里吾家湖鄉水口的則是閩西羅祖教"應華山經堂"，該經堂亦是浮邱、王、郭三仙的香火之地："應華山，又名唐頭寨，在閩汀龍下里吾家湖鄉水口外。歷朝以來崇祀仙佛。奈祀産甚薄，奉祀少人。迨咸豐間，佛堂朽壞，神像頹塌，冷落香火數十年。幸光緒初年吾家湖曾萬福、妻黄氏法名興珠、弟萬明，滿門茹素，仝糸明清師受持五戒清净。不幸萬福仙逝，時黄氏年四十餘，已欲相從地下，徒以經佛解其憂，遍處朝神拜佛。至應佛山見其佛殿神像一壞，頓覺傷心，遂隱居此山。將糧田二十五擔壹籮助出祀奉香燈。勤念《金剛經》。鼎建左畔私廳横屋三植。至光緒十五年，江西寧都齋人陳泰叢，係寧都李新澗之徒。因師爲僧，遊方至此山。興珠復糸(泰)爲師，盡心竭力，披荆剪棘，開墾薗堔，栽插桐茶竹樹。續置什物等項。重修佛龕，添建左畔横屋崇祀《大乘祖經》。山門爲之興盛焉。繪圖以記。"[①]光緒初年，經由曾萬福、黄興珠、曾萬明之手，應華山得以鼎建左畔私廳横屋三植。光緒十五年(1889)，江西寧都齋人陳泰叢入主該經堂，開墾擴建，崇祀《大乘五部六册》實卷，經堂爲之興盛。至民國初年，該經堂住持已經爲鄧上聯，"正殿祀邱、王、郭三尊聖像"：

> 龍下里應華山，即唐頭寨之領袖也。發源已遠，結穴尤靈。其廟建自前明，巽乾向，地址幽雅，山水環繞，舉首瞻眺各山情，無不峙立拱向。又有茂林修竹，羅列其旁，真不愧紫府之名。正殿祀邱、王、郭三尊聖像，顯應無邊。朝拜者，四時不絶。遠近咸沐其澤。近有住持鄧上聯隱居其中，無累於世，虔誠功課，廣通善緣。今信從者益衆。業產逐一振興。香火比前更盛。於戲此勝境，泉甘而土肥，可濯可稼，永遠馨香，宜可預卜云耳。民國二十年歲次辛未仲秋月吉日。各鄉施主仝盥手拜撰。[②]

① 《大乘傳燈宗譜》卷一《應華山記》，民國二十一年(1932)重編。

② 《大乘傳燈宗譜》卷一《應華山廟記》，民國二十一年(1932)重編。

“應華山經堂”在正殿中供奉“邱、王、郭三仙”，可見大乘門對三仙信仰甚重其事。

三、三仙信仰與明清大乘門寶卷

贛南閩西宣卷儀式，所請神明涵括儒釋道三教以及地方神明系統。（見表 3）佛教神明位於神明譜系的最高階位，顯示大乘門仍然自視爲大乘佛教的一個宗派。召請羅祖教歷代祖師則是教派傳承淵源有自的體現。三教諸神則彰顯了民間宗教三教合一的旨趣與追求。邱王郭三仙、熊劉二仙、歐陽祖師、老佛、二佛等是閩西當地興盛的民間信仰，其中的“老佛”指“定光古佛”，“二佛”則是“伏虎禪師”[①]，二者均是閩西客家地區民衆廣泛崇拜的佛教俗神。將民間諸神吸納進自身的神明譜系，無疑是宣卷儀式契入地域社會的有效方式。

表 3　閩西宣卷儀式之神靈譜系

体系	神靈
佛教神明	靈山會上人天教主千百億化身本師釋迦摩尼佛
	過去七佛、十方十佛、五十三佛、百七十佛、莊嚴劫千佛、現在賢劫千佛、未來星宿劫千佛
	清净法身毗盧遮那佛、圓滿報身盧舍那佛、西方接引阿彌陀佛、當來下生彌勒尊佛、十方三世一切諸佛
	文殊師利菩薩、大願地藏王菩薩、普賢菩薩、大勢至菩薩、觀世音菩薩、清净大海衆菩薩、十方菩薩
羅祖教本派祖師	霧靈山得道悟空羅老祖，佛正，佛廣，太寧祖師，春雷祖師，傳燈會上歷代傳法祖師，梁明谷、林應賢、李太寧、劉本通四位護法
三教聖賢	儒釋道三教聖賢、前朝古今歷代聖賢、玉皇大帝、太乙救苦天尊、元始天尊、太上老君、三元三品三官大帝、三百六十應感天尊
地方神明	天下名山顯應浮邱王郭三仙、熊劉二仙、王馬元帥、五穀真仙、五公菩薩、地母娘娘、十八位伽藍、天上人間地府三界内外一切有感尊神，財神老爺、千賢萬聖、本省本府本縣本鄉本村神主、社稷真官、門神户尉、井灶神户、本家歷代先祖先妣一脈宗親千千諸神萬萬聖賢

① 關於客家人信仰的定光古佛、伏虎禪師，參見林國平：《定光古佛探索》，《圓光佛學學報》1999 年第 3 期。

顯而易見,邱、王、郭三仙,在贛南閩西宣卷儀式中被尊稱爲“天下名山顯應浮邱、王、郭三仙”,有時又被稱爲“太華山顯應浮邱、王、郭三仙”。明代,撫州的三仙信仰傳播到江西省最東面的三清山:“近有好事者以撫之太華山三仙奉祠其上,又名少華山。”①“太華山”即撫州華蓋山,“少華山”即玉山縣三清山。

1949 年江西吉安永豐縣抄本寶卷《雜用》②,内載請神儀文多種,其中開香請神儀文爲:

真香就是本來面,本來面目是真香。

三寶就是本來面,萬法歸一無二門。

……誠心叩請無極聖祖至德至尊太上慈聖佛母;太極生兩儀,三才四象,五行八卦,混元一氣,而成三教,救度衆生,拔諸群苦,西方教主,三寶慈尊;無量無邊,諸佛聖賢;叩請元始天尊;極尊今皇上帝;燃燈古佛;大莊嚴古佛;中黄世界,金華藏中,三千六百,不生不滅,太古諸佛;鼎足三分,老君釋迦孔子,三教高真;斗父斗母天尊;孔雀明王尊佛;昊天至尊玉皇上帝;天皇紫薇;土皇地祇;天官地官水官火官大帝;真武玄天上帝;七曲文昌梓潼帝君……

西天二十八代祖師;東土初祖達摩尊者;慧可大師;僧燦大師;道信大師;弘忍大師;慧能大師;西天東土代代相傳四十八代祖師;四十八代祖師;南無救苦救難廣大靈感;南無文殊師利菩薩;南無救苦赦罪地藏王菩薩;當來下生彌勒尊佛;優曇佛祖;接引佛祖;東來佛祖;軍峰大華山仙山邱王郭三仙祖師;神功妙濟許仙真君;功德佛祖;孫大祖師;開元太初古佛;西湖甘露王佛;月殿西彌山王佛;

霧靈山上羅公老祖;祭下庵洞玄公祖……天下五大名山;叢林會下四處經堂……

蓋聞法壇肇啓,萬靈洞鑒,奉三寶衆聖御前,焚香頌恩請福,恭請十方群仙會上,除供迎駕日,謁光開經演教伏佛修因,懇叩天慈,消災度厄,保命延生注福,酬願報德等,因弟子俯伏具呈告明今據大清國江西省吉安永豐縣明

---

① 《廣信府志》卷二《山川》玉山縣“三清山”條,轉引自林宏:《明清時期江西地區民間信仰的地域差異》,碩士學位論文,復旦大學,2011 年,第 58 頁。

② 此《雜用》抄本寶卷,爲民國江西吉安永豐縣大乘門手抄本。封面題“雜用”“民國卅八年四月吉日”,鈐有“李英傑”姓名章一枚。内載請神疏文多種。

德鄉△都△處甲社居住沐恩信人△△領闔家人等沐浴齋戒，同心敬獻，備辦珍饈香供，請動弟子衆等至於家庭，灑掃净處，建置佛座，羅列香花，恭迎△仙山滿堂佛祖，大乘香水，歷代宗師，高等蓮座，供養守護，再申頌請普天之下名山洞府，四處經堂，十方三界千真萬賢，天龍八部一切神祇，同詣其所，升壇行道，燃燈獻果，秉燭焚香，供養禮拜，宣卷談經幾日△宵……

大乘正派羅真人門下法嗣俯伏金階領信人福壽事，上奏今據大清天下江西省吉安府永豐縣明德鄉△都△處甲社居住沐恩信人△△領通闔家人等沐浴齋戒，同心敬獻，備辦珍饈香供，請動弟子衆等至於家庭，灑掃净處，建置佛座，羅列香花，恭迎△仙山滿堂佛祖，大乘香水，歷代宗師，高等蓮座，供養守護，燃燈獻果，秉燭焚香，宣卷談經幾日△宵，特爲△△名下——仗師於家修因，羅列香花燈燭，恭白十方聖賢，現座道場，開演羅翁教主大乘經典，或五部六册全堂，或△寶卷全部，諸天輝燭幾架……

以上所載“開香”儀文，需奉請三教神明一同臨壇，即所謂“十方三界千真萬賢，天龍八部一切神祇”，以及大乘門本門的“大乘香水歷代宗師”，如此衆多的神明稱爲“滿堂佛”。閩贛盛行的三仙祖師在“開香”儀文中，被稱爲“軍峰大華山仙山邱、王、郭三仙祖師”。(見圖 4)“大華山”即“華蓋山”，乃浮邱、王、郭三仙祖師的本山。“軍峰”，又稱軍山，即軍峰山，位於江西南豐縣。軍峰山有三仙洞，地處軍峰山頂，供奉浮丘、王、郭三仙真君，塑有三仙銅像，是南豐民間供奉歷史最爲悠久、延伸範圍和規模最大的廟宇。此山也是福建西部廣大三仙祖師信衆“朝大華”的目的地。

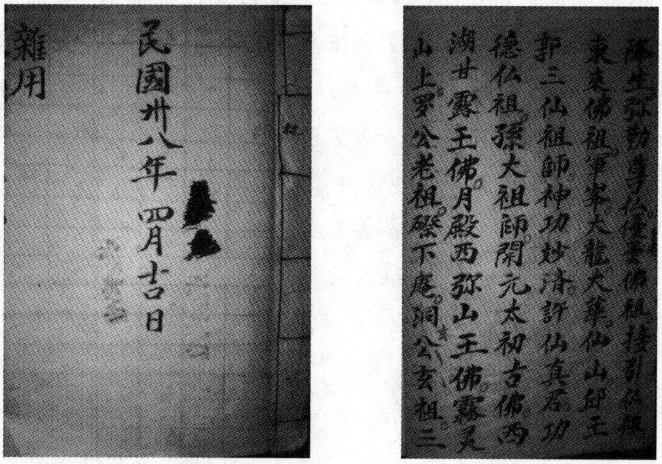

圖 4　1949 年抄本寶卷奉請“軍峰大華山仙山邱、王、郭三仙祖師”

由此看來,道教與閩、贛兩省的民間信仰親密無間,共生共長。

結　語

閩西大乘門圓墩山經堂,是在舊有"三清觀"基礎上發展而成的。圓墩山經堂,又稱圓墩山寺,坐落在閩西寧化縣石壁鎮小吴村東郊,距縣城20公里,孤山突起,形似圓墩,故名。古時爲道觀,至民國初年闢爲佛教寺廟,香火極盛。寺廟周圍森林茂密,原爲全封山,"大躍進"期間,周圍森林慘遭砍伐。1966年寺毁人空。1980年以後,恢復重建。[①] 在民國二十一年(1932)重編《大乘傳燈宗譜》中,圓墩山經堂亦被稱爲"三清廟":

> 藉思木有本而水有源,當知探溯根之深者葉必茂。永誌勿忘家之有譜,如國之有史也。我中國地處環球,各省府州縣頗多庵堂寺觀。僧有僧譜,民有民譜。佛教尤不可無譜。綜儒釋道三教而言,門類雖有不同,皆由萬殊歸於一本者也。溯圓墩山開闢以來,世代源流,支派繁衍,從無譜牒以紀之。誠恐世遠年湮,茫然無所稽考。兹逢大興山重修譜牒,爰是邀集四方齋友,齊發善心,同興義舉,將歷代相傳姓名,録明付梓。庶綱舉則目張,自然有條不紊。想當日盤古草創之初,由平瑕頓起主星,儼如大江映日,來龍長遠,氣脈清奇,茂林蓊鬱,緑水瀠洄。四面峰巒聳翠,一輪皓月當空,誠天地英靈之所鍾致。成一天然之氣象也。所謂山不高,有仙則名,信不誣矣。興創計自何年,末由考究。前朝崇祀太上老君、元始天尊、靈寶天尊,號爲三清仙聖,靈通八極,呵氣化三,竝祀群仙群佛,貌像莊嚴。亘古於兹,聲靈非常顯赫,香火極達興隆。殿宇巍峨,梵堂高廠。左有觀音堂,右有地母閣。膳堂宿舍添置完全。但前人之創建,賴後人以修葺之。前人之缺憾,望後人以彌補之。世遠年湮,難禁飄零風雨。幸有繼起悟全齋娘與一般善男信女,熱心奉佛,鼎力維持。暮鼓晨鐘,朝条禮拜,在此多年,虔祀神燈香火。四處募化,以期儲積基本,暫可擴充。經各善翁踴躍捐資,解囊相助,修理金容,焕彩重新,殿宇美完,神明愈加威靈,黎庶均沾厚澤。助田片,助租石,應助芳名,刊石碑,書匾額,永垂不朽。紀於譜,以冀馨香遠紹,萬世勿墜焉。雖不求福,而福自未可量也。願後世同善諸君子,不忘前人之苦心,以表揚厥功云。是

① 寧化縣佛教協會編:《寧化縣佛教志》,2008年,第74頁。

爲引。民國二十年歲次辛未桂月穀旦。後學孫緝熙敬撰。[①]

對於民間宗教而言,儒釋道三家並無差別,“太上老君、元始天尊、靈寶天尊”乃是太上老君一氣所化,將群仙群佛並祀於廟堂中,使得神明愈加威靈,所以“悟全齋娘”將道教三清觀改建爲大乘門經堂也就順理成章了。獅子峰寺,坐落在石壁鎮官坑村後山上。“分上、中、下三殿,距縣城 23 公里。頂殿建於唐大順二年,幾經修葺。中殿建於民國初年,由官坑張多蓮居士募化興建,酷似望天獅形,故名獅子峰。下殿亦建於民初,肖觀音坐蓮形。中下殿均毀於‘文革’,頂殿鑄鐵瓦全部無存。相傳,清咸豐年間戰火紛飛,官坑一帶難民,因避戰亂,上山後轉危爲安。沿中殿周圍,建有環山石城一座,以抵禦戰火。山上難民以石爲武器,敵人上山時,往下滚石禦敵。時有大霧,山下視線不清,敵人衹好作罷。城基至今尚在。”[②] 光緒年間,大乘門吴興福師傅不忍供奉歐陽真仙的獅子峰朽頹敗壞,發心鼎力勸捐,復修金身神殿:

右圖在寧化龍下里官坑獅子峰壘石磊高峰,形似獅山頂座仙。道光年間,半山建造庵座,供奉歐陽真仙。於同治年朽頹敗壞數十年。於光緒年間,吴興福師觀見真仙身像壞,發心鼎力勸捐,復修金身神殿。崇祀《大乘祖經》,奉祀仙壇,香燈萬載。今幸庚子重修《法譜》,繪圖爲記。時光緒廿六年歲次庚子孟冬月之吉。[③]

方田鄉的“香花山寺”與獅子峰寺異曲同工,初始均爲奉祀民間信仰的廟宇,前者供奉五穀真仙,後者供奉歐陽真仙。據《寧化縣佛教志》載,香花山寺,坐落在方田鄉南城村,“文革”期間,寺廟被毁,僧人還俗。[④] 考之羅祖教民國二十一年重編《大乘傳燈宗譜》,則香花山即大乘門“進興山經堂”:

此山原名“川塘坳”,離南城堡五里,肇自光緒元年,爲五穀真仙而建也。初係五穀真仙化現一小神像於此山,適遇南城堡人經過見之,駭異,遂取其神像歸祀於家。至夜,斯人乃夢神曰:我非尋常神也,吾乃五穀真仙,羡川塘坳龍脈秀麗,化現於斯。神前降乩,亦如之。人皆信之,遂捐金,創造一廟於

① 《大乘傳燈宗譜》卷一《三清廟圖》,民國二十一年(1932)重編。
② 寧化縣佛教協會編:《寧化縣佛教志》,2008 年,第 74～75 頁。
③ 《大乘傳燈宗譜》卷一《獅子峰圖》,民國二十一年(1932)重編。
④ 寧化縣佛教協會編:《寧化縣佛教志》,2008 年,第 84 頁。

川塘坳，祀五穀真仙像，名其曰“香華山”。禱求必應，遠近咸賴庇祐。迨光緒十三年，小南坑張群善師及南城堡余超進師娘自幼持素，克守清規，見此山清净，堪爲修行勝境，仙佛亦可同居。二人遂住持於斯，裝塑觀音大士、文殊、普賢金身，崇祀《大乘祖經》，仙壇兼爲佛殿。更其山曰“進興山”。因狹窄難容，創建下廊，及左畔横屋，恢恢乎較前不勝壯觀。復廣置香田，恢擴祖教，丕振大乘宗風。惟望後之人，不忘真仙採擇之靈，諸善草創之力，二師完美之功，繩繩繼繼，相傳勿替焉耳，是爲記。①

歐陽真仙、五穀真仙是閩西盛行的民間信仰，清朝光緒年間獅子峰、香花山(即進興山)由供奉歐陽真仙的民間信仰廟宇一變爲大乘門經堂，時至今日，再變爲佛教寺廟。可以想見，歷史與現實中，大乘門已經與閩西佛教、道教密切相關，羅祖教並非是附佛外道，而是閩西佛教、道教历史中不可或缺的部分。

[本文是國家社科基金冷門絶學項目“道教與民間寶卷研究”(項目編號：19VJX135)階段性成果]

(責任編輯：趙衛東)

① 《大乘傳燈宗譜》第一册“進興山圖”，民國二十一年(1932)重編。

道教文獻語言研究中的文字校勘問題

——以《中華道藏》所收《高上玉皇本行集經》爲中心

□劉祖國　桑萌春

摘要:《中華道藏》爲《道藏》研究者提供了一個閲讀方便的版本,然因時間仓促,書成衆手,《中華道藏》在文字校勘方面多有可商之處。《中華道藏》第 6 册所收《高上玉皇本行集經》,存在 30 餘處文字校勘問題,大致可分爲形近致誤、俗字未辨、轉録疏誤、脱字漏字、誤校失校等情况。本文利用文獻學、文字學、詞彙學、語法學等手段,對這些疏誤予以揭示,希望爲今後的道教文獻整理與研究提供參考。

關鍵詞:《中華道藏》　《高上玉皇本行集經》　文字　俗字

作者簡介:劉祖國,1981 年生,山東臨清人,山東大學文學院副教授,主要從事漢語史、道教文獻整理與語言研究。桑萌春,1995 年生,山東濰坊人,文學碩士,濟南實驗高級中學教師,主要從事語文教學與語言研究。

《道藏》是道教研究的主要資料來源,《道藏》卷帙浩繁,思想駁雜。1988 年,文物出版社、上海書店、天津古籍出版社聯合影印出版明《道藏》,即三家本《道藏》,有力推動了中國道教研究的發展。

2004 年,華夏出版社整理出版《中華道藏》,以三家本《道藏》爲底本,收書範圍更廣,把明《道藏》失收或有版本價值者補入其中;在道經分類方面也不同於傳統的"三洞四輔"分類法,而是按照經文内容重新編排;另外還對經文進行了校勘整理,施以新式標點。《中華道藏》是繼明《道藏》之後,"對道教經書首次進行的系統規範的整理重修,爲使用《道藏》的人提供了一個收録較全、閲讀方便的版本"[①]。然因時間仓促,書成衆手,《中華道藏》在文字校勘方面多有可商之處。

道教文獻語言研究,自 20 世紀 90 年代始,逐漸成爲漢語史向縱深發展的新

① 楊琳:《古典文獻及其利用》(第四版),北京:北京大學出版社,2018 年,第 148 頁。

的學術生長點。明《道藏》經文理解殊爲不易,於是不少研究者轉而將眼光投向了現代標點整理本的《中華道藏》。

《高上玉皇本行集經》爲道教重要經典,簡稱《玉皇經》或《皇經》,是道士齋醮祈禳及道門功課的必誦經文。經文内容乃元始天尊演説玉皇出生修行證道等經過,以及奉誦此經的功德。這部道經主要的注本有三個,即託名張良校釋《高上玉皇本行集經》、明代周玄貞纂集《高上玉皇本行經集注》、清代柳守元注《高上玉皇本行集經》。《中華道藏》第 6 册將三個注本皆收録其中。我們將《中華道藏》與三家本正統《道藏》對比發現,《中華道藏》(下文省稱《中華》)中有 30 餘處文字校勘問題,大致可分爲形近致誤、俗字未辨、轉録疏誤、脱字漏字、誤校失校等情況。本文擬綜合利用文獻學、文字學、詞彙學、語法學等手段,對這些疏誤予以揭示。因爲這些問題具有一定的普遍性,故亦適用於其他道經,希望爲今後的道教文獻整理與研究工作提供參考。

1.以罪犯過重,故延及親族。惟若此,則爲法網雖延。(z6/333a)[①]

按:"法網雖延"不辭,《道藏》d34/633b 作"法網難逃",當據正。

"難""雖"二字形近而訛;"逃"在《道藏》中寫作"𨔁",這是"逃"的俗字,亦可見於明清刻本小説[②]等同時代其他文獻,《中華》不辨俗字而致誤。

考《道藏》文例,"難逃"是道典常見表述,多與"法網""天網""網羅"構成動賓結構,或主謂結構,例如"罪當萬坐,難逃天網之恢恢"(d34/441b),"雖天網之難逃,在人心之知覺"(d9/37c),"决入鑊湯獄,難逃鐵網羅"(d25/586c)。從語法上來説,"則爲法網雖延"是講不通的。

2.知大道之高,三清之尊,按誠企慕,皈身、皈神、皈命,上達真心。(z6/334c)

按:此處"按"字,《道藏》d34/634c 作"投",《中華》本因字形相近而訛誤,當以《道藏》本爲是。

① 文中例證均標注所屬册數、頁碼和欄數,若引自文物出版社、上海書店、天津古籍出版社 1988 年聯合影印版《道藏》,本文用 d9/518c 表示引文在影印版《道藏》第 9 册第 518 頁第 3 欄,"d"表示影印版明代《道藏》,"a、b、c"分别表示第 1、2、3 欄。引文在《中華道藏》第 6 册第 333 頁第 1 欄,本文用 z6/333a 表示,"z"表示《中華道藏》。注釋文字用小五號字體,以區别於原經。

② 曾良:《明清小説俗字典》,揚州:廣陵書社,2017 年,第 608 頁。

“按誠”不辭，“投”有遞送之義，“投誠”即投獻誠心，道經中“投誠”一詞常見，例如“燒香散花，稽顙投誠”（d7/819b），“投誠懇切，望聖矜憐”（d3/518a）。其他文獻亦見，如唐李商隱《同州任侍御上崔相公啓》：“感恩撫己，誓志投誠，仰維輝光，終賜埏埴。”

“投”字誤作“按”字，《中華》本非個例，又如：

長跪懺悔。長跪，俯伏地上，按誠盡恭。（z6/339c）

按：《道藏》d34/637a 作“投”，“按誠”不辭，當據《道藏》本改。

3.仰啓大羅天，無上玄穹生。（z6/335a）

按：“生”爲“主”字之誤，《道藏》d34/635a 本作“玄穹主”，且下文有吕純陽注語：“玄穹主，穹窿蒼穆，諸天都教主。”可知“玄穹主”爲所有天都之教主。另外，文昌帝君、孚佑帝君合注《高上玉皇本行集經》亦作“無上玄穹主”（箕集一・三）[①]。《中華》本中吕純陽之注無誤，却於經文中誤作“玄穹生”，蓋因“生”“主”字形相近而轉録失誤，此當作“主”。

4.神聰聽聆祀誦音聲。（z6/335b）

按：《道藏》d34/635a 作“神聰聽聆祝誦音聲”，《中華》本“祀”字當爲“祝”字之誤。

“祝誦”義爲禱祝諷誦，常見於道經之中，例如“若不整法服，清净祝誦，失其節度，皆五帝考之”（d9/865b），“凡存念祝誦，悉皆如此也”（d2/528a）。

5.諷此經，永誠不改而参持，故云至心皈命禮。（z6/335c）

按：“参”字爲“恭”字之誤。《道藏》d34/635a 本作“恭”。“参持”不辭，而“恭持”一詞見於《皇經集注》之中：“見聞經者，當凛然恭持，不見聞者當惕然求遇。”（d34/723b）

“恭持”義爲恭敬持奉，也常見於其他道經中：“妙術恭持，必無畔戾。”（d5/567c）“恭持法信，上贊神明。”（d3/565b）

---

① 柳守元所注《高上玉皇本行集經》以清光緒三十二年（1906）成都二仙庵住持閻永和、新津彭翰然重刻，井研賀龍驤校訂的二仙庵版刻《重刊道藏輯要》爲底本。本文用“（箕集一・三）”表示引文在《重刊道藏輯要》箕集第一卷第3頁，卷數與頁碼之間用“・”隔開。

6.仁感惠愛,温和謙遜。(z6/338c)

按:《道藏》d34/636c作“仁慈惠愛,温和謙遜”,《中華》本“感”字爲“慈”之誤。

從注釋學的角度來看,此句是經文“慈愛和遜”的注文;從注釋語境來看,顯然“仁慈惠愛”是對經文“慈愛”的注解,以複音詞爲單音詞作注,是《皇經集注》常用的注釋方法之一。因此,經文“慈愛和遜”的注文相應地當爲“仁慈惠愛,温和謙遜”。

7.敷落神真。敷布落普神真,以流聖教,語落典章即此意。(z6/341c-342a)

按:“普”字在《道藏》d34/638a中的形體爲“着”,此形體爲“著”之俗體,“着”與“普”之形體相近,《中華》誤作“普”,當改爲“著”。

“落普”難解其義,“落著”可釋爲安排、布置。從注釋語境來看,“敷落神真”是經文,其後爲注文,《皇經集注》中常見將經文中的單音詞擴展爲雙音節以作注。此處以“敷布”釋“敷”,以“落著”釋“落”,“敷布落著神真”即謂敷布安排神仙真人,《元始無量度人上品妙經四注》:“敷落神真,普度天人。東曰:敷,布也。落,置也。元始隨運度人,布置神真,以立三十二天,安鎮五嶽,普度天人也。”(d2/218c)此句亦可爲輔證。

傳世文獻中,“落著”尚有同素逆序形式“著落”,二者義同,清李漁《慎鸞交・棄歸》:“如今死的便死了,還有一個活的,留在那邊,不伶不俐,叫我怎生著落他?”

8.乘駕五色龍載之輦輿,擁簇光濯妖景旌節,蔭罩明輝霞光寶蓋。(z6/357a)

按:此句屬注文。“光濯妖景”其意難解,《道藏》d34/652a本作“光耀妙景”,道書中“妙景”屢見,“妖景”不辭,“妙”“妖”形近而誤,當據正。

“擁簇光耀妙景旌節”是對經文“擁耀景旌”的解釋,《皇經集注》中常見用雙音節詞解釋單音節詞的注釋方法,例中以“擁簇”對釋“擁”,以“光耀”釋“耀”,以“妙景”釋“景”,以“旌節”釋“旌”,經文“擁耀景旌”即“擁簇光耀妙景旌節”之意。

9.諸玉女神化無方，悉且六通，是神通與帝同。(z6/363b)

按：《道藏》d34/658a 作“悉具六通”，《中華》本轉録有誤，“且”當作“具”，意謂玉女都具有六通，所以在神通方面與帝相同。

10.下策地衹，簡策旨命之也，非策鞭之策。(z6/389a)

按：“衹”當作“祇”，《道藏》d34/681a 作“祇”，當據正。“地祇”即地神，東晋葛洪《抱朴子内篇》：“余問諸道士以神丹金液之事，及三皇文，召天神地祇之法，了無一人知之者。”(d28/181c)“衹”多用作副詞，“相當於‘僅僅’，後作‘只’”[①]。《史記・項羽本紀》：“且爲天下者不顧家，雖殺之無益，衹益禍耳。”

“衹”與“祇”形近易訛，《中華》本失誤並非一例：

天神地衹，及諸河源，五嶽四瀆，及諸名山。(z6/414a)

《道藏》d34/703c 本作“祇”。經文中“天”“地”對舉，“神”“祇”對文，《中華》本當正之。

11.或持誦而始動終怠。(z6/397a)

按：“動”字，《道藏》d34/688b 作“勤”，當據改。“始勤終怠”，“始”與“終”對舉，“勤”與“怠”對舉，怡然理順。

揆之文例，除此例外，“始勤終怠”凡兩見，“若疑惑間斷，始勤終怠，口應心非，無正信堅固圓滿，心無至誠以感之，則雖求亦不得矣”(d34/690a)，“人惟無恒，始勤終怠，無怪乎罪業之及也”(d34/711a)。

12.右制水秘文二十四字，書于洞陰朔單鬱絶元臺，主攝九海水帝，制水中萬精，主召蛟龍興雲致雨事。(z6/387c)

按：“九”字當作“北”，《道藏》d34/679c 作“北海水帝”，蓋因此處文字較小，《中華》本轉録致誤。下文此句重出，“九河傾訖，驛龍風馳六句二十四字，制水祕文，書于洞陰朔鬱元臺，主攝北海水帝，制水中萬精，主召蛟龍興雲致雨事”(d34/

---

① 《漢語大字典》編輯委員會:《漢語大字典》，成都：四川辭書出版社、武漢：湖北辭書出版社，1986年，第 3282 頁。

680a)。故應改之。

13.雖非等天地,永世守,慶流後代,福澤綿達,相承不絕。(z6/397c)

按:“達”字當爲“遠”,《道藏》d34/689a 作“福澤綿遠”,當據改。同篇下文尚有“福澤綿遠,奕葉相仍,故曰慶流子孫”(d34/689c)。可資參證。

14.故六合之外,存而不論,六合之內,淪而不議,非不能言,言易起人之惑,不如無言。(z6/407b)

按:“淪”,《道藏》d34/693b 作“論”,當據改。從文理上説,“六合之外”與“六合之内”對舉,前言“六合之外,存而不論”,此言“六合之内,論而不議”,文意相協,故應以“論”爲是。

15.勑命隆魔力士。(z6/411b)

按:《道藏》d34/701a 作“[illegible]”,此乃“降”之異體,《中華》本不辨俗寫而致誤。另外,白文本作“降魔力士”(d1/705b),張良校釋本亦作“降魔力士”(d1/738a),皆可資參證。

16.况邪有假神以感人,人有崇邪以誑俗。(z6/412c)

按:“感”,《道藏》d34/702b 作“惑”,“感”與“惑”形近而訛。“邪有假神以感人”不合情理,“感”字謬矣!

17.世之迷徒旁門,不知恬、倫受福於兜率天,以兹二人有地獄之報。(z6/330c)

按:“以兹二人”之“兹”轉録有誤,《道藏》d34/631c 本作“爲”,或因影印本“爲”字形較小,被誤認作“兹”。“以爲”即認爲,此處意謂説世上迷失正道之人,不知道蒙恬、蔡倫在兜率天受福,却認爲他們二人遭到了地獄報應。

18.陰陽妙化,人人固有。不脩道,同陰爲幽趣,腐尸朽骸,輪業之根;悟道脩真,則陰亦身之正氣,六丁呈妙,静焕天光。(z6/362a)

按:"同陰爲幽趣"不辭,《道藏》d34/656c 作"則陰爲幽趣","同"爲"則"之誤,當據改。體其文意,"不脩道"與"悟道脩真"正反對舉,"不脩道,則陰爲幽趣"與"悟道脩真,則陰亦身之正氣"文意相對,"則"字文從理順。

19.無色無名,無形無緒,無音無聲,混沌太無,靈文聣音捻,不明也譪於蓋切。(z6/376b)

按:"捻",《道藏》d34/669b 本作"掩",當據改。

《玉篇·耳部》:"聣,耳。""聣"於檢切,今音 yǎn。"掩",《廣韻》衣檢切,今音 yǎn。當以"聣音掩"爲是。

20.雲綿之囊,雲霞天錦,道化自然光結,非天孫之織錦也。(z6/382c)

按:"綿",《道藏》d34/675c 本作"錦",《中華》本轉録失誤。此句爲注文,其上經文即作"雲錦之囊",注與經當文字一致。

21.主召神仙玉簡宿命總仙籙。(z6/384a)

按:"籙",《道藏》d34/677c 作"炁",當據正。蓋因影印本明《道藏》此處字小而擁擠,導致《中華》本文字訛誤。下文此句重出:"主召神仙玉簡宿命總仙炁。"(d34/678b)可資参證。

22.鎮星補脾至金馬驛傳四十字十句。(z6/385c)

按:《道藏》d34/678b 作"鎮星輔脾","補"當依《道藏》本作"輔"。此處爲注釋文字,原經文即作"鎮星輔脾"(d34/677c),故當據正。

23.赤書符命,風水驛傳。(z6/386c)

按:《道藏》d34/678c 作"風火驛傳","水"爲"火"之訛,當據改。且其後注文引此經文亦作"火"字:"西山神咒至風火驛傳十二句,四十八字,迺制水秘文。"(d34/679a)

24.人能終至道,持真經,無論雨水所霑,風塵所及,即風雨所不及,水塵所不霑,三千大千世界,永霑法利矣。(z6/402c)

按:"終",《道藏》d34/693b 本作"脩",《中華》本轉録失誤,當以《道藏》本"修"爲是。

25.功德品讀三十一章(z6/402c)

按:《道藏》d34/693b 作"功德品續三十一章","續""讀"形近易誤,當據改。且經文前後章名皆作"功德品續",未有作"功德品讀"者。

26.從其教者以爲佛説人所不能説,妄以爲高,不知佛生外域,殊俗異類,要荒小固,環之者衆,釋氏就其見言之,中國不知。(z6/407b)

按:"固",《道藏》d34/693b 作"國","小固"不辭,當改之。

"要荒小國"即遠方小國。要,要服;荒,荒服。"要荒"古稱王畿外極遠之地,亦泛指遠方之國。漢劉向《新序・雜事二》:"昔者唐虞崇舉九賢,布之於位,而海内大康,要荒來賓,麟鳳在郊。"《文選》班固《典引》:"卓犖乎方州,洋溢乎要荒。"李周翰注:"要荒,違國也。""殊俗異類,要荒小國"上下連言,文意相協。

27.或從拯字,拯救悟道成真,意亦是。六趣難脱,太上垂慈教化,拔濟神人鬼物出塵,故亦作拯。(z6/337b)

按:"救"字有誤,當作"拔"。《皇經集注》中"拔"多寫作"扳",此乃"拔"之俗體,此例與其後"拔濟神人鬼物出塵"之"拔"均作"扳",《中華》本轉録失誤,當改。"救"之俗寫,有作"捄"或"敉"者,與"扳"形似,《中華》本不辨俗字而致誤。又,"拯""拔""救"三者義近,也是《中華》本致誤可能之一。

28.玫經意,玉帝爲天主,諸佛師,御黄金闕,爲玄都穹蒼宗老,故云祖。(z6/366a)

按:《道藏》d34/660b 作"玉帝爲諸天主,諸佛師",《中華》本漏一"諸"字,當據正。

29.皆太上無上大光明圓滿神咒空洞自然之書。(z6/384b)

按:《道藏》d34/677b 作"皆太上無上大光明圓滿大神咒空洞自然之書",《中華》本

“神咒”前脱一“大”字，當補。

30.玉樹仙花，蒨燦珠寶。(z6/346b)

按：白文本作“玉樹仙花，蒨燦珠實”(d1/696a、z6/272b)①，張良校釋本作“玉樹仙花，蒨燦珠寶”(d1/712b、z6/289b)。可知，關於此句經文，白文本作“實”，張良校釋本作“寶”。

《中華》也許是依據張良校釋本而改，但《皇經集注》中的這句經文在《道藏》中作“玉樹仙花，蒨燦珠實”(d34/642a)。考慮到白文本作“實”，以及此處《道藏》底本作“實”，《中華》不應擅改“實”爲“寶”。

另外，《皇經集注》此處經文下有注文，兩處涉及對“玉樹仙花，蒨燦珠實”的解釋，《中華》本的誤校導致注文混亂。

31.玉枝寶樹，仙瑞奇花，蒨燦珠珍之寶，妙景秀輝。(z6/346b)

蒨，華光之顯輝者。珠寶，珠寶之實。丹田，玄都丹陛之田耳。(z6/346b)

按：第一處注文“蒨燦珠珍之寶”，作“寶”尚勉强可通。第二處注文“珠寶，珠寶之實”，作“寶”則令人費解，“珠寶”如何能解作“珠寶之實”？

驗之明《道藏》：

玉枝寶樹，仙瑞奇花，蒨燦珠珍之實，妙景秀輝。(d34/642b)

蒨，華光之顯輝者。珠實，珠寶之實。丹田，玄都丹陛之田耳。(d34/642b)

若從《道藏》本作“實”，則怡然理順，焕然冰釋；《中華》本作“寶”，謬矣！

32.夫天福雖有盡，一持念是真絰，或立道場，即除亡人並同苦獄魂之罪，使生天上；若永遠奉持，功德豈有窮盡耶？(z6/400c)

按：《説文解字・糸部》：“絰，喪首戴也。”上例中作“絰”，令人費解。

《道藏》d34/691c作“**絰**”，此句前後之“經”字，字形均作“**絰**”，“經”與“絰”

① 爲便於發現錯誤，進行對比，此例同時列出明《道藏》和《中華》本的頁碼位置。

形近易混。此句爲注文,是對前面經文“當爲亡人持念是經,或安置道場,旛花供養,即得亡者鬼籍盡除,神生净土”的解説,從經文注文之解釋與被解釋的關係來説,“経”當改爲“經”,“持念是經”意爲奉持誦念這部道經,故作“經”字爲是。

[本文爲國家社科基金項目“道經故訓材料的發掘與研究”(項目編號:18BYY156)階段性成果]

(責任編輯:胡常春)

全真道與經典詮釋國際學術研討會綜述

□魏淑賢

2021年7月17日至18日，由山東大學儒學高等研究院、香港青松觀全真道研究中心主辦，山東宣道文化傳播有限公司協辦的“全真道與經典詮釋國際學術研討會”在山東榮成召開。來自海内外各大高校、科研院所、著名道教宫觀的近60位專家學者與高道大德參加了此次盛會，其中30多位專家學者提交會議論文。會議在山東大學哲學與社會發展學院郭武教授的主持下拉開帷幕，山東大學儒學高等研究院副院長徐慶文教授、學者代表中國道教學院朱越利教授先後致辭。此次學術研討會主要圍繞“全真道經典詮釋理論研究”“全真道教理教義研究”“道教歷史與文獻研究”三個子題展開，兹將各位學者的觀點作如下分類綜述。

一、全真道與經典詮釋研究

西方詮釋學理論傳入中國後形成了獨具特色的經典詮釋學，經典詮釋學不僅關注對文本的理解與解釋，而且重視通過詮釋來開啓經典的當代意義，促進道教詮釋學理論體系的建構。全真道既以三教合一爲立教宗旨，其經典中所體現的儒釋思想、丹道學説與周易理論構成了獨具特色的詮釋學理論體系，與會學者紛紛就此問題撰文討論。

道教内丹修煉的理論基礎源於老子的道論，全真道繼承這一思想，並在此基礎上將修煉内丹與證真成仙相聯繫。中國社會科學院世界宗教研究所戈國龍研究員在《道教内丹學論成仙的可能性》一文中就此問題展開討論，指出“道”是成仙的本體論基礎，内丹修煉的最終目的是回歸道，所以内丹學對道之本體的把握是成仙之所以可能的根本依據。内丹修煉的宗旨是生道合一，通過生命的自覺意識實現返本還原，使生命的本源與道合一。性通於道是成仙的根據，那麽内丹學返本還原的修煉過程便爲實現見性合道的神仙境界提供了理論前提。全真道將老子思想視爲立教之本,全真道後學注《老》成風,因此華中師範大學道家道教研究中心劉固盛教授特此撰文《論全真道老學的詮釋特點》。文章詳細論述了全真道老學的三個詮釋特點:以真常立宗,闡性命之理,修無爲之德。鄧錡、陸西星、宋常星等人均以"真常"釋道,李道純、劉一明等人以性命之學解《老》凸顯了丹道理論對老子思想的實踐,潘静觀、何道全的《老子》注則重釋了"無爲"的雙重含義,將"無爲"視爲内丹修煉的具體方法及修身理國的最高境界。

華中師範大學道家道教研究中心的肖海燕副教授與中國人民大學哲學院的博士研究生劉嘉欣分別撰文討論了全真道老學中的道論。肖海燕副教授在《論元代全真高道陳致虛的老學思想》一文中以陳致虛爲例,分析了其對"可道"之道與"非常道"之道的理解,並指出"有"與"無"是認識道的兩種方法。陳致虛從三教合一的立場出發,將三教之道歸爲金丹之道與自然之道,並將老子之道與"金丹"等同。劉嘉欣博士的論文《言道與行道:李西月的道論研究》深入分析了李西月的道論。李西月從道之體與道之用兩個維度來論述可言説的道,並將煉丹與修仙視爲兩種具體的行道方式,這種言行並重的道論是對儒家道德倫理與治世方式的繼承與發揮。

北京師範大學哲學學院章偉文教授在《〈黄帝陰符經集解〉中所載鍾離權〈解〉釋義》一文中,詳細分析了託名鍾離權所作的《陰符經》注如何詮釋"神仙抱一演道章""富國安民演法章""强兵戰勝算術章"的主旨,進而指出此注的三個詮釋特點爲强調《道德經》清静、符契自然之理,遵循唐宋以來鍾吕内丹道的基本修煉原則,將道家自然無爲等精神運用於丹道修煉中。南京大學哲學與宗教學系博士研究生張維的論文《論李道純的性命雙全思想》,就李道純性命一理與性命雙全思想的易學基礎展開討論,指出李道純從易理而言性命,以易道之陰陽統一形體、性情與神氣,以心易會通天易與聖易,將神氣修煉與性命相生相貫通。通過對藥物、火候等概念所具有的含義進行不同層面的區分,李道純將性命雙全的工夫路徑分爲先性後命、先命後性、性命雙了。

在丹道經典的詮釋過程中,除了閲讀文本,參與式體驗也是重要的詮釋方法。臺灣體育大學通識中心梁淑芳教授在《以詮釋學觀點論〈嶗山道教金山派丹法存抄〉之修行觀》一文中就明確了此方法的重要性,並運用此方法分析了匡常修所作《嶗山道教金山派丹法存抄》中的修行觀。匡常修將内丹修煉的關鍵原則總結爲"以習静入手""聚性止念""周天法輪轉",這是對王重陽與丘處機所傳内丹功法的實踐與再詮釋。因此,對於内丹派的修行者而言,其對文本的理解過程體現在其宗教實踐與宗教體驗中。進而言之,參與式體驗的存在爲丹法的民間化提供了可能性，馬來西亞道教學院王琛發教授在題爲《内丹傳道的民間化與民俗化》的發言中指出，馬來西亞民間所流傳的丹道修煉手册體現出普通信衆對丹法的通俗理解，他們重視丹法的可操作性與實用性，甚至將其視爲養生功法。因此，内丹功法的民間化使晦澀難懂的丹法更加通俗易懂。

除了詮釋方法的創新，詮釋視角的轉換也拓展了丹道理論的研究空間。中山大學哲學系博士研究生李哲奇在《“體知”視閾下的丹道煉養——以〈道德會元〉爲例》一文中，就以杜維明先生所提出的“體知”工夫爲切入點，重新詮釋了李道純《道德會元》中的丹道思想。文章通過考察“體知”在丹道修煉中的具體作用，指出祇有借此方式纔能實現萬物爲一的先天境界，促使煉丹的最終目的從追求長生向追求超越生死的境界過渡。這一重釋不僅補充了“體知”原本的内涵，而且爲丹道研究的去神秘化提供了新的思路。

二、道教教理教義研究

關於全真道教理教義的研究，則主要集中在王重陽創教初期及全真七子時期。山東大學哲學與社會發展學院郭武教授在《教制改革與全真道在山東的興起》一文中，考察了王重陽創立“三州五會”的原因及其作用，並指出“三州五會”是王重陽對傳教方式的變革與道教組織形式的創新，這一舉措對於當代道教的發展具有重要借鑒意義。中央民族大學哲學與宗教學學院尹志華教授也在其論文中指出構建當代道教教義體系對道教發展具有指導意義。他在《道教教義的當代詮釋》一文中重新梳理了道教教義的範疇，對尊道貴德、道生氣化、道顯爲神、道不離物、道法自然、道性平等、循物喪真、功行雙全、齊同慈愛、生道合一這些教義的基本内容進行了詳細闡釋，並指出這些範疇是構建教義體系的理論基礎。華中師範大學道家道教研究中心博士研究生魏淑賢的論文《王重陽真性觀初探》則闡釋了王重陽思想中真性範疇的内涵，通過對比唐代道性論中的“真一”觀與王重陽的覺性觀及回光説，指出王重陽的真性觀是從性命雙修的實踐角度詮釋了佛教的覺性説與老莊的光論。

蘇州市道教協會、蘇州城隍廟熊建衛道長的論文《重陽教理：矯枉和創新》圍繞王重陽創教初期提出的教義展開研究，重新分析了他當時提出住庵苦修、斷情滅欲、化緣破執、雲遊問道等教義的根本原因，並指出王重陽將三教合一等觀念融入全真教義是爲了順應當時社會與民衆的需求。對於當時道教的發展而言，他創建了一套適應時代發展的教義體系，這不僅是對前朝道教弊端的矯正，更是對傳統道教的繼承與創新。

在全真教義的完善過程中，全真玄學的建立爲弘揚教理作出了巨大貢獻，因此中國社會科學院古代史研究所宋學立副研究員撰寫的論文《玄門之師與金元時期全真玄學教育的發展》便以全真玄學教育爲主題，分析了玄學教育在不同時期的發展特點。在“前玄學”時期，玄學教育的發展主要體現爲高道與文人精英的互動；在“玄學”時期則形成了相對完善的教育體系，教職人員的分工也更加明確具體。由此可知，玄學教育的發展與教門發展程度，及統治者的重視程度有密切關係。除了玄學教育的發展，掌教的更替也是影響教義變化的重要因素，所以有必要重新考釋全真掌教中存在爭議的問題。河北工程大學文法學院韓占剛博士的論文《“七真時代”的全真掌教問題考辨》就對馬鈺、譚處端、劉處玄等人的掌教情況展開討論，並指出“四子説”與“七真説”的形成爲丘處機與王處一證明各自掌教身份的合法性提供了依據。文章指出，過去被認爲是丘處機作品的《蒲察大使索海市詩》，其真正作者是馬鈺。通過重新考證這一誤解産生的原因，可以看出丘處機的西行之旅關涉教内與朝廷對其掌教身份的認同。

三、道教歷史與文獻研究

目前，明清全真道歷史與文獻的研究逐漸成爲學術熱點，與會學者根據其所發現的碑刻、檔案、寶卷及方志等資料，撰文討論了全真道的整體發展及其在不同地域的傳續，道教文獻的整理與編印，道教與民間宗教的關係等問題。

(一)全真道歷史研究

北京師範大學哲學學院的强昱教授在題爲《明代後期思想解放運動與道家道教的關係》的發言中，論述了明代後期全真道在面臨西方思想的衝擊時所采取的應對方式，以及這種回應對之後全真道及道教的發展産生的重要影響。四川大學道教與宗教文化研究所的張澤洪教授與張卓博士合作發表的論文《全真道與唱道情關係考察》，從全真道與唱道情的關係入手，透過唱道情分析了全真道的發展。從道情的具體内容來看，元雜劇重在刻畫全真道的仙真形象，演繹神仙的修道事迹，吟詠全真道士的證道心境，而明代的道情則側重述説修真煉性之理及内丹修煉的過程。從道情内容的變化可以看出，道情成爲全真道士向民衆傳授丹法的一種方式，而民衆對此類道情詞的接受也間接體現了民間對全真道的接受與認同。齊魯工業大學(山東省科學院)馬克思主義學院秦國帥副教授的論文《劉處玄宗教形象的確立及近代演變》也從劉處玄宗教形象的演變入手，考察了近代全真道士在複雜的宗教生態環境中對自我身份的認同與接受。文章根據金元時期的教史與晚明以來的仙傳,分析了劉處玄從全真宗師演變爲娼妓護法的過程,並指出仙傳編纂者對此所持的不同態度與敘事方式。對於清末民初面臨的救國治世等問題而言,他們的這種選擇是可供借鑒的宗教智慧與文化方案。

隨著全真道宗派問題研究的不斷深入,明代全真道士侯圓方所開創的"樓觀三丰派"受到學界重視。長安大學哲學研究所劉康樂副教授與陝西省社會科學院宗教研究所張方研究員都結合碑刻、方志等史料來考述這一支派的傳承情況。劉康樂副教授的論文《明代全真"樓觀三丰派"的道統與法統》主要考察了樓觀三丰派的形成過程與傳承脈絡,並將此派的發展特點歸納爲傳道活動集中在終南山地區,傳承道法兼容並包,多派道士和諧共存。張方研究員的論文《明代樓觀全真道傳承考略》則從侯圓方及孔潛真的修道經歷入手,分析了他們擔任住持的原因。侯圓方因身兼多派傳承,所以有能力受命修普天大醮,掌理宗聖、重陽等宮觀,而孔潛真則因能力出衆而受到劉淵然的支持擔任住持。綜觀樓觀支派發展的興衰小史可以發現,隨著清初全真龍門派的復興,侯圓方想要將樓觀支派發展爲"大宗""大道"的構想也隨之湮没。

與部分身兼多派傳承的高道相同,明初高道劉淵然也身兼全真、净明、清微三派的傳承,但學界過去的研究重心是净明法嗣的身份,對其全真身份的考察略顯不足。因此,來自美國佛羅里達大學宗教系的王崗教授就在題爲《明初高道劉淵然"全真身份"考辨》的視頻發言中分析了劉淵然思想中的全真成分,爲進一步探究其真正的自我認同及宗派意識提供了新的研究方向。江蘇師範大學中華家文化研究院黄吉宏博士的論文《法與師之間:劉淵然與明初全真"道統"建構的雙重面向》,從劉淵然接續全真"道統"的方式入手,考察了其道統所展現的雙重面向。一方面,劉淵然等人以還原全真教旨爲目的,通過解構教史、完善教制來建構全真道統,體現了"傳法嗣師"的主體性;另一方面,"倚法重師"的師徒傳承方式使師傅的言傳身教更甚於道法本身的影響。因此,重新反思"法"與"師"之間的互動對當下整合全真、正一、構建"新道統"具有啓示意義。

與身兼多派傳承的高道不同,方從義作爲元末明初著名的道士畫家,其雙重身份對道法傳承的影響值得深入研究。復旦大學中國古代文學研究中心許蔚副教授在《方方壺叢考》一文中就對方從義生平事迹等問題中存在的誤解進行了重新考察,並重點分析了其道法脈絡與教門行履。文章根據方從義的家族傳承及關於其書畫作品的文字記載梳理了其與桂心淵、金蓬頭之間的關係,並指出其所修龍虎丹訣源自金蓬頭,所配雷門忠孝道法以雷門苟、畢二帥爲主將,這爲之後深入探討其宗派傳承等問題提供了思路。

隨著區域道教研究的推進,全真道在不同地域的發展及其與區域文化的關係也受到廣泛關注。以全真道的發源地爲中心,關學與全真道的關係成爲研究主題,陝西省社會科學院宗教研究所潘存娟副研究員在題爲《儒道互補:早期全真道與關學的關係》的發言中,從地方學派與地域學風的視角出發,討論了關學與全真道這兩個分屬不同思想體系的學派之間的相似性。以早期全真道與關學的關係爲視角,文章指出王重陽所堅持的"性命雙修"觀與張載所主張的"爲天地立心,爲生民立命"的修身觀在當時成爲一種儒道互補的地域學風。蘭州大學敦煌學研究所劉永明教授與蘭州大學歷史文化學院吴華鋒博士合作發表《明清民國崆峒山全真教派考述》一文,透過全真道在隴東地區的發展窺見其在明初沉寂後所呈現的"衰而復興"的發展趨勢。文章以崆峒山碑刻爲核心,輔以地方史料,分析了明清民國時期隴東地區的社會動盪對華山派與龍門派在崆峒山的傳續産生的影響,進而點出王輔臣之亂與復明反清鬥争對崆峒山佛道格局的改變是全真道復興的轉捩點。

南京大學哲學與宗教學系孫亦平教授的論文《論清初全真道龍門派在江蘇的傳播》考察了全真道在江南地區的傳衍,分析了王常月在碧苑開壇説法對全真教義的創新與發展,以及龍門派在茅山、蘇州等地的傳承的作用,進而指出龍門派借助江南文化擴大了其地方影響力,爲其與正一道相融合提供了基礎。關於地域文化對當地全真道發展的影響,青島大學馬克思主義學院張義生副教授也撰文分析了嶗山方士文化對嶗山道派發展的影響,以及當地盛行的民間信仰與道教的融合。他在《論嶗山道教在中國道教史中的地位》一文中指出,嶗山諸道派吸收了當地盛行的狐仙、青霄等民間信仰,蔣清山、李一壺、張若麒等全真高道也與文人雅士建立了長期交往,這種發展態勢催生了多種信仰繁榮共存的新型宗教生態關係。雲南社會科學院宗教研究所蕭霽虹研究員提交的文章《雲南全真道歷史與文獻研究——基於張三丰傳道雲南及〈張祖三丰仙師留滇遺書演玄關指秘〉的探討》以張三丰在雲南的傳道情況及其所傳丹經《玄關指秘》爲中心,兼論全真各支派在雲南的傳承及當地盛傳的三丰傳説,全面考察了全真道在雲南地區的傳承與發展。

華中師範大學道家道教研究中心王闖副教授的論文《宫觀、人口與組織:民國武漢全真教研究》,利用湖北省檔案館所藏 1947 年武漢市寺廟登記檔案,勾勒出民國時期武漢全真道的發展脈絡。文章通過統計當時宫觀的人口數量、性别、年齡、出家原因、健康狀況等基本信息,進而分析了全真龍門派在武漢的發展情况。雖然當時全真道的發展前景並不樂觀，但身處武漢的道門領袖却通過組織革新的方式擺脱了其所面臨的生存困境，這一舉措對於20世紀道教的轉型發展具有重要意義。魯東大學歷史文化學院田茂泉副教授在《清代全真道發展特點芻議》一文中，從時間、空間和類型三個維度概括了清代全真道發展的總體特點。從時間上看，清代全真道在一定地域内的發展跌宕起伏；從地域上看，其發展具有不均衡性；就其發展類型而言，形成了一枝獨秀、並存共生與曇花一現三種模式。

(二)道教文獻研究

《道藏》與《雲笈七籤》作爲道教文獻的彙編是學術研究的源頭活水，所以考察其目前的版本流傳情况，以及特别的注釋現象有助於道教文獻的深入研究。山東大學歷史文化學院韓吉紹教授在《明張萱清真館〈雲笈七籤〉調查研究》一文中，就介紹了目前明張萱清真館《雲笈七籤》在國内外圖書館的收藏情况，其中山東大學等少數藏本爲原刻本，哈佛大學等地所藏則爲後世翻刻本。通過比較現存24部清真館本的内容可知，原刻本收藏信息更豐富，版本信息更完善，具有較高的文獻價值。翻刻本雖然稍顯遜色，但其爲了解該書在清代的流傳提供了重要的文獻證據。因此，韓吉紹教授推測山東大學藏本、臺北"故宫博物院"藏本與重慶圖書館藏的32册本都出於明代清真館原刻本，具有較高文獻價值。山東大學文學院劉祖國副教授的論文《〈道藏〉"同經異注"研究——以〈元始無量度人上品妙經四注〉爲中心》，以北宋陳景元編集的《元始無量度人上品妙經四注》爲例，總結了嚴東、李少微、成玄英以及薛幽棲四家注在注釋與訓詁方面的不同特點，對後學研究《道藏》中的"同經異注"等注釋現象有重要參考價值。

在道教文獻的編印及流傳過程中，對於道士編修志書的評價褒貶不一，而道教文獻更是由於流傳稀少而存在孤本未録的情况。陝西省社會科學院古籍整理研究所高葉清研究員的論文《華山全真道士與華山文獻的編印》就前一問題展開討論，她以全真道士編修《華山志》一事爲例，深刻分析了此事的意義及其背後存在的問題。文章指出，王處一、史志經、郝永茂等對《華山志》的編刻與補刻爲華山文獻的編纂及華山文化的傳播作出了卓越貢獻，而儒士對道士修志書的批判也體現了部分全真道士文化素養不足的缺陷，這也成爲他們努力學習的動力。中國社會科學院世界宗教研究所汪桂平研究員與中國社會科學院大學世界宗教研究系博士研究生馬傑合作發表的論文《新發現孤本〈馬鞍山志〉的文獻價值》，就遼寧省圖書館所存的民國石印本《馬鞍山志》的文獻價值進行分析。文章通過對比清雍正十一年(1733)抄本與民國石印本的異同，指出民國石印本具有較高的校勘價值,而且該石印本增補了馬山道教史上關於道教經書、宫觀管理和道教人物等方面的諸多文獻資料。

(三)道教與民間宗教研究

中國社會科學院世界宗教研究所李志鴻研究員根據其所收集的民間寶卷,撰寫《道教三仙信仰與明清民間宗教》一文,以此考察民間的神仙信仰對道教三仙信仰的吸收,以及這一現象的産生原因。"浮邱、王、郭三仙真君"信仰盛行於閩贛地區,其與西羅祖教大乘門關係密切,從大乘門經堂供奉的"邱、王、郭三仙"可以看出大乘門對三仙信仰的重視。大乘門寶卷中也有記載表明,大乘門吸收了閩西地區的邱王郭三仙、熊劉二仙、老佛等民間諸神,這是民間宗教對三教合一旨趣的追求。從一定程度上講,大乘門對諸神的吸納體現了民間信仰與佛、道二教共生共長的關係,這種關係决定民間宗教成爲閩西道教發展的一部分。泰山學院泰山文化研究院張琰副教授在《碧霞元君分身考》一文中,也借助其所收集的民間寶卷考察了碧霞元君分身眼光娘娘與子孫娘娘的形成過程。文章通過統計其不斷增加的分身數量與不斷细化神職内容,指出碧霞元君形成分身的原因與其所處地域的關係,以及地域差異所體現的佛道教與民間宗教的不同互動方式。此外,山東社會科學院文學研究所許東博士的論文《張積中與道家道教關係考論》則考察了民間宗教對道教思想的吸收與融攝,他從太谷學派傳承人張積中的人生經歷及其學道體悟入手,分析了太谷學派與道教的淵源關係。張積中對道教經典的研習以及拜師問道的經歷爲其完善太谷學派的思想體系奠定了基礎。在張積中的努力下,太谷學派通過融合道教的内丹功法,進而演變成以儒爲宗、融攝儒道的"民間新儒家"。

(責任編輯:張曉立)

《全真道研究》徵稿啓事

《全真道研究》是由香港青松觀資助、山東大學儒學高等研究院主辦的學術性輯刊，主要發表與全真道有關的學術文章，尤其是運用了新材料、新方法且富有創見的文章。本刊每年出版兩輯，每輯有一個主題，稿件收集采取約稿與投稿相結合的方式。稿件字數要求控制在1～5萬字，特別優秀的稿件，字數還可以適當放寬。

爲了保證刊物品質，來稿一律實行匿名評審制度，評審通過即發用稿函，三個月内若未收到用稿函，請自行處理。刊物出版後半年内，按文章實際字數酌情支付稿酬。本刊衹接受第一次發表的文章，以任何形式(包括會議、網絡等形式)發表過的文章，請勿再投本刊。

爲適應國家信息化建設，擴大本刊及作者知識信息交流途徑，本刊已被《中國學術期刊網絡出版總庫》及CNKI系列資料庫收録，其作者文章著作權使用費與本刊稿酬一次性給付。如作者不同意文章被收録，請在來稿時向本刊聲明，本刊將作適當處理。

來稿請寄：山東省濟南市山大南路27號，山東大學儒學高等研究院《全真道研究》編輯部，郵編：250100，電子信箱：qzdyj2011@163.com。

附：刊稿格式

一、正文

正文須附300～500字的摘要、3～5個關鍵詞和作者簡介。作者簡介包括姓名、性别、生年、籍貫、工作單位、職稱職務、研究方向、代表性學術成果等内容。

另外，爲了聯繫方便，請作者於文後附詳細通信地址、聯繫電話、電子郵箱等。

二、引文

引文分爲夾注和脚注兩種格式。(1)凡引用古籍，不需要注明版本和頁碼者，請於文中使用夾注。(2)無論直接引文，還是間接引文，也無論"資料性注釋”,還是“内容性注釋”,一律采用頁下注,注釋序號用①,②,③,每頁重新編號。

三、注釋

注釋必須合乎通行的規範,具體情況如下。

1.專著:作者/書名/卷册/出版地/出版者/出版年/頁碼。

第一次出現以上各項須一一注明,如:

張廣保:《金元全真教史新研究》,香港:青松出版社,2008 年,第 25 頁。

第二次出現可省略,衹注明作者、書名、頁碼,如:

張廣保:《金元全真教史新研究》,第 25 頁。

中譯本著作,譯者作爲第二責任者放在題名之後,如:

[俄]陶奇夫:《道教——歷史宗教的試述》,邱鳳俠譯,濟南:齊魯書社,2011 年,第 320 頁。

2.析出文獻:作者/篇名/文集。如:

郭武:《明清時期全真道與浄明道關係略論》,趙衛東主編:《問道崑嵛山——齊魯文化與崑嵛山道教國際學術研討會論文集》,濟南:齊魯書社,2009 年,第 262 頁。

3.古籍:古籍既有傳統的刻本、抄本,也有具有現代出版形式的標點本、整理本、影印本,情況比較複雜,可根據古籍形式的不同選擇標注方式。

白永貞:《增續鐵刹山志》卷六,中國國家圖書館藏民國三十二年(1943)刊本。

(清)岳之嶺修,(清)徐繼曾纂:《長清縣志》,清康熙十一年(1672)刻本。

4.連續出版物(期刊、報紙等)

(1)期刊:作者/文章題名/期刊/出版年、卷期或出版日期。引用中國大陸(内地)以外出版的中文期刊時,應在期刊題名後括注出版地。如:

陳俊民:《略論全真道的思想源流》,《世界宗教研究》1983 年第 3 期。

蕭登福:《道教燈儀源起及其流變》,《弘道》(香港)2013 年第 2 期。

(2)報紙:作者/文章題名/報紙/出版日期或卷期/版次。如:

李學勤:《清華簡〈耆夜〉》,《光明日報》2009 年 8 月 3 日,國學版。

5.外文文獻:引證外文文獻,原則上以該文種通行的引證標注方式爲準。如英文文獻:

Vincent Goossaert, “The Invention of an Order: Collective Identity in Thirteenth-Century Quanzhen Taoism”, *Journal of Chinese Religions*, 2001,

29, pp. 122-123.

Lai, Chi-tim, "Hong Kong Daoism: A Study of Daoist Altars and Lü Dongbin Cults." *Social Compass*, 2003,50: 459-470.

6.未刊文獻:作者/題名/屬性/編號/收藏單位/頁碼。如:

岑孝清:《李道純中和哲學思想及其丹道研究》,博士學位論文,中央民族大學,2009 年,第 67 頁。

7.電子文獻:包括以數碼方式記録的所有文獻,其標注項目與順序:作者/題名/更新或修改日期/獲取和訪問路徑。如:

王宗昱:《吴興全真道史料》,2006-06-25,23:08:04,http://www.hongdao.net/hd_index.php? message=101000&item=hd_zxwz&key=art_id&id=493。

8.轉引文獻:作者/原文獻題名/原文獻版本信息/原頁碼(或卷期)/轉引文獻責任者/轉引文獻題名/版本信息/頁碼。如:

《宋文獻公全集》卷一一《太上上清正一萬壽宫住持提點張公碑銘》,轉引自陳兵:《道教之道》,北京:今日中國出版社,1995 年,第 84 頁。

9.間接引文:間接引文通常以"參見"引領詞引導標注項目,應標識出具體參考引證的起止頁碼或章節。標注項目、順序與格式同直接引文。如:

參見杜仁傑:《真静崔先生傳》,陳垣編纂:《道家金石略》,北京:文物出版社,1988 年,第 495～496 頁。

10.内容性注釋中的引文:内容性注釋是指對正文中的術語、概念、觀點和資料進行進一步的解釋、辨析或評論的文字。很多情況下,内容性注釋中又出現引文,無論是直接引文,還是間接引文,都需要標明資料出處,標注項目與順序與資料性注釋相同。如:

熊鐵基先生認爲,"全真"之義,至少包括"全三教之真""全老莊之真""全心性之真"三個方面。參見熊鐵基:《試論王重陽的"全真"思想》,《世界宗教研究》2008 年第 2 期。